"十三五"江苏省高等学校重点教材（2019-1-098）

普 通 高 等 教 育 土 木 工 程 专 业 新 形 态 教 材

路基工程

（第2版）

孔纲强　　刘汉龙　　陈永辉　编

清华大学出版社

北 京

内 容 简 介

本书主要内容包括绪论、路基的强度特性与承载力计算、路基的变形特性与沉降计算、路基稳定性分析与加固技术、一般路基设计、路基挡土墙设计与计算、路基工程施工和路基工程检测等。

本书为"十三五"江苏省高等学校重点教材(2019-1-098),可作为高等院校交通土建工程领域中公路工程、城市道路工程、市政工程、道路与铁道工程、机场工程以及土木工程等专业本科生教材,也可供从事公路、铁路、城市道路、市政道路、机场道路建设及交通行业等路基方面的工程技术人员学习参考等。

图书在版编目(CIP)数据

路基工程/孔纲强,刘汉龙,陈永辉编.—2版.—北京:清华大学出版社,2022.3
普通高等教育土木工程专业新形态教材
ISBN 978-7-302-59873-2

Ⅰ.①路… Ⅱ.①孔… ②刘… ③陈… Ⅲ.①路基工程－高等学校－教材 Ⅳ.①U416.1

中国版本图书馆 CIP 数据核字(2022)第 007492 号

责任编辑:秦 娜 王 华
封面设计:陈国熙
责任校对:王淑云
责任印制:朱雨萌

出版发行:清华大学出版社
        网　　址:http://www.tup.com.cn,http://www.wqbook.com
        地　　址:北京清华大学学研大厦 A 座　　邮　编:100084
        社 总 机:010-83470000　　邮　购:010-62786544
        投稿与读者服务:010-62776969,c-service@tup.tsinghua.edu.cn
        质量反馈:010-62772015,zhiliang@tup.tsinghua.edu.cn
印 装 者:北京同文印刷有限责任公司
经　　销:全国新华书店
开　　本:185mm×260mm　　印　张:13　　　　字　数:311 千字
版　　次:2013 年 7 月第 1 版　2022 年 3 月第 2 版　　印　次:2022 年 3 月第 1 次印刷
定　　价:39.00 元

产品编号:090023-01

前言（第2版）
PREFACE

《路基工程》于 2013 年出版，距今已经 8 年。随着我国高速铁路、高速公路等基础设施建设的持续快速发展，路基工程相关技术、规范也不断更新；教材中有些地方与目前路基工程的发展存在一定的不适应性，需要进行再版修订。

本书再版修订主要包括：

1. 每一章增加了包括知识目标和能力目标的"本章学习目标"，进一步明确学生的学习目标；教材最后增加了"附录　路基工程课程设计任务书"，为路基工程课程设计提供参考。

2. 根据最新颁布的相关技术规范/标准，更新或修改了相关设计参数等内容；更新了绪论中我国高速公路、高速铁路的最新发展概况；部分章节编排进行调整，如：原教材 6.5 节"新型路基挡土墙简介"修改为"其他路基挡土墙简介"，原教材 8.2 节～8.4 节名称分别调整为"工程质量要求"、"材料室内试验"和"现场检测"，原教材 8.5 节路基工程检测新技术融入 8.4 节"现场检测"中。

3. 以二维码形式，增加了每章习题答案、每章教学 PPT 素材。

4. 挖掘路基工程教学中相关课程思政元素，并以扫描二维码获得视频教学材料的形式，展示相关知识点的课程思政内容，践行立德树人。

本书获得了"十三五"江苏省高等学校重点教材(2019-1-098)的立项建设和资助，在此表示感谢。

限于编者水平，如有发现本书谬误之处，望广大读者批评指正并提出宝贵意见，不胜感激。

编　者

2021 年 8 月于南京

前 言（第1版）
PREFACE

"路基工程"是高等院校交通工程领域和土木工程领域中公路工程、道路与铁道工程、城市道路工程以及机场工程等专业的专业必修课。近年来，随着高速公路、高速铁路的快速发展，路基作为道路工程的基础得到了前所未有的重视，其设计理念有了很大的转变，设计理论和施工技术也有了突破性进展，相关的技术标准不断更新，新技术也不断涌现。因此，路基工程教学要适应新形势的变化，及时地向学生传授新知识。

本书就是为了与路基工程的发展相适应而编写的交通工程、土木工程等专业本科生教材，内容包括绪论、路基的强度特性与承载力计算、路基的变形特性与沉降计算、路基稳定性分析与加固技术、一般路基工程设计、路基挡土墙设计与计算、路基工程施工和路基工程检测等。第1章主要介绍目前我国道路工程技术的发展概况与自然区划，路基工程的特点、干湿类型及临界高度，路基稳定性的主要影响因素与防护措施，公路、铁路路基工程的常见病害与防治等；第2章主要介绍路基土的分类，路基土的动力响应，公路、铁路路基的强度特性，路基的承载力计算分析等；第3章主要介绍路基土的变形特性，路基沉降的常见病害与防治，路基沉降计算分析方法和路基沉降与变形监测等；第4章主要介绍路基稳定性分析方法，一般路基的稳定性分析，浸水路堤的稳定性分析，路基边坡抗震稳定性分析以及路基加固技术等；第5章主要介绍路基设计的一般要求与基本内容，公路、铁路路基横断面形式与尺寸设计，路基工程排水设计，路基防护设计以及路基附属设施设计等；第6章主要介绍挡土墙的常见类型、构造与布置，挡土墙土压力计算方法，路基挡土墙设计原则，重力式路基挡土墙的设计与计算以及新型路基挡土墙等；第7章主要介绍路基施工的意义、方法与内容，土质路堤填筑施工，岩质路基爆破施工，路堑开挖施工，铁路路基路床表层施工，既有线改建和增建第二线路基施工，路基防护加固与排水设施施工等；第8章主要介绍路基工程检测项目，路基工程质量要求，路基工程材料室内试验，路基工程现场检测方法以及路基工程检测新技术等。本书尽量与最新颁布的相关规范标准相符合，从基础理论方面阐述路基设计的原理，对规范的一些取值给出理论依据。

土力学、土质学、道路建筑材料、道路勘测设计、路面工程、弹性力学以及结构力学等课程都与路基工程课程具有重要的相关性。从高等院校本科教育的培养目标出发，本书对相关学科的基本概念、基本理论进行阐述，若需要引用更深刻的内容，授课时可以在保证主干教学内容的前提下，适当补充加强。

路基工程是一门理论与实践并重、工程性较强的课程，讲授本课程时，除了系统的课堂教学之外，还应组织实地参观、实物鉴别、课程作业、课程设计与施工实习等辅助教学环节，以提高学生的感性认知和系统的接受能力。

全书共分8章，第1章到第6章由河海大学孔纲强教授编写，并担任全书统稿工作，

第 7 章和第 8 章由河海大学王保田教授编写。全书由东南大学黄晓明教授主审。研究生魏军杨、刘璐、孙广超、劳叶春、吴菲参加了本书的校稿、编排等工作。

本书受国家自然科学基金（51008116、U1134207）、长江学者和创新团队发展计划（IRT1125）的资助。

限于编者水平，如发现本书谬误之处，恳请有关院校师生及读者批评指正并提出宝贵意见，以便编者及时修订、更正和完善。

编　者

2013 年 5 月于南京

目录
CONTENTS

第1章

绪 论

课程思政

本章学习目标

知识目标

(1) 能够阐述道路工程的自然区划及我国道路工程的发展历程。

(2) 能够说明路基工程的特点、基本要求及其与路面工程、桥涵工程的关系。

(3) 能够解释路基临界高度、最小填筑高度。

(4) 能够阐述路基工程的常见病害与防治措施。

能力目标

(1) 树立学习路基工程的使命感和责任感,提高专业认同度。

(2) 能够从工程角度出发,辨别路基工程的常见病害,并提出初步的防治措施。

(3) 增强交通强国意识,培养爱国情怀,激发社会责任感。

1.1 道路工程技术发展概况

PPT

中国是一个有着五千多年文明史的古国。在这历史长河里,勤劳、智慧的中国人民在道路、桥梁、隧道工程的修建,车辆的制造以及交通运输管理等方面,都取得了辉煌的成就。中国古代道路工程建设,在世界上曾处于领先地位,不仅在世界道路交通史上留下了光辉的篇章,而且对于繁荣经济和交流文化,维护民族团结和国家统一等都作出了巨大贡献。

尽管中国曾经创造了世界领先的古代道路文化,但是由于长期的封建制度和近百年帝国主义列强的侵略和掠夺,束缚了生产力的发展,导致旧中国道路发展十分缓慢。直至20世纪初,中国现代道路工程的兴建才开始逐渐有所发展。

19世纪初,清政府在原有驿道上修建了一些很简陋的公路。1912—1949年,公路才有了初步发展,全国先后共修建了13万km公路;到1949年,能够维持通车的仅有8万km,全国有1/3的县不通公路,西藏地区没有一条公路;而且这些公路大多标准低、路况差、设施简陋。新中国成立以来,随着工农业生产迅速发展,尤其是汽车工业和石油工业的快速发展,我国公路交通事业得到了迅速发展。自20世纪80年代中后期开始,中国大陆地区开始兴建高速公路;陆续投入运营的主要高速公路有京石、京津唐、沈大、合宁、济青、开洛、广深、太旧、合芜、成渝、沪宁、沪杭、桂柳、呼包、哈大、泉厦、石安、安新等线路。高速公路的建设和使用,为汽车快速、高效、安全、舒适地运行提供了良好的条件,标志着我国的公路运输事业和科学技术水平进入了一个崭新的时代。截至2020年年底,全国公路通车总里程达到

519.81万km,其中高速公路运营里程已达到16.10万km(仅中国大陆地区),稳居世界第一;高速公路对20万以上人口城市覆盖率超过98%。公路运输已渗入经济建设和社会生活的各个方面,在国民经济中占有越来越重要的地位。

自1876年修建淞沪铁路至1945年,中国大陆共建铁路约2.5万km;1949年,可以通车的铁路总里程约为2.2万km,平均每年只修建铁路300余km。新中国成立以来,国家对铁路的修建有了统筹规划,修建铁路的速度达到平均每年800余km。到1981年年底,中国大陆铁路运营总里程约为5.0万km,其中双线铁路为8263km,电气化铁路为1667km。随着国民经济的发展,高速铁路等基础工程建设不断增加,武广、郑西以及京沪高速铁路相继开通运营。截至2020年年底,我国铁路营业里程达到14.6万km,其中高速铁路营业里程3.8万km,高速铁路对百万人口以上城市覆盖率超过95%。

随着我国交通运输业的高速发展,路基工程作为一门工程学科分支,相关技术学科也快速发展。我国道路科技工作者从我国实际出发,不断吸取交叉学科的新成就以及世界各国的成功经验,全面推动路基工程学科的发展,为我国交通强国国家战略作出贡献。根据当前路基工程科学技术的发展趋势,以下几个方面学科的交叉与发展应该特别引起重视与关注。

1. 材料科学

回顾历史,路基工程的各项新技术的涌现,首先是在材料方面的突破。比如,路基土填料的改良与稳定路基的技术措施,路用塑料、固化剂等都与材料科学相关。轻型路基填料、特殊土改良利用、绿色生态挡土结构、土工格栅等技术也正在逐步应用到路基工程中。

2. 岩土工程

路基工程作为地基结构物,依托岩石与土壤构筑而成,路基工程在诸多方面借鉴岩土工程学科的相关科技成果,例如,土力学、岩石力学、地质学、工程土质学等都是路基工程学科的重要理论基础。

3. 结构分析理论

由于结构以及车辆荷载与环境因素变化的复杂性,目前多数国家的设计方法所依据的静力线弹性力学分析理论不能完全满足要求,许多学者仍致力于路基结构分析的力学基础研究,如动力荷载与结构动力效应,非线性、黏弹性等数学与力学模型的建立,以及适用于各种要求、各种边界条件的数学分析方法和数值解方法。今后进一步发展有可能将宏观结构分析与材料的组成、材料的特性以及材料的微观结构与微观力学融为一体,成为路基工程设计的重要基础。

4. 机电工程

现代化道路工程的固有性能及使用品质越来越多地依赖于施工设备的性能与施工工艺,如振动压路机的吨位、频率与振幅等,不同的施工设备及施工工艺对于各种结构层产生的效果截然不同。许多专用施工设备就是根据结构强度形成理论和工艺要求专门进行设计的。

5. 自动控制与量测技术

为确保路基的工程质量和良好的使用品质,在路基施工过程中,严格控制材料用量、碾压吨位、碾压质量等各项指标;路基施工完成后,保持长期的跟踪监测。采用高速摄影、激光装置、红外线装置等技术量测材料和构造物,对路基各项质量指标及性能指标等进行控制与量测。

6. 现代管理科学

从现代管理科学的角度来看,路基工程在一个区域范围内属于一个大系统,而且从规划、设计、施工、养护、维修以及管理全过程来看,延续数十年之久。通过大型的管理系统,对区域范围内路基工程各个阶段的信息进行跟踪、采集、存储、处理、定期作评估和预测;必要时提出维修决策,投放资金进行维修养护,使路基始终具有良好的使用性能,这是现代化管理的总概念。许多国家已在这方面取得了实质性的进展,并用于工程实践。这对于节约维修、养护投资,提高运输效率具有重要的意义。

1.2 道路工程的自然区划

1.2.1 道路工程区划原则

我国地域辽阔,又是一个多山国家,从北到南分别处于寒带、温带和热带。从青藏高原到东部沿海高程相差 4000m 以上,自然因素变化极为复杂。不同地区自然条件的差异同公路、铁路建设有密切关系。为了区分各地自然区域的筑路特性,经过长期研究,制定了《公路自然区划标准》(JTJ 003—1986)。公路自然区划根据以下 3 个原则划分。

1. 道路工程特征相似性原则

在同一区划内,在同样的自然因素下筑路具有相似性。比如,北方不利时节主要是春融时期,有翻浆等病害;南方不利时节主要是雨季,有冲刷、水毁等病害。

2. 地表气候差异性原则

地表气候是地带性差异与非地带性差异的综合结果。通常,地表气候随着当地纬度的变化而变化,如北半球,北方寒冷、南方温暖,这称为地带性差异。另外,还与高程的变化有关,即沿垂直方向的变化,如青藏高原,由于海拔高,与纬度相同的其他地区相比,气候更加寒冷,即称为非地带性差异。

3. 自然气候因素既有综合又有主导作用原则

自然气候的变化是各种因素综合作用的结果,但其中又有某种因素起着主导作用,比如道路冻害是水和温度综合作用的结果。但是在南方,只有水而没有寒冷气候的影响,不会有冻害,说明温度起主导作用;西北干旱区与东北潮湿区,同样都有负温度,但前者冻害轻于后者,说明水起主导作用。

1.2.2 区划分类

1. 一级区划

公路自然区划分三级,首先将全国划分为多年冻土、季节冻土和全年不冻土三大地带,然后根据水热平衡和地理位置,划分为冻土、温润、干湿过渡、湿热、潮湿、干旱和高寒七大区，根据各地区经验，可大致归纳如下。

1）Ⅰ区——北部多年冻土区

该区北部为连续分布多年冻土，南部为岛状分布多年冻土。对于沼泽地多年冻土层，最重要的道路设计原则是保温，不可轻易挖去覆盖层，路堤下保持冻结状态的土层，若受大气热量影响融化，后患无穷。对于非多年冻土层的处理方法则不同，需将泥炭层全部或局部挖去，排干水分，然后填筑路堤。北部多年冻土区的道路工程主要以林区道路为主。

2）Ⅱ区——东部温润季冻区

该区路面结构突出的问题是翻浆和冻胀。翻浆的轻重程度取决于路基的潮湿状态，可根据不同的路基潮湿状态采取不同的措施。该区缺乏砂石材料，采用稳定路基层已取得一定的经验。

3）Ⅲ区——黄土高原干湿过渡区

该区特点是黄土对水的敏感性高，干燥路基强度高、稳定性好。在河谷盆地的潮湿路段以及灌区耕地，路基强度低、稳定性差，必须认真处理。

4）Ⅳ区——东南湿热区

该区雨量充沛集中，降雨类型季节性强，台风暴雨多，水毁、冲刷与滑坡是道路的主要病害，路面结构应结合排水系统进行设计。该区水稻田多，路基湿软，强度低，必须认真处理。由于气温高、热季长，要注意黑色面层材料的热稳定性和防透水性。

5）Ⅴ区——西南潮湿区

该区山多，筑路材料丰富，应充分利用当地材料筑路，对于水文不良路段，必须采取措施，稳定路基。

6）Ⅵ区——西北干旱区

该区大部分地下水位很低，虽然冻深多在 $100\sim150\text{cm}$，但一般道路冻害很轻。个别地区，如河套灌区、内蒙古草原洼地，地下水位高，翻浆严重。丘陵区 1.5m 以上的深路堑冬季积雪厚，雪水浸入路面造成危害，所以沥青面层材料应具有良好的防透水性，路肩也应做防水处理。由于气候干燥，该地区砂石路面经常出现松散、搓板和波浪等现象。

7）Ⅶ区——青藏高寒区

该区局部路段有多年冻土，需按保温原则设计。由于地处高原，气候寒冷，昼夜温差大，日照时间长，沥青老化很快；又因为年平均气温相对偏低，路面易遭受冬季雪水渗入而破坏。

2. 二级区划

二级区划是在每一个一级区内，再以潮湿系数为依据，分为 6 个等级。潮湿系数 K 为年降雨量 R 与年蒸发量 Z 之比，即

$$K=R/Z \tag{1-1}$$

其中，

潮湿系数	等级	类型
$K>2.0$	1级	过湿
$1.5<K\leqslant2.0$	2级	中湿
$1.0<K\leqslant1.5$	3级	润湿
$0.5<K\leqslant1.0$	4级	润干
$0.25<K\leqslant0.5$	5级	中干
$K\leqslant0.25$	6级	过干

二级区划仍以气候和地形为主导因素,但具体标志与一级区划有显著差别。一级区划的共同标志为气候因素,独立标志为地形因素。二级区划的划分则需因区而异,将上述标志具体化或加以补充,其标志是以潮湿系数 K 为主的一个标志体系。

根据二级区划的主导因素与标志,除了这 6 个潮湿等级外,还结合各大区的地理、气候特征(如雨季、冰冻深度)、地貌类型、自然病害等因素,将全国 7 个一级自然区又分为 33 个二级区和 19 个副区(亚区),共有 52 个二级自然区。它们的名称如表 1-1 所示,各二级区的区界、自然条件对工程的影响详见有关标准及其附录。

表 1-1 中国公路自然区划名称表

Ⅰ 北部多年冻土区	Ⅳ$_7$ 华南沿海台风区
Ⅰ$_1$ 连续多年冻土区	Ⅳ$_{7a}$ 台湾山地副区
Ⅰ$_2$ 岛状多年冻土区	Ⅳ$_{7b}$ 海南岛西部润干副区
Ⅱ 东部温润季冻区	Ⅳ$_{7c}$ 南海诸岛副区
Ⅱ$_1$ 东北东部山地润湿冻区	Ⅴ 西南潮湿区
Ⅱ$_{1a}$ 三江平原副区	Ⅴ$_1$ 秦巴山地湿润区
Ⅱ$_2$ 东北中部山前平原重冻区	Ⅴ$_2$ 四川盆地中湿区
Ⅱ$_{2a}$ 辽河平原冻融交替副区	Ⅴ$_{2a}$ 雅安乐山过湿副区
Ⅱ$_3$ 东北西部润干冻区	Ⅴ$_3$ 三西、贵州山地过湿区
Ⅱ$_4$ 海滦中冻区	Ⅴ$_{3a}$ 滇南、桂西润湿副区
Ⅱ$_{4a}$ 冀热山地副区	Ⅴ$_4$ 川、滇、黔高原干湿交替区
Ⅱ$_{4b}$ 旅大丘陵副区	Ⅴ$_5$ 滇西横断山地区
Ⅱ$_5$ 鲁豫轻冻区	Ⅴ$_{5a}$ 大理副区
Ⅱ$_{5a}$ 山东丘陵副区	Ⅵ 西北干旱区
Ⅲ 黄土高原干湿过渡区	Ⅵ$_1$ 内蒙古草原中干区
Ⅲ$_1$ 山西山地、盆地中冻区	Ⅵ$_{1a}$ 河套副区
Ⅲ$_{1a}$ 雁北张宣副区	Ⅵ$_2$ 绿洲、荒漠区
Ⅲ$_2$ 陕北典型黄土高原中冻区	Ⅵ$_3$ 阿尔泰山地冻土区
Ⅲ$_{2a}$ 榆林副区	Ⅵ$_4$ 天山、界山山地区
Ⅲ$_3$ 甘东黄土山地	Ⅵ$_{4a}$ 塔城副区
Ⅲ$_4$ 黄渭间山地、盆地轻冻区	Ⅵ$_{4b}$ 伊犁河谷副区
Ⅳ 东南湿热区	Ⅶ 青藏高寒区
Ⅳ$_1$ 长江下游平原湿润区	Ⅶ$_1$ 祁连、昆仑山地区
Ⅳ$_{1a}$ 盐城副区	Ⅶ$_2$ 柴达木荒漠区
Ⅳ$_2$ 江淮丘陵、山地湿润区	Ⅶ$_3$ 河源山原草甸区
Ⅳ$_3$ 长江中游平原中湿区	Ⅶ$_4$ 芜塘高原冻土区
Ⅳ$_4$ 浙闽沿海山地中湿区	Ⅶ$_5$ 川藏高山峡谷区
Ⅳ$_5$ 江南丘陵过湿区	Ⅶ$_6$ 藏南高山台地区
Ⅳ$_6$ 武夷山南岭山地过湿区	Ⅶ$_{6a}$ 拉萨副区
Ⅳ$_{6a}$ 武夷山副区	

3. 三级区划

三级区划是二级区划的进一步划分。三级区划的方法有两种：一种是按照地貌、水文和土质类型将二级自然区进一步划分为若干类型单元；另一种是继续以水热、地理和地貌等为标志将二级区划细分为若干区域。各地可根据当地的具体情况选用。

1.3 路基工程的工程特性

1.3.1 路基工程的特点

公路路基是路面结构的基础，它承受着本身土体的自重和路面结构的重量，同时还承受着由路面传递下来的行车荷载，所以路基是公路的承重主体。铁路路基是轨道的基础，是经过开挖或填筑形成的土工建筑物，其主要作用是满足轨道的铺设、承受轨道和列车产生的荷载、提供列车运营的必要条件。在纵断面上，路基必须保证线路需要的高程；在平面上，路基与桥梁、隧道等连接组成完整贯通的线路。

整体而言，路基工程具有工艺相对较简单、工程数量大、耗费劳动力多、涉及面广、占用耕地多、投资大等特点。以三级公路为例，设计车速为 30km/h 时，每千米土石方量为 0.2 万～6 万 m^3；设计车速为 60km/h 时，每千米土石方量为 0.8 万～16 万 m^3，特殊路段可达到十余万立方米。路基工程的投资占全部投资的 25%～45%，个别山区公路可达到 65%；路基工程的投资约占道路工程投资的 70%。路基工程有以下几个特点。

1. 路基材料复杂

路基工程主要是以土为材料，其力学性质具有极大的不确定性，土的成因、成分、颗粒大小、级配、结构不同，其力学性质就会有显著的不同，在计算路基变形和稳定性分析中所用的参数也就不同。因此，能否正确确定土的应力-应变关系和计算参数，能否正确预报路基的变形是路基设计的关键。

2. 路基受环境影响大

路基完全暴露在大自然中，很容易受到气候、水和四季温度变化的影响。如膨胀土路基干缩湿胀会引起边坡破坏，北方地区路基受寒冷气候的影响会引起冻胀破坏等。

3. 路基同时受动、静荷载的作用

路基上的轨道或路面结构以及附属结构物产生静荷载，运行的列车或车辆产生动荷载；其中，动荷载是引起路基病害的重要因素。

4. 路基工程的难易与路线设计关系显著

一般情况下，路线设计直接影响到路基设计，因为路基的稳定条件、工程难易和土石方量大小、占用农田多少，主要取决于路线走向和定位。特别是路线通过山岭地区的工程困难地段或地质不良路段，更需要注意路线设计和路基设计的协调配合，合理选定线位，尽可能

避开难处理的地质不良路段和工程困难地段,从而保证路基稳定,减少工程量,节约工程投资,缩短工期,有利于路基的设计、施工和养护。

1.3.2 路基工程的基本要求

为保证公路、铁路最大限度地满足车辆运行的要求,提高车速,增强安全性和舒适性,降低运输成本和延长线路使用年限,对路基工程提出如下几点基本要求。

1. 符合规范

路基横断面形式及尺寸应符合交通运输部标准《公路工程技术标准》(JTG B01—2014)或者《铁路路基设计规范》(TB 10001—2016)的有关规定。

2. 承载能力

行驶在轨道或路面上的车辆,通过车轮把荷载传递给轨道或路面,由轨道或路面传递给路基,在路基内部产生应力、应变及位移。如果路基结构整体或某一组成部分的强度或抗变形能力不足以抵抗这些应力、应变及位移,则轨道或路面结构会出现沉陷,表面会出现不平顺,使路况恶化,服务水平下降。因此,要求路基结构具有与行车荷载相适应的承载能力。结构承载能力包括强度与刚度两个方面。路基结构层应具有足够的刚度,使得在车轮荷载作用下不发生过量的变形,保证不发生不平顺病害。

3. 整体稳定性

路基是直接在天然地面上填筑或开挖部分地面而建成的。路基修建后改变了原地面的自然平衡状态。为防止路基在行车荷载及各种自然因素作用下,发生过大的变形和破坏,必须针对当地的具体情况,采取必要的措施来保证路基整体结构的稳定性。

4. 耐久性

路基工程投资昂贵,从规划、设计、施工至建成通车需要较长的时间,对于这样的大型工程都应有较长的使用年限,一般的道路与铁道工程使用年限至少数十年,因此路基工程应具有耐久性。路基的稳定性等可能在长期经受自然因素的侵袭后逐年削弱,因此,提高路基的耐久性,保持其强度、刚度以及几何形态经久不变,除了精心设计、施工和选材之外,还要把常年的养护与维修工作放在重要的位置。

5. 水温稳定性

路基在地面水和地下水作用下,强度将会显著降低,而在季节性冰冻地区,由于周期性的冻融作用,在水和负温度共同作用下,会发生冻胀,造成路面隆起;春融期局部土层过湿软化,路基强度急剧下降。因此,不仅要求路基具有足够的强度,而且要保证在最不利的水温条件下路基不致冻胀,在春融期强度不致发生显著降低,这就要求路基具有足够的水温稳定性。

1.3.3　路基工程与其他有关工程项目的关系

1. 路基设计与路线设计的关系

路线设计中,线型的布置和设计标高的控制,必须考虑路基的稳定性、工程难易、土石方量大小和占用农田多少以及环境保护等因素。例如,在多雨的平原区,地面平坦,地下水源充沛,地下水位较高,河沟纵横交错,因此保证路基稳定性的最小填土高度是路线设计标高的主要控制因素之一;在山岭区,地形变化大,地面自然坡度大,路线设计标高主要由纵坡和坡长控制,同时也要从土石方尽量平衡和路基附属工程合理等方面综合考虑。因此,路基设计与路线设计是相辅相成的。

2. 路基工程与路面工程的关系

在路面结构设计中,应把路基和路面各结构层看作是一个有机整体。因为路基是路面的基础,路基的强度与稳定性是保证路面强度与稳定性的基本条件。提高路基的强度与稳定性,可以适当减薄路面厚度、降低路面造价。因此,路基设计与路面设计应作综合考虑。

3. 路基工程与桥涵工程的关系

桥头引道路基,与桥位选择和桥孔设计关系密切,其勘测与设计两者应相互配合,路基与涵洞等结构物,亦应配合恰当。故在路线纵断面设计中应考虑路基与桥涵在布置和标高方面的关系;处在河滩的桥头引道路基,还应进行稳定性设计与验算。

1.4　路基干湿类型、路基临界高度及最小填土高度

1.4.1　路基干湿类型

1. 路基湿度的来源

路基的强度与稳定性在很大程度上与路基的湿度以及大气温度引起的路基水温状况有密切的关系。路基在使用过程中,受到各种外界因素的影响,其湿度会发生变化。改变路基湿度的水源可分为以下几个方面。

(1) 大气降水:大气降水通过路面、路肩边坡和边沟渗入路基。

(2) 地面水:边沟的流水、地表径流水因排水不良形成积水,渗入路基。

(3) 地下水:路基下面一定范围内的地下水浸入路基。

(4) 毛细水:路基下的地下水,通过毛细管作用上升到路基。

(5) 水蒸气凝结水:在土的空隙中流动的水蒸气,遇冷凝结成水。

(6) 薄膜移动水:在土的结构中水以薄膜的形式从含水率较高处向较低处流动,或由温度较高处向冻结中心周围流动。

上述各种导致路基湿度变化的水源,其影响程度随当地自然条件和气候特点以及所采

取的工程措施等的不同而变化。

2. 大气温度及其对路基水温状况的影响

由湿度与温度变化对路基产生的共同影响称为路基的水温状况。沿路基深度出现较大的温度梯度时,水分在温差的影响下以液态或气态由热处向冷处移动,并积聚在该处,这种现象特别是在季节性冰冻地区尤为严重。积聚的水冻结后体积增大,使路基隆起而造成面层开裂,即冻胀现象。春暖化冻时,路面和路基结构由上而下逐渐解冻,而积聚在路基上层的水分先融解,水分难以迅速排出,造成路基上层的湿度增加,路面结构的承载能力便大大降低。若是在交通繁忙的地区,经重车反复作用,路基路面结构会产生较大的变形,严重时,路基土以泥浆的形式从胀裂的路面缝隙中冒出形成翻浆。冻胀和翻浆的出现,使路面遭受严重损坏。周边的水文条件和气候条件都是产生冻胀与翻浆的重要自然条件。不过,对于渗透性较高的砂性土以及渗透性很低的黏性土,水分都不容易积聚,因此不易发生冻胀和翻浆现象。

3. 干湿类型

路基的强度与稳定性同路基的干湿状态有密切关系,并在很大程度上影响路面结构设计。

路基按其干湿状态不同,可分为干燥、中湿、潮湿和过湿四类。为了保证路基路面结构的稳定性,一般要求路基处于干燥或中湿状态;过湿状态的路基必须经处理后方可铺筑路面。

路基干湿类型以分界稠度 w_{c1}、w_{c2} 和 w_{c3} 来划分。稠度 w_c 定义为土的液限 w_L 和土的含水率 w 之差与土的液限 w_L 和塑限 w_P 之差的比值。即

$$w_c = \frac{w_L - w}{w_L - w_P} \tag{1-2}$$

式中,w_c 为土的稠度;w_L 为土的液限含水率;w 为土的含水率;w_P 为土的塑限含水率。

(1) $w_c = 1.0$,即 $w = w_P$,为半固体与硬塑状的分界值;

(2) $w_c = 0.0$,即 $w = w_L$,为流塑与流动状的分界值;

(3) $0.0 < w_c < 1.0$,即 $w_P < w < w_L$,土处于可塑状态。

土的稠度较准确地反映了土的各种形态与湿度的关系,稠度指标能够综合土的塑性特性(包含液限与塑限),全面直观地反映土的硬软程度,物理概念明确。以稠度作为路基干湿类型的划分标准是合理的,但是不同的自然区划,不同土组的分界稠度是不同的,详细参考表 1-2。

在公路勘测设计中,确定路基的干湿类型需要在现场进行勘查,对于原有公路,根据实测不利季节路槽底面以下 80cm 深度内土的平均含水率及土的液限含水率、塑限含水率,按式(1-3)和式(1-4)计算出不利季节路槽底面以下 80cm 深度内土的平均稠度,根据表 1-2 及表 1-3 确定路基干湿类型。

表 1-2　各自然区划路基干湿分界稠度

自然区划	砂 性 土				黏 性 土				粉 性 土				备 注
	w_{c0}	w_{c1}	w_{c2}	w_{c3}	w_{c0}	w_{c1}	w_{c2}	w_{c3}	w_{c0}	w_{c1}	w_{c2}	w_{c3}	
$II_{1,2,3}$	1.87	1.91	1.05	0.91	1.29	1.20	1.03	0.86	1.12	1.04	0.96	0.81	黏性土：低值适用于$II_{1,2}$区；粉性土：低值适用于II_2区
	—	—	—	—	1.20	1.12	0.94	0.77		0.96	0.89	0.73	
$II_{4,5}$	1.87	1.05	0.91	0.78	1.29	1.20	1.03	0.86	1.12	1.04	0.89	0.73	—
III	2.00	1.19	0.97	0.79	—	—	—	—	1.20	1.12	0.96	0.81	高值适用于粉土地区；低值适用于粉质亚黏土地区
										1.04	0.89	0.73	
IV	1.73	2.32	1.05	0.91	1.20	1.03	0.94	0.77	1.04	0.96	0.89	0.73	—
V	—	—	—	—	1.20	1.08	0.86	0.77	—	0.96	0.81	0.73	—
VI	2.00	1.19	0.97	0.78	1.20	1.12	0.89	0.86	1.20	1.04	0.89	0.73	—
VII	2.00	1.32	1.10	0.91	1.29	1.12	0.98	0.86	1.20	1.04	0.89	0.73	—

注：w_{c0} 为干燥状态路基常见下限稠度；w_{c1}、w_{c2}、w_{c3} 分别为干燥和中湿、中湿和潮湿、潮湿和过湿状态路基的分界稠度。

$$w_{ci} = \frac{w_{Li} - w_i}{w_{Li} - w_{Pi}} \tag{1-3}$$

$$\bar{w}_c = \frac{1}{8} \sum_{i=1}^{8} w_{ci} \tag{1-4}$$

式中，w_i 为路槽底面以下80cm内，每10cm为一层，第 i 层土的天然含水率；w_{Li} 为同一层土的液限含水率；w_{Pi} 为同一层土的塑限含水率；w_{ci} 为第 i 层土的稠度；$\bar{w}_c$ 为路槽底面以下80cm内土的算术平均稠度。

根据 $\bar{w}_c$ 判别路基的干湿类型，要按照道路所在的自然区划和路基图的类型，查表1-2，与分界稠度作比较，并按表1-3所列区划界限确定道路所属的路基干湿类型。

表 1-3　路基干湿类型

路基干湿类型	路基平均稠度 $\bar{w}_c$ 与分界相对稠度的关系	一 般 特 征
干燥	$\bar{w}_c \geqslant w_{c1}$	路基干燥稳定，路基强度和稳定性不受地下水和地表积水影响，路基高度 $H \geqslant H_1$
中湿	$w_{c1} > \bar{w}_c \geqslant w_{c2}$	路基上部土层处于地下水或地表积水影响的过渡带区内，路基高度 $H_1 > H \geqslant H_2$
潮湿	$w_{c2} > \bar{w}_c \geqslant w_{c3}$	路基上部土层处于地下水或地表积水毛细影响区内，路基高度 $H_2 > H \geqslant H_3$
过湿	$\bar{w}_c < w_{c3}$	路基极不稳定，冰冻区春融翻浆，路基经处理后方可铺筑路面，路基高度 $H < H_3$

注：1. H 为路槽底面距地下水水位或地表积水水位高度，m；

2. H_1、H_2、H_3 分别为路基干燥、中湿、潮湿状态的临界高度，m；

3. w_{c1}、w_{c2}、w_{c3} 分别为干燥和中湿、中湿和潮湿、潮湿和过湿状态路基的分界稠度，见表1-2。

1.4.2　路基临界高度与最小填土高度

对于新建道路，可以用路基临界高度作为判别标准。当路基的地下水水位或地表积水水位一定的情况下,路基的湿度由下而上逐渐减小。以临界高度判断路基干湿类型,同样是以分界稠度为依据,干湿状态、临界高度及分界稠度的关系如图1-1所示。与分界稠度相对应的路基离地下水水位或地表积水水位的高度称为路基临界高度 H。H_1、H_2、H_3 分别为路基干燥、中湿、潮湿状态的临界高度。

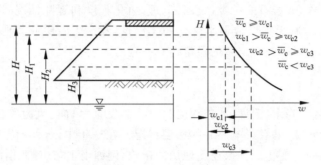

图 1-1 路基临界高度与路基干湿类型的关系

1. 临界高度

临界高度是指在不利季节当路基处于某种干湿状态时,路槽底面距地下水水位或地面长期积水水位的最小高度,可根据土质、气候等因素按当地经验确定。按《公路自然区划标准》不同气候区及土质的临界高度取值。

2. 路基最小填土高度

路基填土高度指路肩边缘距原地面的高度。路基最小填土高度指为保证路基稳定,根据土质、气候和水文地质条件,所规定的路肩边缘距原地面的最小高度。为利于排水,干燥路基最小填土高度规定为:砂性土 0.3~0.5m;黏性土 0.4~0.7m;粉性土 0.5~0.8m。

挖方或填筑路堤有困难的地段可加深边沟,使路肩边缘距边沟底面的高度符合上述规定。当路基填土高度不能满足上述规定时应采取相应的措施,以保证路基的强度及稳定性。沿河路基高度应高出路基设计洪水频率计算水位加壅水高再加波浪侵袭高 0.5m 以上。

1.5 路基强度与稳定性的影响因素与防护措施

1.5.1 主要影响因素

路基是一种线性结构物,具有线路长、与大自然接触面广的特点,其稳定性在很大程度上由当地自然条件所决定。路基的稳定性与下列因素有关。

1. 地理条件

道路沿线的地形、地貌和海拔高度不仅影响路线的选定,也影响路基的设计。平原、丘陵、山岭等各区地势不同,路基的水温情况也不同。平原区地势平坦、排水困难、地表易积水、地下水位相应较高,因而路基需要保持一定的最小填土高度,路面结构层应选择水稳定性良好的材料，并采取一定的结构排水设施；丘陵区和山岭区，地势起伏较大，路基排水设计至关重要，否则会导致路基稳定性下降，甚至出现破坏现象。

2. 地质条件

沿线的地质条件，如岩石的种类、成因、节理，风化程度和裂隙情况，岩石走向、倾向、倾角、层理和岩层厚度，有无夹层或遇水软化的夹层，以及有无断层或其他不良地质现象（岩溶、冰川、泥石流、地震等）都对路基的稳定性有一定的影响。

3. 气候条件

气候条件如气温、降水、湿度、冰冻深度、日照、蒸发量、风向、风力等都会影响线路沿线地面水和地下水的状况，并且影响路基的水温情况。在一年中，气候有季节性的变化，因此路基的水温情况也随之变化。气候还受地形的影响，例如山顶与山脚、山南坡与北坡等气候都有很大的差别。这些因素都会严重影响路基的稳定性。

4. 水文和水文地质条件

水文条件是指公路沿线地表水的排泄，河流洪水位、常水位，有无地表积水和积水时期的长短，河岸的淤积情况等。水文地质条件是指地下水位，地下水移动的规律，有无层间水、裂隙水以及泉水等。所有这些地面水及地下水都会影响路基的稳定性，如果处理不当，会引起各种病害。

5. 土的类别

土是填筑路基的基本材料，不同的土类具有不同的工程性质，因而将直接影响路基的强度与稳定性。不同的土类含有不同粒径的土颗粒，砂粒成分多的土，强度构成以内摩擦力为主，强度高，受水的影响小，但施工时不易压实。较细的砂，在渗流情况下容易流动，形成流砂。黏粒成分多的土，强度形成以黏聚力为主，其强度随密实度的不同变化较大，并随湿度的增大而降低。粉土类土毛细现象强烈，路基的强度和承载力随着毛细水上升、湿度增大而下降，在负温度坡差作用下，水分通过毛细作用移动并积聚，使局部土层湿度大幅度增加，造成路基冻胀，最后导致路基翻浆，路面结构层断裂等各种破坏。

1.5.2 保证路基强度和稳定性的主要措施

由于路基的强度与稳定性受水、温度、土质等的影响，为了保证路基强度和稳定性，应在深入调查研究、细致分析自然因素影响的基础上，采取以下措施。

（1）合理选择路基横断面形式，正确确定边坡坡度。

（2）选择良好的填筑材料，采取正确的施工方法。

（3）充分压实路堤，保证足够的压实度。

（4）认真设计和施工地面与地下排水设施。

（5）保证足够的路基高度，力求使路基处于干燥状态。

（6）设置隔离层或隔温层，保持良好水温状况。

（7）做好边坡防护与加固及支挡结构物。

1.6　路基工程的常见病害与防治

路基裸露在大气中,经受着土体自重、行车荷载和各种自然因素的作用,路基的各个部位将产生变形。变形超过了允许限度时,即形成病害。路基的变形分为可恢复变形和不可恢复变形,路基的不可恢复变形将引起路基标高和边坡坡度、形状的改变。严重时,土体位移危及路基的整体性和稳定性,造成路基破坏。我国既有路基由于历史原因,其填料性质不好,在长期的运营过程中容易产生病害。这些病害在运输繁忙的线路上,不仅危及正常交通,影响通货能力,而且每年为了治理路基病害需要耗费大量的人力、物力和财力,必须引起足够的重视。

1.6.1　公路路基的常见病害与防治

1. 公路路基的常见病害

1) 路基变形

路基沉陷是指路基表面在垂直方向产生较大的沉落,如图1-2(a)所示。路基沉陷有两种情况:一是路基本身的压缩沉降,形成路基沉陷;二是由于路基下部天然地面承载能力不足,在路基自重的作用下引起沉陷或向两侧挤出而造成的下沉。

路基沉缩是因路基填料选择不当,填筑方法不合理,压实度不足,在路基堤身内部形成过湿的夹层等原因,在荷载和水温综合作用下,引起路基沉缩,如图1-2(b)所示。

地基沉陷是指原天然地面有软土、泥沼或不密实的松土存在,承载能力极低,路基修筑前未经处理,在路基自重作用下,地基下沉或向两侧挤出,引起地基沉陷,如图1-2(c)所示。

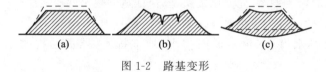

图 1-2　路基变形

(a) 路基沉陷;(b) 路基沉缩;(c) 地基沉陷

2) 边坡滑塌

路基边坡滑塌是最常见的路基病害之一,根据边坡土质类别、破坏原因和规模的不同,可分为溜方与滑坡两种情况。

(1) 溜方:由于少量土体沿土质边坡向下移动所形成。溜方通常指的是边坡上表面薄层土体下溜,主要是由于流动水冲刷边坡或施工不当而引起的,如图1-3(a)所示。

(2) 滑坡:一部分土体在自重作用下沿某一滑动面滑动。滑坡主要是由于土体的稳定性不足所引起的,如图1-3(b)所示。

路堤边坡坡度过陡,或边坡坡脚被冲刷淘空,或填土层次安排不当是路堤边坡发生滑坡的主要原因。

路堑边坡滑坡的主要原因是边坡高度和坡度与天然岩土层次的性质不相适应。黏性土层和蓄水的砂石层交替分层且有倾向于路堑方向的斜坡层理存在时,就容易造成滑动。

图 1-3　路基边坡的破坏

（a）溜方；（b）滑坡

3）碎落和崩塌

碎落是指路堑边坡风化岩层表面，在大气温度与湿度的交替作用，以及雨水冲刷和动力作用之下，表层岩石从坡面上剥落下来，向下滚落。大块岩石脱离坡面沿边坡滚落称为崩塌。

4）路基沿山坡滑动

在较陡的山坡填筑路基，若路基的底部被水浸湿，形成滑动面，坡脚又未进行必要的支撑，在路基自重和行车荷载作用下，整个路基沿倾斜的原地面向下滑动，路基整体失去稳定。

5）不良地质和水文条件造成的路基破坏

公路通过不良地质条件（如泥石流、溶洞等）和较大自然灾害（如大暴雨）地区，均可能导致路基的大规模毁坏。

2．公路路基病害防治的主要措施

为提高公路路基的稳定性，防止各种病害的发生，主要有以下一些措施。

（1）正确设计路基横断面形式与尺寸。

（2）选择良好的路基填料填筑路基，必要时对路基上层填土做稳定性处理。

（3）采取正确的填筑方法，充分压实路基，保证达到规定的压实度。

（4）适当提高路基高度，防止水分从侧面渗入或从地下水位上升进入路基工作区范围。

（5）正确进行排水设计（包括地面排水、地下排水、路面结构排水以及地基的特殊排水）。

（6）必要时设置隔离层隔绝毛细水上升，设置隔温层减少路基冰冻深度和水分累积，设置砂垫层以疏干路基。

（7）采取边坡加固、修筑挡土墙以及土体加筋等防护技术措施，提高其整体稳定性。

以上各项技术措施的宗旨在于限制水分侵入路基，或使已侵入路基的水分迅速排出，保持干燥，提高路基的整体强度与稳定性。

1.6.2　铁路路基工程的常见病害与防治

1．铁路路基的常见病害

1）道碴陷槽病害

路基面在长期运营中，常常发生道碴压入路基内的现象，形成道碴陷槽。道碴陷槽分为道碴槽、道碴箱、道碴囊和道碴袋四种不同形式。

道碴槽是指路基面上的坑洼分别分布在每根轨枕之下，彼此不连贯，使路基面发生锯齿状的变形，深度可达 1m。道碴槽的形成主要是路基顶面土的承载力不够、道碴厚度不足或压实不均匀造成顶面应力过大和应力集中所致,有时也由于铺轨时先将轨枕直接铺在路基面上,轨枕陷入路基面形成道碴槽。道碴箱是由道碴槽发展成几根轨枕下连通的坑洼,它是由于轨枕的移动或土的承载力不足形成的。道碴囊是指当基床上的密实度不均匀,道碴在较松软处压入较深的现象。道碴袋是指在路基面上单个的互不相连、深度较大的陷槽(可达3m以上)。

2)路肩剪切挤出病害

在路堑地段,当路基顶面为不良土质或软质岩层时,可能先形成道碴陷槽,进而出现路肩剪切挤出或侧沟被剪裂。侧沟积水或排水不畅,也有可能引起这种破坏。这是因为侧沟积水后,水便向路基面渗入,使其承载力降低,为路肩隆起创造条件。

3)路基翻浆冒泥

基床翻浆发生在非渗水性或弱渗水性填料填筑的路基地段,路基为黏性土,饱水后成稀释状态的泥浆,在列车动压力作用下,泥浆受挤压沿道碴孔隙向上涌出的现象称为路基翻浆冒泥。造成路基翻浆冒泥的主要原因有两种:一是路基基床密实度不足;二是日常维修作业中或修清筛道床作业中,将路基基面的平顺度破坏,或将原有的路拱破坏,导致基床表面坑洼不平或反坡,路基表面排水不畅。

2. 铁路路基病害防治的主要措施

1)道碴陷槽整治

(1)道碴槽的主要整治方法包括:削去道碴槽,换填砂砾或炉渣,换填不透水土,水泥固结法,以及密封层法等。

(2)道碴箱的整治方法与道碴槽相同,但由于坑洼较大,积水较多,故有时需要设置横向盲沟,排出道碴箱中的积水。

(3)对于道碴囊及道碴袋的整治,应根据道碴囊的深度和路堤或路堑等条件采取不同的措施。对道碴囊较浅的路堤地段或侧沟有条件加深的路堑地段,应采取设置边坡打入管、疏干积水、加横向渗沟的办法,此方法对行车干扰小、成本低、难度小,便于实施、效果较好。对道碴囊较深,或路堑地段无条件加深侧沟的区段,应采取基床土换填,改善基床填料的土质条件,彻底恢复路拱,设足横向排水坡,确保基面排水顺畅。有条件的话,可以用氯丁橡胶、橡胶排水板、土工布等新型材料封闭路基面,隔绝地表水对路基面的浸泡,避免基床土含水率大而导致路基基床承载力不足引起的基床病害。

2)路肩剪切挤出整治

对路肩剪切挤出的整治措施与道碴陷槽整治方法类似,其中以换填砂垫层效果较好。

3)路基翻浆冒泥整治

(1)铺设砂垫层。

(2)设置封闭层。

(3)换土。

(4)在季节性冻土地区的有害冻胀范围内,当路基土体的含水率达到一定值时,往往会产生冻胀,春融时又容易产生翻浆冒泥等病害,影响运输安全,加大养护维修工作量,因此,在设计时,应使路肩高程高出冻前地下水位一定高度,使毛细水上升时不致在有害冻胀范围内聚集,避免产生有害冻胀及其他病害。

（5）盐渍土地区，地下水或地面积水矿化度高，水中的盐分被毛细水带到路基土体中，水分蒸发后，盐分积聚下来，容易使路堤土体次生盐渍化，进而产生盐胀等病害。因此，在设计上盐渍土地区路肩高程应高出最高地下水位或最高地面积水水位一定高度。

习题答案

1.7　本章习题

1. 名词解释

（1）公路自然区划

（2）路基临界高度

2. 简答题

（1）判断路基干湿类型的临界高度法和分界稠度法各自的依据条件和资料有哪些？

（2）路基干湿类型的划分方法有哪些？

（3）为何要进行公路自然区划，制定自然区划的原则又是什么？试述公路自然区划的意义。

（4）影响路基路面的水有哪些？水对路基有哪些影响？

（5）试述地下水对路基的影响。

（6）试述路基工程的特点。

（7）路基强度与稳定性的主要影响因素有哪些？

（8）公路路基工程的主要病害有哪些？

（9）铁路路基工程的主要病害有哪些？

3. 计算题

已知某市属于 IV_4 区，有一段黏土路基，路面底面高出地面 0.3m，地下水位距地面 0.8m，请确定该路基的干湿类型。

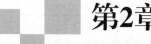

第2章

路基的强度特性与承载力计算

 本章学习目标

知识目标

(1) 能够阐述路基土的分类、特殊土类型及其作为路基填料的适用性。

(2) 能够说明路基土的动力响应、变形模量、疲劳特性与临界动应力。

(3) 能够解释路基回弹模量、地基反应模量、加州承载比(CBR)以及交通荷载下路基土的应力-应变关系。

(4) 能够计算路基的极限承载力。

能力目标

(1) 能够分辨传统路基土的类型及其作为路基填料的适用性。

(2) 能够阅读和分析交通荷载下路基土的应力-应变关系曲线。

(3) 树立上部交通荷载与路基强度、承载力的辩证关系。

PPT

2.1 路基土的分类

世界各国公路用土的分类方法虽然不尽相同,但是分类的依据大致相近,一般都是根据土颗粒的组成、土颗粒的矿物成分或其余物质的含量、土的塑性指标进行区分。我国公路用土依据土的颗粒组成特征、土的塑性指标和土中有机质存在的情况,分为巨粒土、粗粒土、细粒土和特殊土四类,并进一步细分为 12 种土,如图 2-1 所示。土的颗粒组成特征用不同粒径粒组在土中的百分含量表示。不同粒组的粒径划分界限与范围如表 2-1 所示。

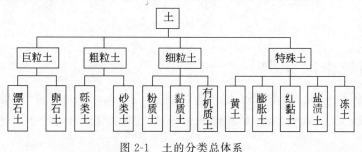

图 2-1 土的分类总体系

表 2-1　不同粒组的粒径划分界限与范围　　　　　　　　　mm

粒径	200		60	20	5	2	0.5	0.25	0.075	0.002
巨粒组			粗粒组						细粒组	
漂石（块石）		卵石（小块石）	砾（角砾）			砂			粉粒	黏粒
			粗	中	细	粗	中	细		

公路用土分类的基本代号如表 2-2 所示。

表 2-2　公路用土分类的基本代号

代号	土类			
	巨粒土	粗粒土	细粒土	有机土
成分代号	漂石 B 块石 B_a 卵石 Cb 小块石 Cb_a	砾 G 角砾 G_a 砂 S	粉土 M 黏土 C 细粒土（C、M 合称）F 粗细粒土合称 S1	有机质 土 O
级配和液限 高低代号		级配良好 W 级配不良 P	高液限 H 低液限 L	

注：1. 土类名称可用一个基本代号表示；
　　2. 液限的高低以 50 划分，级配以不均匀系数和曲率系数表示，详见《公路土工试验规程》(JTG 3430—2020)。

2.1.1　巨粒土的分类

巨粒组（粒径大于 60mm 的颗粒）质量高于总质量的 50% 的土称为巨粒土。巨粒土分类如图 2-2 所示。

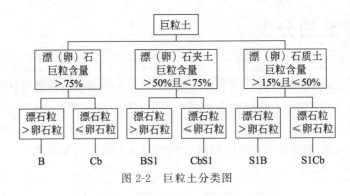

图 2-2　巨粒土分类图

2.1.2　粗粒土的分类

粗粒土分砾类土和砂类土两种，砾粒组（粒径为 2～60mm 的颗粒）质量高于总质量的 50% 的土称为砾类土，见表 2-3。砾粒组质量低于或等于总质量 50% 的土称为砂类土，见表 2-4。

表 2-3 砾类土分类

土	组	土组代号	细粒组含量/%
砾	级配良好砾	GW	<5
	级配不良砾	GP	
含细粒土砾		GF	≥5,<15
细粒土质砾	粉土质砾	GM	15~50
	黏土质砾	GC	

表 2-4 砂类土分类

土	组	土组代号	细粒组含量/%
砂	级配良好砂	SW	<5
	级配不良砂	SP	
含细粒土砂		SF	≥5,<15
细粒土质砂	粉土质砂	SM	15~50
	黏土质砂	SC	

2.1.3 细粒土的分类

粗粒组(粒径 2～60mm 颗粒)质量低于总质量的 25% 的土、细粒组(粒径小于 0.074mm 颗粒)质量高于总质量的 75% 的土称为细粒土;粗粒组质量为总质量的 25%～50% 的土、细粒组质量低于总质量的 50% 的土称为含粗粒的细粒土;含有机质的细粒土称为有机质土。

细粒土的分类及性质很大程度上与土的塑性指标有关联,如图 2-3 所示。在图 2-3 中,以 A 线和 B 线将坐标空间划分为四个区,大致区分了细粒土的塑性性质。细粒土的分类如图 2-4 所示。

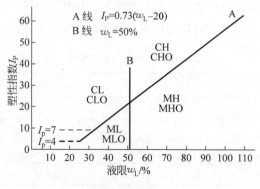

图 2-3 土体塑性图

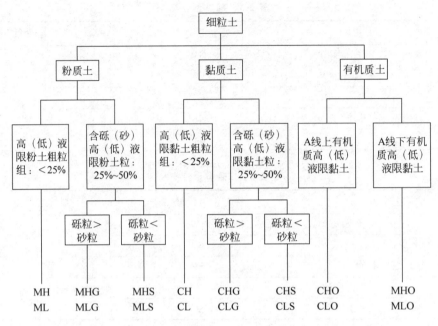

图 2-4　细粒土分类体系

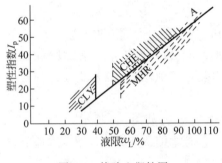

图 2-5　特殊土塑性图

2.1.4　特殊土的分类

特殊土主要包括黄土、膨胀土、红黏土、盐渍土和冻土。黄土、膨胀土、红黏土等按照图 2-5 所示的特殊土塑性图上的位置定名。黄土属于低液限黏土（CLY），分布范围大部分在 A 线以上，$w_L < 40\%$；膨胀土属于高液限黏土（CHE），分布范围大部分在 A 线以上，$w_L > 50\%$；红黏土属于高液限粉土（MHR），分布位置大部分在 A 线以下，$w_L > 55\%$。盐渍土按照土层中所含盐的种类和质量百分率进行分类，具体如表 2-5 所示。

表 2-5　盐渍土工程分类

名　　称	平均总盐量比值/%			
弱盐渍土	≥0.3,<1.5	≥0.3,<1.0	≥0.3,<0.8	≥0.3,<0.5
中盐渍土	≥1.5,<5.0	≥1.0,<4.0	≥0.8,<2.0	≥0.5,<1.5
强盐渍土	≥5.0,<8.0	≥4.0,<7.0	≥2.0,<5.0	≥1.5,<4.0
过盐渍土	≥8.0	≥7.0	≥5.0	≥4.0

2.1.5　各类土的适用范围

各类公路用土具有不同的工程性质，在选择路基填筑材料，以及修筑稳定路面结构层时,应根据不同的土类分别采用不同的工程技术措施。

巨粒土包括漂石(大块石)和卵石(小块石),有很高的强度和稳定性,是填筑路基的良好材料,亦可用于砌筑边坡。

级配良好的砾石混合料,密实程度好,强度和稳定性均能满足要求。除了填筑路基之外,还可以用于铺筑中级路面。经适当处理后,可以铺筑高级路面的基层、底基层。

砂土无塑性,透水性强,毛细上升高度小,具有较大的内摩擦系数,强度和水稳定性均较好,但是砂土黏结性差,易于松散,压实困难。不过,经充分压实的砂土路基,压缩变形小,稳定性好。为了压实和提高砂土路基稳定性,可以采用振动法压实,并可掺加少量黏土,以改善级配组成。

砂性土既含有一定数量的粗颗粒,又含有一定数量的细颗粒,级配适宜,强度、稳定性等都能满足要求,是理想的路基填筑材料。

粉性土含有较多粉土颗粒,干时虽有黏性,但易于破碎,浸水时容易成为流动状态。粉性土毛细作用强烈,毛细上升高度大(可达 1.5m),在季节性冰冻地区易造成冻胀、翻浆等病害。粉性土属于不良的公路用土。若必须用粉性土填筑路基,则应采取技术措施改良土质并加强排水、采取隔离水等措施。

黏性土中细颗粒含量多,土的内摩擦系数小而黏聚力大,透水性小而吸水能力强,毛细现象显著,有较大的可塑性。若在适当含水率时加以充分压实并设置良好的排水设施,筑成的路基也能获得稳定。

重黏土的工程性质与黏性土相似,但当其含黏土矿物成分不同时,性质有很大差别。黏土矿物主要包括蒙脱土、高龄土、伊利土。蒙脱土主要分布在东北地区,其塑性大,吸湿后膨胀胀裂,干燥时收缩大,透水性极低,压缩性大,抗剪强度低。高龄土分布在南方地区,其塑性较低,有较高的抗剪强度和透水性,吸水和膨胀量较小。伊利土分布在华中和华北地区,其性质介于上述两者之间。重黏土不透水,黏聚力特强,塑性很大,干燥时很坚硬,施工时难以挖掘和破碎。

总之,土作为路基填筑材料时,砂性土最优,黏性土次之,粉性土属于不良材料,最容易引起路基病害。重黏土,特别是蒙脱土也是不良的路基土。此外,还有一些特殊土类,如有特殊结构的土(黄土)、含有机质的土(腐殖土)以及容易溶盐的土(盐渍土)等,用以填筑路基时必须采取相应技术措施。

2.2 路基土的动力响应

2.2.1 土体的动力学基本特性

土体在动荷载作用下的表现与静荷载情况有很大的不同,主要表现在动、静强度的区别。土体的动强度与允许产生的变形大小、动荷载大小、作用时间、频率等因素密切相关。目前研究土的动强度和动变形的方法可分为两方面:一是根据土的动应力-动应变关系(或称动本构关系)来确定土体在动荷载作用下的动强度和动变形;二是直接通过试验方法来研究土的动强度和动变形问题。土的动本构关系是描述土动态力学特性的基本关系,但由于其复杂性,目前的研究还远远没有达到成熟的阶段,因此在现阶段仍常采用直接试验的方法来研究土的动强度和动变形问题。

不同作用特点的动荷载分类归纳如图 2-6 所示。从动荷载作用的基本要素,即振幅、频率、持续时间和波形的变化来分析,可以将动荷载分为以下三类问题。

（1）单一的、大脉冲荷载问题,如爆破引起的动力作用;

（2）多次重复的微幅振动问题,如动力机器引起的振动作用;

（3）有限次数、无规律的振动问题,如地震引起的振动作用。

这三类动荷载在变化规律和应力量级上有较大的差异,因此在土中所产生的应变量级发展规律均有很大的差异。例如,在核爆炸作用下,土中产生的应力波所引起的应变量级（在考虑防护的范围内）,可以达到 10^{-2} m;而一个合理设计的动力机器基础下,土的应变量级约为 10^{-5} m 或者更小;地震引起的应变量级则介于两者之间。在这些不同的应变量级范围内,土的性质具有不同的应力-应变规律关系。如机器基础下的土主要在弹性范围内工作;爆炸作用下的土视爆炸能量及传递距离可能处于弹性、弹塑性或塑性范围内工作;地震作用下的土视震级也可能处于弹性、弹塑性或塑性范围内工作。因此对不同类型的土动力学问题应分别研究。对于其他原因引起的动荷载作用,如海洋土动力学问题,交通荷载引起的土动力学问题,应在尽可能模拟其动荷载要素的条件下进行研究。

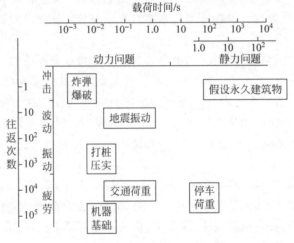

图 2-6　动荷载的主要类型

动荷载对土体的影响主要表现为:速率效应,即荷载在很短时间内以很高的速率施加于土体所引起的效应;循环效应,即荷载的增减,多次往复循环地施加于土体所引起的效应。对于第一类动荷载,主要表现出速率效应的影响;对于第二类动荷载,主要表现出循环效应的影响,还有一类动荷载会表现出两种效应共同影响的结果,路基工程中所涉及的动荷载主要是指这类。

通常,在小应变范围内主要研究土的弹性参数、动模量、动泊松比和阻尼比问题,典型的试验仪器为共振柱;在大应变范围内主要研究土的动强度、动变形、液化及土体动力稳定性问题,典型的试验仪器为动三轴仪。

土在承受逐级增大的动荷载作用时,其变形、强度和孔压总要经历轻微变化、明显变化到急速变化三个阶段,我们把这三个阶段分别称为振动压密阶段、振动剪切阶段和振动破坏阶段；其两个界限强度分别称为临界动力强度和极限动力强度。

在振动压密阶段，振动作用的强度较小，土的结构没有或只有轻微的破坏，孔压上升、变形增大和强度降低都比较小，土的变形主要表现为由土颗粒垂直位移所引起的振动压密变形。

在振动剪切阶段，动荷载的强度超过临界动力强度，出现孔压与变形的明显增大和强度的明显降低，土的变形中剪切变形的影响逐渐增大。

当达到极限动力强度时，出现以孔压急剧上升、变形迅速增大和强度突然减小为标志的完全失稳现象时，达到所谓的振动破坏阶段。

使土处于不同阶段所需的实际动荷载水平(临界动力强度与极限动力强度的大小)因土的密度、类型、状态、起始应力状态以及动荷载的波形、频率、振幅和持续时间等的变化而不同。因此，三个阶段之间的变化是连续的，并没有明显的界限。一般而言，第一阶段的危害较小，第三阶段是不能容许的，第二阶段则应视具体建筑物的重要性和敏感程度而决定其是否能够容许。

土的动强度是随着动荷载作用的速率效应和循环效应而不同的，它通常理解为在一定动荷载作用次数下产生某一破坏应变所需的动应力大小。

在周期荷载作用下，土的应变将随动应力的增大而增加，或随动荷载循环作用次数的增加而增大。因此，欲使试样在动荷载作用下产生一定大小的应变，可以采用以下两种方法：低循环次数下高的循环动应力和高循环次数下低的循环动应力。土的强度总是和一定限度的应变相联系。显然，如果该破坏应变规定的数值不同，相应的动强度也就不同，故动强度与破坏标准密切相关。合理地制定破坏应变是讨论动强度问题的基础。常见的破坏标准有以下几种。

(1) 对于饱和土的不排水试验，破坏标准可表示为孔隙水压力的某种发展程度，称为孔压标准。

(2) 以极限平衡条件作为破坏标准，称为极限平衡标准。

(3) 以动荷载作用过程中变形开始急速转陡作为破坏标准，称为屈服破坏标准。通常，土的动强度表示为达到上述某种破坏标准时的加载次数 N_f 与作用动应力 σ_d 的关系，即 σ_d-$\lg N_f$ 曲线，称为土的动强度曲线。

影响土的动强度的因素主要有土性、静应力状态和动应力三个方面，因此土的动强度曲线除需标明不同的破坏标准外，还需标明它的土性条件(如密度、含水率和结构等)和起始静应力状态(如固结应力 σ_1、σ_3，起始剪应力比 τ_0/σ_3 等)。

2.2.2 路基面上的弹性变形

在动三轴试验中施加动应力所产生的变形，包括弹性变形和塑性变形。塑性变形的变形形态，取决于动荷载的大小、频率和土的性质。作为路基填土，不希望产生积累的塑性变形或永久沉降，理想的状态是只产生可以恢复的弹性变形。

速度 200km/h 以上的客运专线要求路基面上的动位移不能超过 3.5mm。路基填土弹性变形的大小主要取决于它的动弹性模量 E_d，动弹性模量也称回弹模量，其定义为动应力幅值与其产生的动应变之比：

$$E_d = \frac{\sigma_d}{\varepsilon_d} \tag{2-1}$$

式中，σ_d、ε_d 分别为动应力幅值和动应变。

动弹性模量越大，路基产生的弹性变形越小。所以客运专线与高速铁路路基填筑质量控制中，要求地基系数 K_{30}、动态变形模量 E_{vd} 或静态变形模量 E_{v2} 的检测一定要达到规范规定的值，这些都是直接与动弹性模量有关的量，可以使路基产生的弹性变形控制在允许范围之内。其中 E_{vd} 或 E_{v2} 与式(2-1)中的 E_d 密切相关。在有侧限压缩条件下施加动荷载也可以模拟列车动荷载对压实土变形情况，当土的密实度达到一定程度时，土的变形就只有弹性变形，塑性变形是衰减的，孔隙比不再减小，只是回弹与加载过程的重复。但是这只是无侧向变形的情形，与基床土的实际受力情况有差别。

路基的弹性变形可以通过现场实测得到，图 2-7 和图 2-8 给出了实测的典型路基内部附加动应力和弹性变形的等值线分布，其中弹性变形是在列车以 120km/h 的速度运行状态下测得的，可以看出其弹性变形在路基面最大，沿深度衰减。秦沈客运专线在速度200km/h 以上的实测路基面动位移都小于 3.5mm。路基的弹性变形也可以通过数值模拟计算得到。

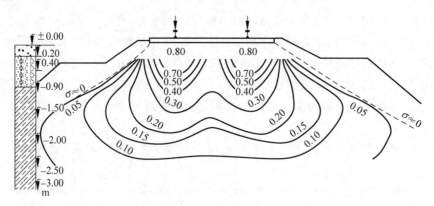

图 2-7　路基横断面内附加动应力分布图（单位：100kPa，行车速度：120km·h^{-1}）

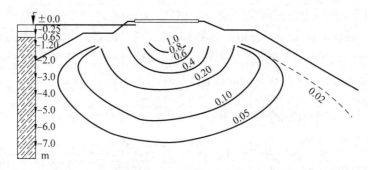

图 2-8　路基横断面内弹性变形分布图（单位：mm，行车速度：70km·h^{-1}）

2.2.3 基床土的疲劳特性与临界动应力

在一定条件下,路基填土可以在列车动荷载循环作用下,仅产生可以恢复的弹性变形而没有永久变形的积累。这个条件是多方面的:土的力学性质要好,压实质量要好,但重要的是附加在路基面的动荷载不能太大。既有线路路基土体在列车动荷载的作用下,往往会产生过大的变形甚至破坏,大多是相对较大的列车动荷载长期循环作用累积发展的结果。既有线路路基填料的性质及压实质量一般较低,它所能够承受的动应力存在一个极限,超过这个极限路基会产生塑性变形。

根据对基床一般填土进行的动三轴试验结果,发现累积应变与荷载重复次数的关系可以分为两组。其中一组为破坏型曲线,其变形随循环荷载作用次数的增加而逐渐发展直至破坏,如图 2-9 中的曲线①②③④;另一组为衰减型曲线,其变形速率逐渐变缓最后达到稳定状态,如曲线⑤⑥⑦⑧。曲线⑤对应的循环应力称为临界动应力。

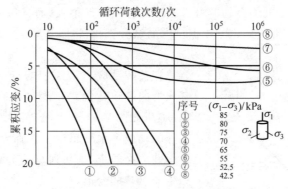

图 2-9 循环荷载作用下填土的变形

临界动应力的大小首先与围压的大小有关,也就是与所考虑路基土的深度有关,其次与填土的种类、强度、变形模量、含水率、密实度、荷载作用频率等因素有关,实际上可以把临界动应力理解为一种特定情况下的动强度。临界动应力与加载频率的关系曲线如图 2-10 所示。临界动应力随加载频率的提高而减小;而列车的速度提高,相应的加载频率也就变大,因此对既有线路路基而言,随着列车的速度的提高,基床的病害将增多,这已被既有线路的实际情况所证实。

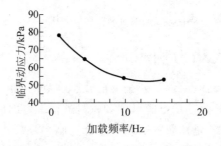

图 2-10 临界动应力与加载频率的关系曲线

临界动应力与围压的关系曲线如图 2-11 所示。围压越高，临界动应力越大。由于列车产生的动应力随着深度的增加而逐渐减小，而路基填土的临界动应力却随着深度的增加而增大，因此基床表层的工作条件是最恶劣的。这也是在高速铁路设计中强化基床表层的主要原因。

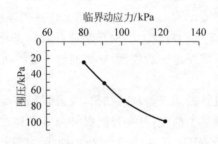

图 2-11　临界动应力与围压的关系曲线

由于确定路基填土的临界动应力所需的试验工作量很大，而且每一种填料的临界动应力均不相同，因此在实际应用中常根据已有的试验资料，将路基填土的临界动应力取为静强度的 50%～60%。

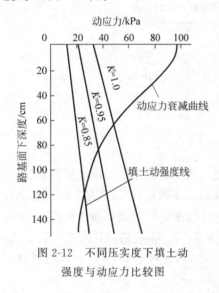

图 2-12　不同压实度下填土动强度与动应力比较图

把荷载动应力沿深度的衰减曲线与一般未设置基床的路基土体随深度增加的临界动应力曲线叠加在一起，如图 2-12 所示的动强度线，其交点以上表示实际的动应力水平超过了其临界动应力，如果不换成力学性能高的土，则在列车动荷载作用下路基上部将产生非衰减的变形，这是不允许的。

所以交点以上的填土的临界动应力一定要大于实际作用的附加动应力，这样才能防止或减少永久变形的出现。也就是说交点以上厚度就表示所要求的基床表层深度。设置基床表层以后，实际路基在不同深度的临界动应力将在动应力沿深度衰减曲线的右边。所以设置基床表层的目的就是提高临界动应力，这就是基床表层厚度的确定原则。由图 2-12 可知，当压实度 $K=1.0$ 时，基床表层厚度约需 60cm(0.6m)；若当压实度 $K=0.95$ 时，基床表层厚度约需 80cm(0.8m)。

2.2.4　基床结构的动力响应

基于以上原因，为了使路基面以下列车动荷载影响范围内的填土不至于产生疲劳变形，铁路路基设计中把这一部分路基填土的厚度和材料进行了专门的规定。基床内受动荷载影响最大的就是基床表层，也就是按照一般黏性土计算临界动应力小于实际动应力的厚度部分。所以把基床分成由基床表层和基床底层组成的两层。基床表层是路基直接承受列车动荷载的部分，又常被称为路基的承载层或持力层，基床表层的设计是路基设计中最重要的部分。

根据路基动应力作用的特点，不同类型的铁路线路规定了不同的基床结构形式和尺寸。

《铁路路基设计规范》规定Ⅰ、Ⅱ级线路基床厚度为2.5m,其中基床表层为0.6m,基床底层为1.9m。普通速度铁路线路以及不同设计时速的客运专线基床结构的比较如表2-6所示。

基床表层是铁路路基最重要的组成部分,是轨道的直接基础,它的设置可以增强线路强度,使路基更加坚固、稳定,并具有一定的刚度,使列车通过时的弹性变形控制在一定范围内;可以防止道碴压入基床及基床土进入道碴层;可以防止雨水浸入基床使基床土软化,防止发生翻浆冒泥等基床病害,并保证基床肩部表面不被雨水冲刷;可以防止冻害的发生。

实践表明,基床表层的优劣对轨道的变形影响很大。基床表层的材质和强度应能承受列车荷载的长期作用,刚度应使列车运行时产生的弹性变形控制在一定范围内,厚度应使扩散到其底层面上的动应力不超过基床底层土的容许承载能力,并能防止道碴压入基床及基床土进入道床,防止地表水浸入基床土中导致基床软化及产生翻浆冒泥等基床病害。因此,《铁路路基设计规范》中对基床填料的选择和压实度的控制提出了明确的要求。大量资料表明,诸多路基病害中,不少是填土压实度不够造成的路堤下沉并因此而伴生的病害。填土密度小,其强度必然偏低,尤其在雨期雨水下渗时,土体强度将进一步降低,所以应严格控制基床表层土的压实度。对细粒土和黏砂、粉砂应采用相对密度或地基系数作为控制指标;对于碎石类土和块石类混合料应采用地基系数作为控制指标。

表2-6　不同设计时速的客运专线基床结构的比较

线路类型	基床厚度/m			
	表层		底层	总厚度
160km·h⁻¹(土质路堤特重型)线路	0.6		1.9	2.5
200km·h⁻¹客运专线、客货共线	0.6		1.9	2.5
200~250km·h⁻¹线路	0.7		2.3	3.0
300~350km·h⁻¹线路	0.7		2.3	3.0
京沪高速铁路	0.05~0.10沥青混凝土	0.65~0.60	2.3	3.0
无碴轨道客运专线200~350km·h⁻¹	0.7(含0.05~0.10沥青混凝土)		2.3	3.0

2.3　公路路基的强度特性

2.3.1　路基受力与工作区

路基承受着路基自重力和车轮荷载两种荷载。在路基上部靠近路面结构的一定深度范围内,路基土主要承受车轮荷载的影响。正确的设计应使路基所受的力在路基弹性限度范围内,当车辆驶过后,路基能恢复原状,以保证路基相对稳定,不致引起路面破坏。

路基土在车轮荷载作用下所引起的垂直应力 σ_z 可以近似用式(2-2)计算。计算时,假定车轮荷载为一圆形均布垂直荷载,路基为一弹性均质半空间体,如图2-13所示,则:

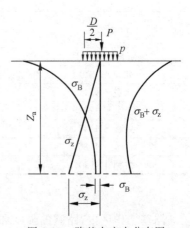

图2-13　路基中应力分布图

$$\sigma_z = K \frac{P}{Z^2} \tag{2-2}$$

式中，P 为一侧轮轴荷载（kN）；K 为系数，一般取 0.5；Z 为荷载中心下应力作用点的深度（m）。

路基土本身自重力在路基内深度为 Z 处所引起的垂直应力 σ_B，按式（2-3）计算：

$$\sigma_B = \gamma Z \tag{2-3}$$

式中，γ 为土的重度（kN/m^3）；Z 为应力作用点深度（m）。

虽然路面结构材料重度比路基土的重度略大，但是结构层的厚度相对于路基某一深度而言，这个差别可以忽略，仍可以近似看作均质土体。

路基内任一点处的垂直应力包括由车轮荷载引起的 σ_z 和由路基土自重力引起的 σ_B，两者共同作用，如图 2-13 所示。

2.3.2 路基工作区

在路基某一深度 Z_a 处，当车轮荷载引起的垂直应力 σ_z 与路基土自重力引起的垂直应力 σ_B 相比所占比例很小，仅为 1/10～1/5 时，该深度 Z_a 范围内的路基称为路基工作区。在工作区范围内的路基，对于支承路面结构和车轮荷载影响较大，在工作区范围以外的路基，影响逐渐减小。确定路基工作区深度，可以按式（2-4）计算：

$$n = \frac{\sigma_B}{\sigma_z} = \frac{\gamma Z}{K \dfrac{P}{Z^2}} \tag{2-4}$$

从而可得：

$$Z_a = \sqrt[3]{\frac{KnP}{\gamma}} \tag{2-5}$$

式中，n 为系数，一般取 5～10；Z_a 为路基工作区深度（m）；其他符号同前。

由式（2-5）可见，路基工作区随车轮荷载的加大而加深。各种型号的汽车所对应的路基工作区深度如表 2-7 所示。

表 2-7　路基工作区深度

汽车型号	工作区深度 Z_a/m	
	$n=5$	$n=10$
解放 CA10B	1.6	2.0
北京 BJ130	1.2	1.6
跃进 NJ130	1.4	1.7
红旗 CA773	1.0	1.3
交通 SH141	1.6	2.0
上海 SH130	1.2	1.5
黄河 JN150	1.9	2.4

注：土的重度按 18kN·m^{-3} 计算。

路基工作区内，路基的强度和稳定性对保证路面结构的强度和稳定性极为重要，对工作区深度范围内的土质选择，路基的压实度应提出较高的要求。

当工作区深度大于路基填土高度时,如图 2-14 所示,行车荷载的作用不仅施加于路堤,还施加于天然地基的上部土层,因此,天然地基上部土层和路堤应同时满足工作区的要求,均应充分压实。

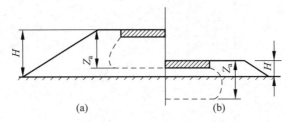

图 2-14 工作区深度和路基高度

(a) $H > Z_a$; (b) $H < Z_a$

2.3.3 路基土的应力-应变特性

路基是路面结构的支承体,车轮荷载通过路面结构传至路基,所以路基土的应力-应变特性对路基路面结构的整体强度和刚度有很大影响。路面结构的损坏,除了它本身的原因之外,路基的变形过大也是重要原因之一。路基土的变形包括塑性变形和弹性变形两部分。过大的塑性变形将导致各种沥青路面产生车辙和纵向不平整,对于水泥混凝土路面,路基土的塑性变形将引起板块断裂。弹性变形过大将使沥青面层和水泥混凝土面板产生疲劳开裂。在路面结构总变形中,路基的变形占很大部分,为 70%～95%,所以提高路基土的抗变形能力是提高路基路面结构整体强度和刚度的重要方面。

理想的线弹性体在一定的应力范围内,应力与应变的关系呈线性特性。当应力消失时,应变随之消失,恢复到初始状态。路基土的内部结构十分复杂,包括固相、液相和气相三部分,固相部分又由不同成分、不同粒径的颗粒所组成,所以路基土在应力作用下呈现的变形特性同理想的线弹性体有很大区别。

压入承载板试验是研究路基应力-应变特性最常用的一种方法。这种方法是以一定尺寸的刚性承载板置于路基顶面,逐级加载卸载,记录施加于承载板上的荷载及由该荷载所引起的沉降变形。根据试验结果,可绘出路基顶面压应力与回弹变形的关系曲线,路基应力-应变关系具有非线性特性,如图 2-15(a)所示为典型关系图。

根据弹性力学理论,通过试验测得的回弹变形可以用式(2-6)计算路基的回弹模量:

$$E = \frac{pD(1-\mu^2)}{l} \tag{2-6}$$

式中,E 为路基的回弹模量(kPa);l 为承载板的回弹变形(m);p 为承载板压力(kPa);D 为承载板的直径(m);μ 为土体的泊松比。

图 2-15(b)所示为三轴压缩试验应力-应变关系曲线,土的竖向压应变 ε_1 可以按式(2-7)计算:

$$\varepsilon_1 = \frac{\sigma_1}{E} - 2\mu\frac{\sigma_3}{E} \tag{2-7}$$

式中,ε_1 为竖向压应变;σ_1 为竖向应力(kPa);σ_3 为侧向应力(kPa);E 为土的弹性模量(kPa);μ 为土体的泊松比,为 0.3～0.5。

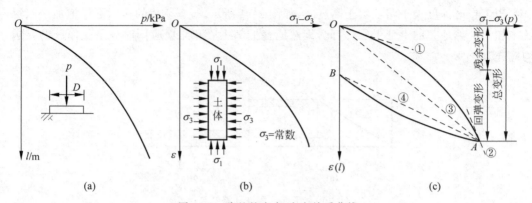

图 2-15　路基的应力-应变关系曲线

（a）现场承载板试验；（b）三轴压缩试验；（c）卸载试验

　　土体在内部应力作用下表现出的变形，从微观角度看，是土颗粒之间的相对移动。当移动的距离超出一定限度时，即使应力解除，土体的颗粒已不能恢复原位；从宏观角度看，路基将产生不可恢复的残余变形。因此，路基的应力-应变关系除了出现非线性特性之外，还表现出弹塑性特性，由图 2-15（c）可以看出，当荷载卸除，应力恢复到零时，曲线由 A 回到 B，OB 即为塑性变形或残余变形。

　　尽管路基的应力-应变关系如此复杂，但是在评定路基应力-应变状态以及设计路面时仍然用回弹模量 E 来表征。最简单的方法是采用局部线性化的方法，即在曲线的某一个微小线段内，近似地将它视为直线，以它的斜率作为回弹模量值。按照应力-应变曲线上应力取值方法的不同，回弹模量有以下几种：

　　（1）初始切线模量：应力值为零时的应力-应变曲线的斜率，如图 2-15（c）中的①所示。

　　（2）切线模量：某一应力级应力-应变曲线的斜率，如图 2-15（c）中的②所示；反映该级应力处应力-应变的精确关系。

　　（3）割线模量：以某一应力值对应的曲线上的点与起始点相连的斜率，如图 2-15（c）中的③所示；反映路基在工作应力范围内的应力-应变的平均状态。

　　（4）回弹模量：应力卸除阶段，应力-应变曲线的割线模量，如图 2-15（c）中的④所示。

　　前三种模量中的应变值包含残余应变和回弹应变，而回弹模量则仅包含回弹应变，它部分反映了土的弹性性质。

　　路基应力-应变的非线性特性还有另一种表示方法，即将回弹模量值以应力或应变的函数形式来表示。如根据试验结果，砂性土路基的回弹模量可以按式（2-8）计算确定：

$$E_R = K_1 \theta^{K_2} \tag{2-8}$$

式中，E_R 为路基回弹模量（kPa）；θ 为全应力，即三向主应力之和，$\theta = \sigma_1 + \sigma_2 + \sigma_3$（kPa）；$K_1$、$K_2$ 为回归常数，如图 2-16（a）所示。

　　对于黏性土，其模量值随应力的变化又有另外的形式。如图 2-16（b）所示，在一定的应力范围内，随着应力的增加，模量逐渐降低，超过一定范围后，模量又缓慢增大。式（2-9）表示典型的黏性土的回弹模量与应力的函数关系。

$$E_R = K_2 + K \mid K_1 - (\sigma_1 - \sigma_3) \mid \tag{2-9}$$

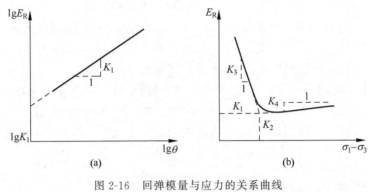

图 2-16　回弹模量与应力的关系曲线

(a) 砂性土；(b) 黏性土

式中，σ_1、σ_3 为最大、最小主应力(kPa)；K_3、K_4 为回归常数；K 为系数，当 $(\sigma_1 - \sigma_3) < K_1$ 时，$K = K_3$，当 $(\sigma_1 - \sigma_3) \geqslant K_1$ 时，$K = K_4$。

　　路基土在车轮荷载作用下产生的应变，不仅与荷载应力的大小有关，而且与荷载作用的持续时间有关。这是由于土颗粒之间力的传递以及土粒之间的相对位移都需要一定的时间。通常在施加荷载的初期，变形量随荷载持续时间的延长而增大，以后逐渐趋向稳定，这又称为土的流变特性。试验表明，回弹应变与荷载的持续时间关系不大，土的流变特性主要与塑性应变有关。

　　汽车在道路上行驶，车轮对路基作用的时间很短，在这一瞬间，产生的塑性应变比静荷载长期作用下的塑性应变小很多。因此，一般情况下，路基的流变影响可以不予考虑。

2.3.4　重复荷载对路基土的影响

　　路基承受着车轮荷载的多次重复作用，每一次荷载作用之后，回弹变形即时消失，而塑性变形则不能消失，残留在路基之中。随着作用次数的增加，塑性变形不断积累，总变形量逐渐增大。最终会导致两种不同的情况，一种情况是土体逐渐压密，土体颗粒之间进一步靠拢，每一次加载产生的塑性变形量越来越小，直至稳定，这种情况不致形成路基的整体剪切破坏；另一种情况是荷载的重复作用造成土体破坏，每一次加载作用在土体中产生逐步发展的剪切变形，形成能引起土体整体破坏的剪断面，最后达到破坏。

　　路基在重复荷载作用下产生的塑性变形积累，最终将导致何种状况，主要取决于：

　　(1) 土的性质(类型)和状态(含水率、密实度、结构状态)；

　　(2) 重复荷载的大小，以重复荷载同一次静荷载下达到的极限强度之比来表示，称为相对荷载；

　　(3) 荷载作用的性质，即重复荷载的施加速度、每次作用的持续时间以及重复作用的频率。

　　例如，对于相对含水率小于 0.7 的干土，取相对荷载为 0.45～0.55 时，荷载重复作用的结果产生第一种情况，土体逐渐固结硬化；而取相对荷载大于此值，经过多次重复加载后，便出现第二种情况，土体产生破坏。当土的相对含水率大于 0.7，处于较湿的状态下，若要保证在荷载重复作用下不发生破坏变形，则安全的相对荷载值很小，对黏质土小于

0.09,砂类土为 0.15～0.12,粉质土小于 0.10,称为重复应力的临界值。在重复应力低于临界值的范围内,总应变的累积规律在半对数(或对数)坐标上一般呈线性关系,可表示为

$$\varepsilon_1 = a + b\lg N \qquad (2-10)$$

式中,a 为应力一次作用下的初始应变;b 为应变增长回归系数;N 为应力重复作用次数。

　　路基承受着车轮荷载的重复作用,为适应这一特点,可采用重复加载的三轴压缩试验来确定土的回弹模量值。应力施加频率为 $20 \sim 30$ 次/min,每次作用的持续时间为 $0.1 \sim 0.2$s,按重复应力作用 $600 \sim 1000$ 次后的回弹应变确定回弹模量 E_R 值。

2.4　铁路路基的强度特性

　　对于铁路来说,作用在路基面上的荷载可分为静荷载和动荷载两部分;静荷载部分是长期荷载,是由道床、轨枕、轨道及其他附属设备的自重产生。动荷载主要由列车通过时的轮载产生,与列车的速度、轴重、轨道状况等许多因素有关。静荷载和动荷载是分析路基本体结构的重要依据,其大小按铁路等级和道床结构来确定。

2.4.1　路基面上的静荷载

　　列车荷载采用中华人民共和国铁路标准活载,如图 2-17 所示。《铁路路基设计规范》将列车和轨道荷载全部作为静荷载计算,换算成相当的具有一定高度和分布宽度的土柱,如图 2-18 所示。计算时,将路基面上的轨道静荷载和列车竖向动荷载一起换算成与路基土体重度相同的矩形土体。

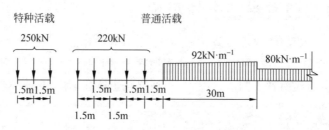

图 2-17　列车荷载计算图式

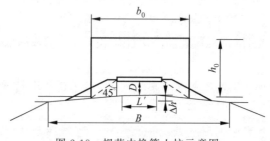

图 2-18　规范中换算土柱示意图

　　按照一级重型速度为 $120\sim160$ km/h 的线路计算,道床厚度 50cm,道碴重度 20 kN/m^3,钢轨重量 0.6kN/m,轨枕长 2.6m,轨枕及扣件重量 3.46kN/根,可得轨道荷载 P 为 169.49kN。自轨枕底部两端按 45°角扩散,可以得到换算土柱的宽度 b_0 为 5.2m,如图 2-18 所示。

　　列车轴重沿纵向的平均分布: $Q=220$ kN$/1.5$ m$=146.67$ kN/m;

　　换算土柱高 h_0:

$$h_0 = \frac{P+Q}{\gamma b_0} \tag{2-11}$$

　　当 $\gamma=19$ kN/m^3 时, $h_0=3.2$ m;当 $\gamma=18$ kN/m^3 时, $h_0=3.4$ m。

　　《铁路路基设计规范》给出了常用的列车和轨道荷载换算土柱高度及分布宽度,如表 2-8 所示。

表 2-8　荷载换算土柱高度及分布宽度

项　目			单位	Ⅰ级铁路					Ⅱ级铁路	
				特重型		重型		次重型	次重型	中型	轻型
基床表层类型	硬质岩石	道床厚度	m	0.35	0.35	0.35	0.35	0.3	0.3	0.3	0.25
		换算土柱宽度	m	3.4	3.4	3.4	3.4	3.2	3.2	3.2	3.1
		荷载强度	kPa	60.5	60.4	60.1	60.1	60.8	60.8	59.8	59.6
		换算土柱重度 19kN·m^{-3}（换算土柱高度）	m	3.2	3.2	3.2	3.2	3.2	3.2	3.2	3.2
		20kN·m^{-3}	m	3.1	3.1	3.1	3.1	3.1	3.1	3.0	3.0
		21kN·m^{-3}	m	2.9	2.9	2.9	2.9	2.9	2.9	2.9	2.9
		22kN·m^{-3}	m	2.8	2.8	2.8	2.8	2.8	2.8	2.8	2.8
	级配碎石或砂砾石	道床厚度	m	0.3	0.3	0.3					
		换算土柱宽度	m	3.3	3.3	3.3					
		荷载强度	kPa	60.8	60.7	60.3					
		换算土柱重度 19kN·m^{-3}（换算土柱高度）	m	3.2	3.2	3.2					
		20kN·m^{-3}	m	3.1	3.1	3.1					
		21kN·m^{-3}	m	2.9	2.9	2.9					
		22kN·m^{-3}	m	2.8	2.8	2.8					

　　注: 1. 表中换算土柱高度按特重型、重型、次重型轨道为无缝线路,中型、轻型为有缝线路轨道的计算值;当重型、次重型轨道铺设有缝线路时,其换算土柱高度应减小 0.1m;

　　2. 列车竖向荷载采用规范值,即轴重 220kN,间距 1.5m。

2.4.2　路基面上的动荷载

　　普通铁路路基设计时,采用换算土柱法,将静荷载和动荷载一并简化为均布的静荷载处理。但这只是对路基面上荷载总量的计算,土柱的分布形式与实际作用在路基面上的应力分布有较大的差别。实际作用在路基面上的荷载在没有列车通过时只有轨道结构的静荷载,而在有列车通过时则为周期性的动荷载,这种动荷载的周期和频率随着列车的轴重和速度变化。土动力学理论已经揭示,土在动荷载和静荷载作用下的强度和变形特性是有较大区别的,因此要考虑路基填土在动荷载作用下的特性,特别是在列车速度不断提高的情况下,进行动态分析,掌握列车动荷载在路基中所产生的动应力、动位移的大小和分布规律以及疲劳特性就显得越来越重要。

1. 荷载的分担

在车轮荷载 P 作用下，钢轨的竖向绕曲变形曲线的影响范围与 P 的大小和钢轨、轨枕、道床和路基等的刚度有关；刚度大则影响范围小，刚度小则影响范围大。一般一节轨道板约为 7 根轨枕的宽度，即车轮荷载 P 大致由 7 根轨枕分担。分摊到每根轨枕面上的支承力可以通过有关计算得到。也可以简化假定，即简化车轮荷载 P 由 5 根轨枕分担，分担到每根枕面上的力假定分别为 $0.4P$、$0.2P$ 和 $0.1P$（图 2-19）；这样的荷载分担方式导致的路基面附加应力在纵向与横向的分布如图 2-20 和图 2-21 所示。

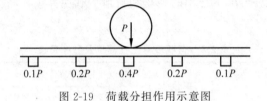

图 2-19　荷载分担作用示意图

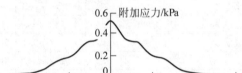

图 2-20　单个轮载作用下路基面上附加应力沿纵向分布示意图

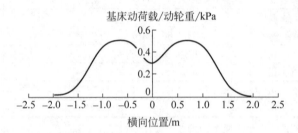

图 2-21　单个轮载作用下路基面上附加应力沿横向分布示意图

2. 路基面上的动应力

设想一个机车静止停在轨道上，它在路基面上引起的附加应力与轮对的距离有关，在轮载的正下方附加应力会达到最大值，如图 2-22 所示。两个轮对之间及一个轮对的两轮之间的应力会有不同。附加应力沿纵向的分布是一条曲线，曲线的峰值与车轮位置相关。列车运行的时候，以列车为参考物可以近似地认为这样一条应力分布曲线随列车一起运动。

列车由机车和多辆拖车组成，对于轨道下路基面上的每一点来说，每一个轮对通过时都会对路基产生一次加载和卸载，一点动应力随时间的关系与前述曲线相似，它的波动周期、频率与列车的速度以及列车的车体尺寸、轮对的位置等有关。这个曲线上的最小值与最大值之比表示动应力分布特征的不均匀性。好的线路设计，应与机车车辆之间具有最理想匹配的情况，每通过一个转向架时，虽然有两个车轮通过，但只有一次加卸载的循环而不是两

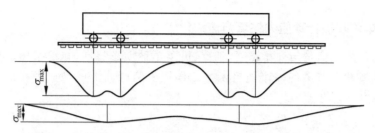

图 2-22 车体在路基内引起的附加应力沿纵向分布示意图

次,这样可以减少列车作用的次数。如果机车车辆和轨下系统的各种参数设计恰当,将改善基床的动应力分布,从而减弱重复荷载的作用,减少荷载的重复作用次数,这对减轻路基上的疲劳破坏有极大的益处。

路基面上的最大和最小动应力与机车车辆的轴重、轴距、轨道的轨型、枕型、道床厚度和基床的弹性系数(这些因素综合反映轨道的刚度)等有关。作用在路基面上的动应力可通过实测得出,也可以采用一定的计算方法得到。在计算时需将车辆、车轮、钢轨、道床和路基等作为一个整体系统来分析,考虑包括路基在内的轨下基础的许多影响因素,从而正确地确定线路各部分的荷载、变形振动特性等,科学地指导设计,以减少各部分的动力作用,避免路基土受到过大的应力。

一般情况下,路基面上应力分布的最大值位于轨枕下方(线路纵向)和钢轨正下方(横断面方向),而两侧较小。计算时通常假定枕底应力均布,并从枕边以 φ 角向下扩散,如图 2-23 所示,扩散角为 $30° \sim 45°$。

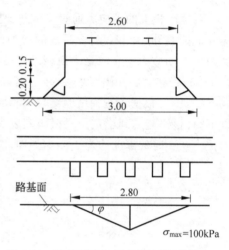

图 2-23 路基面应力最大值计算(单位:m)

路基面动应力与列车速度的关系曲线如图 2-24 所示。列车速度在 300km/h 以内,路基面动应力与行车速度成正比;超过 300km/h 时,行车速度对路基面动应力影响不大。

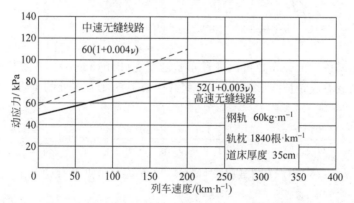

图 2-24 路基面动应力与列车速度的关系曲线

3. 规范中路基设计动应力估算方法

路基面动应力幅值是与列车速度、轴重、机车车辆动态特性、轨道结构、轨道不平顺、距轨底深度及路基状态有关的一个随机函数。作用于基床面上的动应力幅值可由式（2-12）计算：

$$\sigma_{dl} = 0.26 \times P \times (1 + a\nu) \tag{2-12}$$

式中，σ_{dl} 是动应力幅值（kPa）；P 是荷载（kPa）；$1+a\nu$ 为冲击系数，客运专线铁路最大的冲击系数为 1.9，即速度在 300km/h 以内时按式（2-12）计算，超过 300km/h 时按 300km/h 计算；速度在 200km/h 及以上的客运专线无缝线路，a 取 0.003。

4. 动应力沿深度的衰减

单位面积上的动应力通过道床传递到路基面并继续向深层传递，在传递过程中动应力会逐渐扩散，即大小会随着深度的增加而衰减。一般来说，路基面以下 0.6m 范围内（距枕底约 1m）动应力的衰减最为急剧。实测资料表明，路基面以下 0.6m 深度处的动应力已衰减了 40%～60%，如图 2-25 所示。若路基面上的动应力为 100kPa，则该深度处动应力为 40～60kPa。根据动三轴试验结果，当动、静应力比小于 0.2 时，土的塑性累积变形在 0.2% 以下，且很快能达到稳定。根据研究表明，动、静应力比为 0.2 时的深度约为 3.2m，动、静应力比为 0.1 时的深度约为 4.2m，如图 2-26 所示。

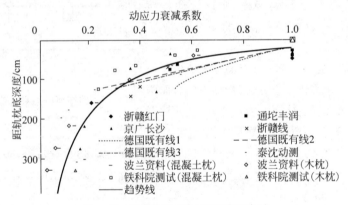

图 2-25　路基面动应力沿深度的衰减

动应力沿路基深度的分布也可以通过布希涅斯克（Boussinesq）公式解析解获得。把轨枕下路基面上的荷载看成是长方形均布荷载，荷载中心下深度为 z 处的垂直应力可用式（2-13）计算：

$$\sigma = \frac{2P_0}{\pi}\left[\frac{mn}{\sqrt{1+m^2+n^2}} \times \frac{1+m^2+2n^2}{(1+n^2)(m^2+n^2)} + \arctan\frac{m}{\sqrt{1+m^2+n^2}}\right] \tag{2-13}$$

式中，$m=a/b$、$n=z/b$；P_0 为荷载强度（kPa）；a、b 为长方形荷载边长的一半（m）；z 为深度（m）。

图 2-27 为用上述公式计算的路基内动应力分布曲线，与实测的数据对比表明，可近似地用 Boussinesq 公式估算路基内部的动应力。图 2-28 表示邻枕对压力分布的影响。由

图 2-28 可见,深度达到轨枕宽度的 3 倍,即距枕底约 70cm 时,沿线路纵向的压力分布就比较均匀了。

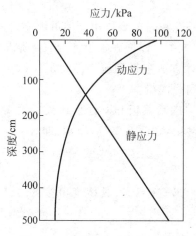

图 2-26 路基附加动、静应力比

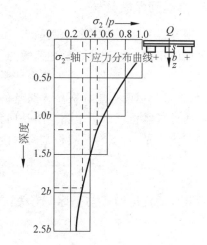

图 2-27 Boussinesq 公式估算路基内部的动应力

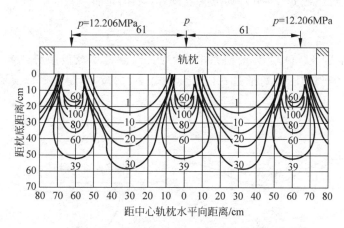

图 2-28 轨枕下路基内动应力的等值线

2.5 路基的承载力计算分析

2.5.1 路基承载力表征指标

在车轮荷载作用下,路基、路面结构的强度与刚度除了与路面材料的品质有关之外,路基的支承起着决定性的作用。路基作为路面结构的基础,它抵抗车轮荷载能力的大小,主要取决于路基顶面在一定应力级位下抵抗变形的能力,所以路基的承载能力都采用一定应力级位下的抗变形能力来表征。尽管柔性路面设计和刚性路面设计以不同的理论体系为基础,不同的设计方法有不同的假定前提,但是用于表征路基承载力的各种指标,它们的前提基本上是相同的,也就是路基在一定应力级位下的抗变形能力。用于表征路基承载力的参数指标有路基回弹模量、地基反应模量和加州承载比(California bearing ratio,CBR)等。

1. 路基回弹模量

以回弹模量表征路基的承载能力,可以反映路基在瞬时荷载作用下的可恢复变形性质,因而可以应用弹性理论公式描述荷载与变形之间的关系。以回弹模量作为表征路基承载能力的参数,可以在以弹性理论为基本体系的各种设计方法中得到应用。为了模拟车轮印迹的作用,通常都以圆形承载板压入路基的方法测定回弹模量。

有两种承载板可以用于测定路基回弹模量,即柔性承载板和刚性承载板。用柔性承载板测定回弹模量,路基与承载板之间的接触压力为常量,如图 2-29(a)所示,即

$$p(r) = \frac{P}{\pi a^2} \tag{2-14}$$

承载板的挠度 $l(r)$ 与坐标 r 有关,在承载板中心处($r=0$),其挠度可按式(2-15)进行计算:

$$l_{r=0} = \frac{2pa(1-\mu^2)}{E} \tag{2-15}$$

在柔性承载板边缘处($r=a$),其挠度可按式(2-16)进行计算:

$$l_{r=a} = \frac{4pa(1-\mu^2)}{\pi E} \tag{2-16}$$

式中,a 为承载板半径(m),μ 为泊松系数。因此,当测得承载板中心或者承载板边缘处挠度之后,若设 μ 为已知值,即可通过式(2-15)和式(2-16)反算,得到回弹模量 E_R 值。

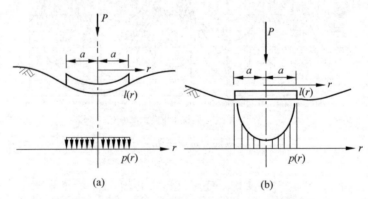

图 2-29　路基在圆形承载板下的压力与挠度分布曲线

(a) 柔性承载板;(b) 刚性承载板

用刚性承载板测定路基回弹模量,承载板下路基顶面的挠度为等值,不随坐标 r 变化;但是板底接触压力则随 r 值的变化成鞍形分布,如图 2-29(b)所示。其挠度 l 值与接触压力 p 值可分别按式(2-17)和式(2-18)计算:

$$l = \frac{2pa(1-\mu^2)}{E} \cdot \frac{\pi}{4} \tag{2-17}$$

$$p(r) = \frac{1}{2} \frac{pa}{\sqrt{a^2-r^2}} \tag{2-18}$$

式中，p 为平均单位压力（MPa）。

测得刚性承载板挠度之后，即可按式（2-17）反算，得到回弹模量 E_R 值。

在实际测定中，刚性承载板用得较多，因为它的挠度易于测量，压力容易控制。试验时宜采用逐级加载卸载法，每级增加 0.04MPa。待卸载稳定 1min 后读取回弹弯沉值，再加下一级荷载。回弹变形值超过 1mm 时，停止加载。如此，可点绘出荷载-回弹弯沉曲线，如图 2-30 所示。

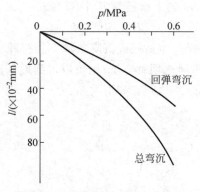

图 2-30　荷载-回弹弯沉曲线

在多数情况下，试验曲线呈非线性。在确定模量值时，可以根据实际可能出现的最大压应力级位，或可能出现的最大弯沉范围，在曲线上选取合适的量值按式（2-19）进行计算。

$$E_0 = \frac{\pi a}{2} \frac{\sum p_i}{\sum l_i}(1 - \mu_0^2) \tag{2-19}$$

式中，p_i、l_i 分别为各级荷载的单位压力（MPa）与相应的回弹弯沉值（mm）。

承载板直径的大小对测定结果也有影响，通常用车轮的轮印当量圆直径作为承载板的直径。但是对于刚性路面下的路基，有时采用较大直径承载板进行测定，因为荷载通过刚性路面板施加于地基表面的压力范围较之柔性路面大。

2. 地基反应模量

用 E. 温克勒（E. Winkler）地基模型描述路基工作状态时，以地基反应模量 K 表征路基的承载力。根据温克勒地基假定，路基顶面任一点的弯沉 l，仅同作用于该点的垂直应力 p 成正比，而同其相邻点处的压力无关。符合这一假定的地基如同由许多各不相连的弹簧所组成，如图 2-31 所示。应力 p（kPa）与弯沉 l（m）之比称为地基反应模量 K（kN/m³），即

$$K = \frac{p}{l} \tag{2-20}$$

温克勒地基又称为稠密液体地基。地基反应模量 K 值相当于该液体的相对重度，路面板受到的地基反力相当于液体产生的浮力。

地基反应模量 K 值用承载板试验确定。承载板的直径规定为 76cm，测定方法与回弹模量测定方法相类似，但是采用一次加载到位的方法，施加荷载的量值根据不同的

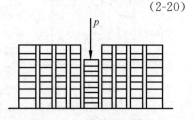

图 2-31　温克勒地基模型

工程对象有两种方法供选用。当地基较为软弱时,用0.127cm的弯沉量控制承载板的荷载。因为,通常情况下混凝土路面板的弯沉不会超出这个范围。假如地基较为坚硬,弯沉值难以达到0.127cm时,则采用另一种控制方法,以单位应力$p=70$kPa控制承载板的荷载。这也是考虑到混凝土路面下路基承受的压力通常不会超过这一范围。

承载板直径的大小对K值有一定影响,直径越小,K值越大。但是由试验得知,当承载板直径大于76cm时,K值的变化很小,如图2-32所示。因此规定以直径为76cm的承载板为标准。当采用直径为30cm的承载板测定时,可按式(2-21)进行修正:

$$K_{76} = 0.4K_{30} \qquad (2-21)$$

按上述方法确定的K值是一定荷载或沉降条件下的荷载应力与总弯沉之比,其中包含回弹弯沉和残余弯沉。如果只考虑回弹弯沉,则可以得到地基回弹反应模量K_R。通常K_R与总弯沉对应的地基反应模量K之间有如下关系:

$$K_R = 1.77K \qquad (2-22)$$

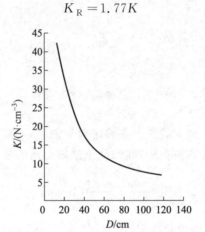

图2-32　地基反应模量K与承载板直径D的关系

3. 加州承载比

加州承载比(CBR),是美国加利福尼亚州提出的一种评定基层材料承载能力的试验方法。承载能力以材料抵抗局部荷载压入变形的能力表征,并以标准碎石的承载能力为标准,以相对值的百分数表示CBR值。这种方法后来也用于评定路基的强度。由于CBR的试验方法简单,设备造价低廉,在许多国家得到广泛应用,试验装置示意图如图2-33所示。采用CBR法确定沥青路面厚度,有配套的图表,应用十分方便,受到工程技术人员的欢迎。

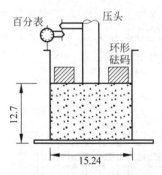

图2-33　CBR试验装置示意
（单位：cm）

我国现行沥青和水泥混凝土路面设计规范,对路面、路基的设计参数采用回弹模量指标,而在境外修建的公路工程多采用CBR指标。为了进一步积累经验,用于实际工程,以促进国际学术交流,参考了国内外的情况,将CBR指标列入《公路路基设计规范》(JTG D30—2015)和《公路路基施工技术规范》(JTG/T 3610—2019),作为路基填料选择的依据。CBR

是评定路基及路面材料承载能力的指标。CBR 试验设备有室内试验与室外试验两种。表 2-9 所列为常用路基土的 CBR 值。

表 2-9　常用路基土的 CBR 值

土　类	CBR/%
级配良好的砾石,砾石-砂混合料	60~80
级配差的砾石,砾石-砂混合料	35~60
均匀颗粒的砾石和砂质砾石;粉质砾石,砾石-砂-粉土混合料	40~80
黏土质砾石,砾石-砂-黏土混合料;级配良好的砂,砾石质砂;粉质砂,砂-粉土混合料	20~40
级配差的砂或砾石质砂	15~25
黏土质砂,砂-黏土混合料	10~20
粉土,砂质粉土,砾石质粉土,黏土,砂质黏土,砾石质黏土,粉质黏土	5~15
无机质粉土,贫有机质黏土,云母质黏土或硅藻土	4~8
有机质黏土,肥黏土,有机质粉土	3~5

2.5.2　路基极限承载力计算

路基填料通过碾压压实等工艺处理,路基本身的强度与承载力基本能满足设计与规范的要求,因此,路基承载力问题主要是路堤下部软弱土地基的承载力问题。地基承载力最直接、可靠的方法是现场荷载试验方法;当条件不允许的时候,可以用普朗特尔、雷斯诺、太沙基、汉森等极限承载力计算方法,本节重点介绍太沙基地基承载力计算方法。

1943 年,太沙基根据基础地面是粗糙的、条形基础受均布荷载作用等基本假定,提出条形基础的极限荷载计算公式。地基土发生滑动破坏时,滑动面形状由两端直线、中间曲线连接组成,且左右对称,具体如图 2-34 所示。

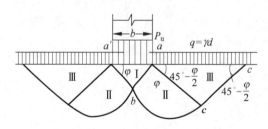

图 2-34　太沙基极限承载力计算模型

根据作用在土楔 aba' 的各力和在竖向的静力平衡条件,可以得到式(2-23):

$$P_u = \frac{1}{2} N_r \gamma b + N_c c + N_q \gamma d \qquad (2\text{-}23)$$

式中,P_u 为路基极限承载力(kPa);γ 为地基土的重度(kN/m³);b 为基础的宽度(m);c 为地基土的黏聚力(kPa);d 为基础的埋深(m);N_r、N_c、N_q 为地基承载力系数,是内摩擦角的函数,可以通过查太沙基承载力系数表(表 2-10)或专用的太沙基承载力系数图(图 2-35)来确定。

表 2-10 太沙基地基承载力系数 N_r、N_c、N_q 的数值

内摩擦角 $\varphi/(°)$	地基承载力系数			内摩擦角 $\varphi/(°)$	地基承载力系数		
	N_r	N_c	N_q		N_r	N_c	N_q
0	0.00	5.70	1.00	22	6.50	20.20	9.17
2	0.23	6.50	1.22	24	8.60	23.40	11.40
4	0.39	7.00	1.48	26	11.50	27.00	14.20
6	0.63	7.70	1.81	28	15.00	31.60	17.80
8	0.86	8.50	2.20	30	20.00	37.00	22.40
10	1.20	9.50	2.68	32	28.00	44.40	28.70
12	1.66	10.90	3.32	34	36.00	52.80	36.60
14	2.20	12.00	4.00	36	50.00	63.60	47.20
16	3.00	13.00	4.91	38	90.00	77.00	61.20
18	3.90	15.50	6.04	40	130.00	94.80	80.50
20	5.00	17.60	7.42	45	326.00	172.00	173.00

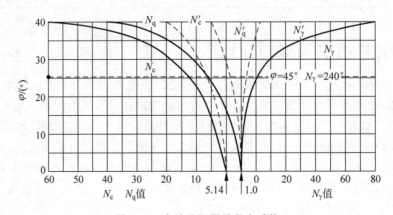

图 2-35 太沙基极限承载力系数

习题答案

2.6 本章习题

1. 名词解释

（1）临界动应力

（2）疲劳破坏

（3）路基工作区

（4）地基反应模量

2. 简答题

（1）路基土的基本分类是什么？有哪些特殊土？

（2）根据应力-应变曲线确定的土体模量有哪几类？

（3）路基承载力的表征指标有哪些？

（4）土基在重复荷载作用下产生的塑性变形累积的破坏程度取决于何种因素？

（5）在重复荷载作用下，路基路面材料的变形有何规律性？

第3章

路基的变形特性与沉降计算

PPT

本章学习目标

知识目标

(1) 能够阐述路基的压缩模量、压缩系数等压缩指标。

(2) 能够阐述路基沉降的常见病害与防治措施。

(3) 能够说明路基变形监测的目的、内容、标准及方法。

(4) 能够计算路基的沉降。

能力目标

(1) 能够设计路基变形监测方案,阅读或整理路基变形监测结果。

(2) 能够从工程角度出发,辨别路基变形的常见病害,并提出初步的防治措施。

(3) 树立工程安全意识、增加工程安全责任感。

3.1 路基土的变形特性

3.1.1 土的压缩性

土在压力作用下发生体积缩小的特性,称为土的压缩性。相关研究结果表明,对一般的工程问题,土体的应力水平大多为 $100\sim600\mathrm{kPa}$,在这样的应力作用下,土中颗粒的变形很小,完全可忽略不计。因此,土的压缩性是土中孔隙减小的结果,土体积的变化量就等于其中孔隙的减小量。

3.1.2 压缩试验、压缩曲线及压缩指标

1. 压缩试验

由压缩试验可得到土的压缩曲线,进而得到土的压缩指标。应该特别注意的是,压缩试验过程中,土样始终处于完全侧限(无侧向膨胀)状态,即土样仅在竖向产生变形,而在水平方向的位移及应变为零。

2. 压缩曲线及压缩指标

由压缩试验可得到土的压缩曲线，如图 3-1 所示的 $e\text{-}p$ 曲线和图 3-2 所示的 $e\text{-}\lg p$ 曲线。这里注意到：

（1）$e\text{-}p$ 是非线性关系；

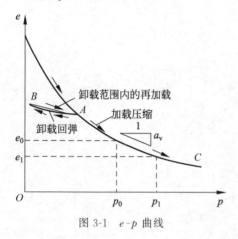

图 3-1 $e\text{-}p$ 曲线

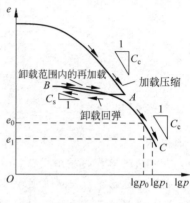

图 3-2 $e\text{-}\lg p$ 曲线

（2）若在试验过程中卸载，则土样发生回弹，但并未沿原加载曲线回弹，这表明土样的变形中有一部分无法恢复，即产生了塑性变形，而且在总的变形中占较大的比例；

（3）卸载后再加载时，当荷载小于卸载的荷载时，加载曲线比较平缓，超过该荷载时，又重新回到原加载曲线。

为描述土的压缩特性，引入以下压缩指标：

1）压缩系数 a_v

$$a_v = \frac{e_0 - e_1}{p_1 - p_0} = \frac{\Delta e}{\Delta p} = -\frac{\mathrm{d}e}{\mathrm{d}p} \tag{3-1}$$

由于 $e\text{-}p$ 是非线性关系，所以 a_v 不是一个常数。同理，下面的压缩指标如 m_v、E_S 等也不是常数。为便于通过 a_v 来比较不同种类土压缩性的大小，引进标准压缩系数 $a_{1\text{-}2}$，即 $p_0 = 100\text{kPa}$，$p_0 = 200\text{kPa}$ 时所对应的 a_v。显然 $a_{1\text{-}2}$ 越大，土的压缩性越高。

2）体积压缩系数 m_v

$$m_v = \frac{a_v}{1 + e_0} \tag{3-2}$$

式中，m_v 为体积压缩系数，可以证明，体积应变 $\varepsilon_v = m_v \Delta p$。

3）压缩模量 E_S

土在完全侧限时受压变形，其竖向应力与竖向应变之比称为压缩模量。它与前两个指标的关系是

$$E_S = \frac{1 + e_0}{a_v} = \frac{1}{m_v} \tag{3-3}$$

注意到压缩模量与变形模量 E 的意义不同，且有

$$E = \left(1 - \frac{2\mu^2}{1-\mu}\right) E_S \tag{3-4}$$

4）压缩指数 C_c 和膨胀指数 C_s

压缩曲线还可以用 e-$\lg p$ 表示，如图 3-2 所示，并可发现曲线分为两部分，前一段较平缓，后一段基本为斜直线，其斜率 C_c 称为压缩指数。若试验过程中卸载，则其回弹曲线的斜率 C_s 称为膨胀指数。

3. 压缩量的计算方法

假设压缩试验中，若土样所受荷载 $p_0 \rightarrow p_1$ 且 $\Delta p = p_1 - p_0$，则相应的孔隙比 $e_0 \rightarrow e_1$，高度 $h_0 \rightarrow h_1$，压缩量为 s。由于压缩过程中土颗粒的高度 h_s 始终保持不变，故有

$$\frac{h_0}{1+e_0} = \frac{h_1}{1+e_1} = h_s \tag{3-5}$$

由此得到

$$h_1 = \frac{1+e_1}{1+e_0} h_0, \quad s = \frac{e_0 - e_1}{1+e_0} h_0 \tag{3-6}$$

由式(3-1)~式(3-3)，压缩量 s 的计算公式还可写成

$$s = \frac{a_v}{1+e_0} \Delta p h_0 = m_v \Delta p h_0 = \frac{\Delta p}{E_S} h_0 \tag{3-7}$$

4. 应力历史对黏性土压缩性的影响

由图 3-2 可知，对黏性土，其 e-$\lg p$ 通常明显地分为两部分，前一段较平缓，后一段基本为斜直线，其分界点对应的压力称为先期固结压力 p_c，如图 3-3 所示，它所反映的是该土样在历史上曾经受到的最大固结压力。

若土的重度为 γ，土样的埋深为 h，则它在取出前所受到的竖向应力为 $p_0 = \gamma h$。比较 p_0 和 p_c：

$p_0 = p_c$，正常固结土。

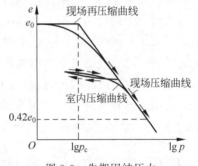

图 3-3　先期固结压力

$p_0 < p_c$，超固结土。说明土样历史上受到过更大的压力，即原覆土层更厚，后由于溶蚀和冲刷等原因而减为现在的厚度。定义超固结比 $OCR = p_c / p_0$。

$p_0 > p_c$，欠固结土。说明现覆土层为新填土，其固结尚未完成。

地基变形是指地基在上部荷载作用下，岩土体被压缩而产生的相应变形。若地基变形量过大，将会影响建筑物的正常使用，甚至危及建筑物的安全。地基变形由瞬时沉降、固结沉降和蠕变沉降（次固结）所组成。在多数工程中，蠕变沉降所占比重很小，只有当含有大量有机物的厚层黏土存在时，其蠕变值应高度重视。地基变形特征表现为上部构筑物的沉降量、沉降差、倾斜和局部倾斜等，它们都不应大于地基的容许变形值，此值是根据上部结构对地基变形的适应能力和使用上的要求来确定的。例如，中压缩性黏土地基上烟囱基础的沉降量不得超过 20cm；高压缩性黏土地基上的框架结构相邻柱基的沉降量不得超过 0.003 倍相邻柱基的中心距离等。

在路基荷载作用下，地基土中的应力状态发生变化，从而引起地基变形，出现路基沉降。

由于路堤高度差异和地基不均匀等原因,路基各部分的沉降或多或少总是不均匀的,使得路面相应产生不均匀变形。路基不均匀超过一定的限度,将导致路面的功能性、结构性破坏,使得公路不能满足设计要求。因此,研究路基沉降,对于保证公路的正常使用和维护,都具有重要的意义。

通常路基沉降的一般规律是路堤高,附加荷载大,沉降大;反之,路堤低,附加荷载小,沉降也小。软土层厚的路段沉降大,而软土层薄路段则沉降较小,由此造成公路纵、横向沉降不均匀,路面排水和平整性也受到影响,汽车无法高速行驶。尤其在桥头过渡段,不均匀沉降问题更加突出。

3.2 路基沉降的常见病害与防治

路基有害沉降包括整体沉降和不均匀(差异)沉降两大类。路基沉降,特别是不均匀沉降,将导致路面断裂、不平整以及构造物两侧路面错台,严重影响道路的质量及行车效果。有效降低路基沉降、消除路基沉降危害已成为道路建设的一个重要课题。

减少整体沉降的措施可以从外部因素和内部因素两方面着手:①地基沉降是由附加应力引起的,减少基础底面的附加应力,则可以相应地减小地基沉降量,比如路基填土由轻质材料换填等措施;②地基土由三相组成,固体颗粒之间存在孔隙,在外荷载作用下孔隙发生压缩是造成地基产生沉降的内因。因此,为减小地基的沉降量,在修造构建物之前,可预先对地基进行加固处理。根据地基土的性质、厚度,结合上部结构特点和场地周围环境,可分别采用机械压密、强力夯实、换土垫层、加载预压、砂桩挤密、振冲及化学加固等人工加固地基的措施,必要时,还可以采用桩基础或深基础形式。

减少不均匀沉降的措施包括:①设计时尽量使上部荷载中心受压、均匀分布;②遇到高低层相差悬殊或地基软硬突变等情况,路面结构可合理设置沉降缝;③妥善安排施工顺序;④发生不均匀沉降后,采取人工补救措施。

3.2.1 高填方路基整体沉降病害与沉降防治措施

高填方路基整体沉降一般发生在地质、地形、地下水、地表水、填挖结合部及筑路材料出现显著变化(如路桥过渡段等)处。在诸多因素的影响下,高填方路基会发生不同程度的沉降,轻则路面纵向线形不连续,视觉不良,行车不平稳;重则路面开裂、松散形成坑槽,导致路面破坏,严重影响正常行车。因此,必须认真面对高填方路基沉降变形问题,在勘察设计、施工、养护管理等方面采取有效措施防治沉降,确保路基土、地基土强度符合设计要求。

1. 引起沉降的原因

1) 设计方面原因

(1) 由于路线几何线形指标较高,通过不良地质路段的情况增多。不良地质路段地基土强度低、承载力低,设计处理不当,易产生压缩沉降或挤压移位,导致高填方路基沉降变形。

(2) 由于施工工期短,地基土和路基土没有足够的时间压缩固结就铺设路面结构(或轨道),土体随时间而发生进一步固结沉降。

(3) 对于一般属于宽浅游荡性的河床,其桥梁衔接处路基填土较高,桥路两种材料弹性模量差距大,如过渡段结构设计不合理将导致不均匀沉降,引起桥头跳车。

(4) 路线通过沟谷地段和地面横坡较陡地段时,沟谷处路基填方高、恒荷载大。而沟谷段往往是山体风蚀物的沉积区,土壤密度小、承载力低,易使路基发生不均匀沉降。路线横坡陡的地段,可能产生半填半挖断面或一侧高一侧低填方断面,易产生不均匀沉降。

(5) 通道、涵洞铺砌未考虑防水设计,易导致地表水渗透浸泡路基,使路基承载力下降而发生沉降变形。

(6) 高填方路段纵、横向排水设计考虑不周,易造成路基两侧长期积水而降低地基承载力,使路基沉降。

2) 施工方面原因

(1) 路基施工前未认真设置纵、横向排水系统或排水系统不畅通,长期积水浸泡使地基和路基承载力降低,导致沉降发生。

(2) 原地面处理不彻底,如未清除草根、树根、淤泥等不良土壤,地基压实不足,在静、动荷载的作用下,使路基沉降变形。

(3) 在高填方路基施工中,未严格按分层填筑、分层碾压工艺施工,路基压实度不足而导致路基沉降变形。

(4) 不良地质路段未予以处理而导致路基沉降变形。

(5) 路基纵、横向填挖交界处未按规范要求挖台阶,原状土和填筑土密度不同,衔接不良而导致路基沉降变形。

(6) 填筑路基时,未在全断面范围均匀分层填筑,而是先填半幅,后填另半幅,发生不均匀沉降。

(7) 施工中路基土含水率控制不严,导致压实度不足,从而产生不均匀沉降。

(8) 施工组织安排不当,先施工低路基,后施工高填方路基。

(9) 台背回填时,由于大型机械作业不便,压实不认真,造成压实度不足而沉降。

(10) 路桥过渡段(一般距台背 10～20cm 范围)为施工薄弱地段,该段易因压实不足而发生沉降。

(11) 高填方路基在分层填筑时,没有按照相关规范要求的厚度进行铺筑,随意加厚铺筑厚度;压实机具按规定的碾压遍数压实时,压实度达不到规范规定的要求,当填筑到路基设计高程时,必然产生累计的沉降变形,在重复荷载与填料自重作用下产生沉降。

3) 路基填料原因

如果路基填料土质差,填料中混进了种植土、腐殖土或泥沼土等劣质土,由于土壤中有机物含量多、抗水性差、强度低等特性的作用,路基将出现塑性变形或沉陷破坏。尤其是膨胀土,遇水膨胀软化、风干收缩开裂、稳定性差,用作填料时随着土壤中水分的蒸发,收缩开裂严重,对路基的整体结构危害很大。

4) 路基排水原因

路基排水的任务是把路基工作区的路基含水率降低到一定的范围内,路基含水率大、排水不良会引起土质松软、强度降低、边坡坍塌、堤身沉陷或滑动以及产生冻害等。

2．主要防治措施

1）采取合理的设计措施

（1）路线选线中，在坚持路线总体走向通过主要控制点的原则下，因地形、地质环境布设路线，尽量避让不良地质地段，不需要追求高指标的线形，努力做到线形指标搭配合理，即可取得良好的视觉效果。

（2）加强工程地质勘查，严格按照工程地质勘查规程开展工作，对怀疑地段增加探坑数量，在设计、外业验收中，将工程地质勘查作为重要的检查内容之一。

（3）尽量避免高填方路堤设计，在与其他路线相交时，主线宜采取下穿方案，这样可以有效地降低路基填方高度，避免通道下挖而出现积水问题。

（4）明确原地面的清表深度及压实度，检验原地面的承载比值，提供可靠的地基承载力，对地基承载力低的路段应采取工程处理措施。

（5）路线通过较陡的横坡及沟谷地段时，应按要求设置纵、横向台阶，使填筑路基和原地面形成良好的结合，同时宜放缓边坡。在通过松软的湿陷性黄土地段，视情况尽量换用水稳定性好、承载力大的砾石土填筑路基。

（6）加强路基排水设计，使地表、地下水顺利排出路基以外或将地表水阻隔在路基以外，不能在路基范围内积水。涵洞、通道底铺砌设计中要考虑防水，避免积水浸泡基底而沉降变形。

（7）高填方路基路桥过渡段要采取特殊设计，避免直接由柔性到刚性的路基设计结构，可以考虑采用半刚性的路基过渡。

（8）对软土、盐渍土等不良地质路段，要采取特殊设计，提高路基的承载能力和水稳定性，同时要由试验计算路基的压缩沉降量，设计中要考虑超填厚度，使竣工后的沉降能维持路基设计高程。

（9）路基填料取土，应考虑分段集中取土，尽量避免沿线取土。

2）采取有效的施工措施

（1）做好施工组织设计是保证工程质量的前提。

（2）做好施工前的准备工作，开工前要认真审阅设计文件，详细了解各段的填方情况。

（3）认真清除地表不良土质，加大地表压实力度。

（4）填筑路基前，疏通路基两侧纵横向排水系统，避免路基受水浸泡。

（5）严格选取路基填料用土。

（6）路基填筑方式应采用水平分层填筑，即按照横断面全宽分层逐层向上填筑。

（7）合理确定路基填筑厚度。

（8）控制路基填料含水率。

（9）选择合适的压实机具。

（10）做好压实度的检测工作。

（11）认真做好台背、路桥过渡段及填挖结合部的压实工作。

（12）对于填挖结合部，应彻底清除结合部的松散软弱土质，做好换土、排水和填前碾压工作，按设计要求从上到下挖出台阶，清除松方后逐层碾压，确保填挖结合部的整体施工质量。

3）加强养护技术

为保证路基有完好的施工功能,路基养护工作必不可少。由于设计和施工过程中或多或少存在着一些不足,道路经过长期使用也会表现出不同程度的破损,应及时养护修补缺损,保证道路正常使用是养护工作的中心。在养护工作中应做好以下工作。

(1) 加强对防水、排水构造物的养护工作,确保纵横向排水设施畅通无阻;发现水毁地段及时加固修补,避免路基遭水浸泡;对地下水位高的地段,要挖排水沟降低地下水位。

(2) 对沉降量大形成跳车的路段,分析原因,采取注浆加固等有效措施稳定路基,及时修补破损路面,保证车辆安全行驶。

(3) 对风蚀、水蚀的路基边坡,要及时修补加固,确保路基安全。

(4) 在有条件的情况下,做好坡面植被防护,稳定路基边坡。

3.2.2　路基横向不均匀沉降病害与沉降防治措施

1. 引起沉降的原因

(1) 地基处理不当或特殊地基(软土地基、岩溶地基)地段造成路基横向不均匀沉降。

(2) 路基填料不均匀、路基填土压实不足、半填半挖部位产生的不均匀沉降等因素引起路基横向不均匀沉降。

(3) 气候、地下水等水文气候引起的路基横向不均匀沉降。

(4) 施工方面的原因。填筑顺序不当,未在全宽范围内分层填筑,填筑厚度不符合规定,填料质量不符合要求,填料水稳定性差,不同性质的填料混填,不同土类的可压缩性和抗水性差异,形成不均匀沉降。路基填料含水率控制不严,又无大型整平和碾压设备,使压实达不到要求。施工过程中,未注意排水,遇雨天时,路基积水严重,无法自行排水,有的积水浸入路基内部,形成水囊;晴天施工时,未排出积水、未控制含水率就继续填筑,以致造成隐患。

2. 主要防治措施

1）设计方面

(1) 做好地质勘探调查

对路线经过的地形、地貌、水文地质条件进行详细勘查,对特殊路基段应提供详细的设计资料。对于地表不良路段,设计可考虑换土或掺石灰、水泥及铺设土工合成材料等措施。

(2) 确保路基最小填筑高度

路基最小填筑高度必须保证不因地面水、地下水、毛细水及冻胀作用的影响而降低其稳定性。按照路基设计规范要求,根据路基干湿类型及毛细水位高度确保路基最小填筑高度。当路基填筑高度受限制而不能达到规范规定时,则应采取相应的处置措施,如换填砂砾、石渣等透水性材料,设置隔离层或修筑地下渗透沟等以避免地面积水和地下水浸入路基,影响路基工作区内的路基强度与稳定性。土质挖方路基,需换填不少于60cm砂砾;石质挖方路基,需设置30cm砂砾垫层,横向排水不畅路段需要加设盲沟。

(3) 明确路基填料质量标准要求

在各级公路工程施工图设计中,必须明确不同填土高度内路基填料的 CBR 值(最小强度)及最大粒径要求。种植土、腐殖土、淤泥冻土及强膨胀土等劣质土,严禁直接用于填筑路基。砾（角砾）类土应优先选作路床填料，土质较差的细粒土可填于路基底部。

（4）完善路基综合排水设计

县级以上公路工程设计中，必须遵循因地制宜、整体规划、综合考虑的原则，进行路基纵、横向排水设计，避免造成两侧长期积水浸泡路基，使路基承载力下降而发生沉降变形。在居民区路段必须设置排水边沟，平坡路段边沟需设有纵坡，确保排水通畅。高填方路段采用集中排水措施，并与警示桩、防撞墙统筹考虑，要求在每 20～40cm 及主要变坡点处设置简易或永久性泄水槽。挖方段应根据上边坡的汇水面积设计截水沟，并考虑边坡土质，设置挡土墙防止塌方，路基较低路段可以加设砂砾层及渗水盲沟，并加大、加深边沟等排水措施。

（5）确保路基边坡稳定性

高填、深挖路基的边坡应根据填料种类、边坡高度和工程地质条件等确定，且高填路基必须进行路基稳定性验算。填方边坡过高时，可考虑在边坡中部加置边坡平台。

（6）积极采用路基综合防护形式

积极推行植物防护和硬防护相结合的综合防护形式，在比较稳定的土质边坡采用种草、铺设草皮、植树等植物防护措施。岩体风化严重、节理发育、软质岩石、松散碎（砾）石土的挖方边坡以及受水流侵蚀、植物不易生长的填方边坡可采用护面墙、砌石等工程防护措施，沿河路基、受冰侵害和冲刷路段采用挡土墙、砌石护坡、石笼抛石等直接防护措施。

（7）设计方法

① 强夯法是目前发展起来的处置路基不均匀沉降的有效措施。

② 压力灌浆法是利用机器施加高压，把能固化的浆液压入土体空隙，浆液凝固后把压力区范围内的土体固结，使松散的土颗粒形成整体，达到控制沉降，减少不均匀沉降的目的。

③ 应用土工合成材料（土工格栅、塑料网格等）进行加筋或制成柔性褥垫层，使之调节和控制不均匀沉降。

2）施工方面

（1）做好施工组织设计。

（2）做好施工前的准备工作。

（3）认真清除地表土。

（4）严格控制填土含水率。

（5）严格选取路基填料用土。

（6）做好监测工作。

（7）处理好特殊地段施工。

（8）做好路堤填筑碾压工作。

（9）做好路基施工中的排水工作。

① 一般路段排水：路基排水沟渠（包括边沟、截水沟、排水沟）要注意防潜、防冲。

② 特殊路段排水：在深路堑、高路堤、滑坡、陷穴等地段，应注意结合水土保持进行综合治理。

（10）对半填半挖部位产生的不均匀沉降进行控制。

（11）做好施工后的养护工作。

3.2.3 路基纵向不均匀沉降病害与沉降防治措施

1. 引起沉降的原因

桥头跳车是指桥梁、涵洞等构造物本身及台背填土由于行车荷载和自重的作用而继续沉降,通常构造物沉降与台背沉降不一致即产生不均匀沉降,导致台背与构造物联结处的路面出现台阶,从而出现高速行驶的车辆通过台背回填处产生颠簸跳跃的现象。桥头跳车的直接原因是刚性桥台结构物与柔性路堤在行车荷载的反复作用下,由于人工填土的变形或天然路基的自身固结沉降变形而产生相对较大的差异沉降。桥台结构物是经过精心设计和加固处理的,全桥呈刚性体系,在正常作用下,其沉降很小。而桥梁结构物的路基由于其地基状况和填料土自身的性质,则会产生一定的沉降变形,这种变形需经过一段时间后才能稳定。在经过很长时间后,当桥台与路堤间差异沉降超过一定值时,桥头跳车现象就必然发生。而且,公路建设材料和对象以岩土体为主,具有复杂多变、不确定性和难预知性,因此需要对具体问题进行具体分析。

造成桥头跳车的原因,大致可分为主观因素和客观因素。主观因素主要是指施工、设计、规范等因素;客观因素主要是从土的沉降压缩变形以及其综合因素入手,分析地基、路堤、路面的沉降及变形规律。下面主要介绍客观因素所造成的病害:

(1)土体的附加压缩变形。

(2)台背填土在重复荷载作用下累积塑性变形。

(3)路基的整体剪切破坏。

(4)路基与桥台间形成台阶或路面凹陷。

(5)桥台搭板断裂。

2. 主要防治措施

消除或缓解桥头跳车的关键是减少不均匀沉降量、延长沉降特征长度、减缓不均匀沉降梯度,从而达到匀顺纵坡的目的。根据桥头跳车现有防治技术,从地基处置技术、台背路堤处置技术以及过渡段路面处置技术等方面综合研究防治措施,以期可以较好地解决桥头跳车现象。

(1)地基处置技术。地基处置的目的是改善地基性能,提高承载力和抵抗自然灾害的能力,增强地基稳定性,减少或消除路桥过渡段的不均匀沉降,缩小桥台与路堤的沉降差。目前常用的地基处置方法有:静压注浆法、旋喷桩法、树根桩托换法、换填法、混凝土挤密桩法、超载预压法、排水固结法等。

(2)台背路堤处置技术。考虑到公路的运营和地段的特殊性,在处置方法的选择上就会有一定的限制。总的原则是减少对周围稳定结构物的破坏,工期要短,尤其是对于高填路堤一般不会采用大开大挖,而小规模填补又不能从根本上解决问题。由此可知,减少路桥过渡段不均匀沉降的主要方法有:

① 合理安排施工工序和时间,设法尽早对路桥过渡段路堤进行施工,保证有足够的时间完成沉降。

② 设法提高台背回填区路堤的压实度,减少因填料自重和车辆荷载作用下压实度增加而产生的沉降。

③ 在考虑经济性的前提下,合理选择填料,设法减少路桥过渡段路堤的自重作用,避免因自重过大而产生过大的压缩沉降。

④ 设法提高台背路基自身承载力,比如利用土工格栅予以加筋等,增加路基填土的整体性,减少不均匀沉降的梯度。

3.3 路基的沉降与变形监测

3.3.1 路基监测的目的与内容

既然把路基看成一种结构物,对这种结构物就要进行专门的设计,对其工作状态就要进行终身的监测与健康诊断,以保证线路的正常运营。路基是一种开放的岩土系统,它不断地与大气及环境有着物质和能量交换,处于相对作用之中;在这个过程中路基的几何状态、物理力学状态都会发生变化。路基监测就是要记录这些变化,对其变化进行定性或定量的评价,掌握路基工作状态及其发展趋势,在此基础上制订路基维护计划,及时对潜在危险地段进行整治。对路基的监测持续进行,继而进行路基状态评价。这样不断地对路基进行监测、评价、预测、整治、再监测、再评价、再预测、再治理,通过终身的监测与评价,保证路基始终处于良好的工作状态,这就是路基监测的目的。

路基监测的内容主要包括路基面的几何形状、路基面上的变形、非均匀沉降、基床厚度、路基基底的沉降、基底的侧向变形、水分状态监测、动态响应监测、冻土区路基温度监测、孔隙水压力和环境的影响监测等。

监测的对象主要是软土、膨胀土、黄土和多年冻土等力学性质不稳定或受环境影响较大的特殊土路基,特殊工程地质条件下如滑坡等地段的路基、风沙地区路基等。一般地区填料不好的既有路基也需要进行监测。软土地区主要进行路基的变形及孔隙水压力的监测;膨胀土、黄土等对水分比较敏感的土类要进行含水率变化监测。对特殊地段如对滑坡体,宜进行地表变化监测,必要时应进行深孔位移监测。

按照监测的时间又可划分为施工期监测和长期监测。为了保证填筑期间的稳定性,路堤填土速率应满足下列要求:

(1) 天然地基、排水固结法处理的地基,填筑时间不应小于地基抗剪强度增长需要的固结时间;

(2) 路基中心沉降每昼夜不得大于10mm,边桩水平位移每昼夜不得大于5mm,此项要求适用于各等级线路路基。

3.3.2 路基工后沉降监测标准

一般希望在线路投入运营以后路基产生的沉降越少越好,从铺轨期结束,运营期开始到设计年限内路基所产生的沉降值称为路基的工后沉降;工后沉降越小越有利于线路的安全运营。

减少路基工后沉降是保持线路稳定平顺的基本前提,是列车高速、安全运行的基础。为此要对可能产生的工后沉降大于允许值的地段进行沉降分析,以便在必要时采取处理措施,使路基的工后沉降小于允许值。路基的允许工后沉降量应根据以下两条原则确定:

(1) 保证列车按预定的速度,安全、舒适地运行;

(2) 在上述前提下做到经济上合理,即因减少工后沉降需增加的投资与因工后沉降所需增加的养护维修费用的总和最小。

各类等级的线路对路基工后沉降和沉降速率的规定如表 3-1 所示。

表 3-1 路基工后沉降和沉降速率控制值

线路类型	工后沉降控制指标		
	工后沉降/cm	沉降速率/(cm·a^{-1})	过渡段沉降/cm
I 级线路	20	5	10.0
200km·h^{-1} 客货共线	15	4	8.0
新建 200~250km·h^{-1}	10	3	5.0
新建 300~350km·h^{-1}	5	2	3.0
京沪高速铁路	5	2	3.0
无砟轨道客运专线	3	—	0.5

3.3.3 路基沉降监测方法

路基沉降的监测方法主要有沉降板、分层沉降仪、全断面剖面沉降仪等。

1. 沉降板

沉降板是埋在路基中的钢板,中间焊接一根刚性杆(观测杆),外加一层套管,通过测量刚性杆的顶部高程,就代表沉降板所在位置的高程,两次高程测量的差就是沉降或隆起变形。安装沉降板前需将地面整平,以便保持底板的水平及观测杆的垂直。随着填土厚度的增加,观测杆可以增加长度。观测采用水平观测仪进行。每次观测时,用水准仪测出管口高程,再根据测管的长度来推算观测点的高程,最后即可测得观测点的沉降量(图 3-4)。

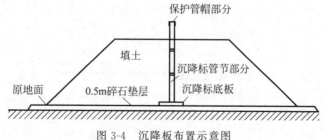

图 3-4 沉降板布置示意图

2. 分层沉降仪

为了测量路基不同深度处的沉降变形,可以采用分层沉降仪。当前使用较多的分层沉降仪是根据电磁感应原理设计,由沉降管、磁感应环、传感器和与其相连的刻度标尺及显示仪表等部分组成(图3-5)。磁感应环套在沉降管壁,可随周围土体的沉降沿着沉降管外壁轨道移动,传感器和与其相连的刻度标尺在沉降管内移动。当传感器通过磁感应环时,产生电磁感应信号送到地面仪表显示,同时发出声、光信号报警,此时读取刻度标尺上的刻度数值,即为磁感应环的深度。每次测量值与前次测量值相减即为该磁感应环所在测点地层的沉降量。

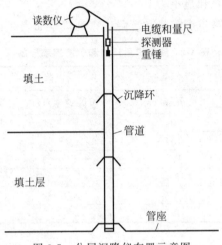

图 3-5　分层沉降仪布置示意图

3. 全断面剖面沉降仪

全断面剖面沉降仪是测量路基整个断面某层沉降变形的仪器,其做法是通过传感器沿着埋在路基内的管子横向移动,从而测出管内部各测点相对于基准点的位置(图3-6)。两次测量的差值就是各测点的沉降。根据所用的传感器不同,全断面剖面沉降仪主要分为两类:一类是基于加速度传感器的剖面沉降仪;另一类是基于液体压力传感器的剖面沉降仪。

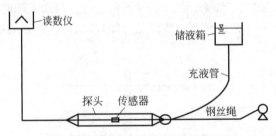

图 3-6　全断面剖面沉降仪布置示意图

3.4　路基的沉降计算分析

路基沉降计算是土力学的主要研究课题之一,按其产生机制和发生顺序,路基沉降一般可以分为:①施加外加荷载后,由于剪切变形而产生的附加沉降量(瞬时沉降)S_{it};②排水固结而产生的固结沉降 S_{ct}；③在固结沉降后期，当孔隙水应力和变形速率均很小时，随时间增长，由于土骨架的蠕变而产生的次固结沉降 S_{st}。总沉降表达式如式(3-8)所示(图3-7)：

$$S_t = S_{it} + S_{ct} + S_{st} \tag{3-8}$$

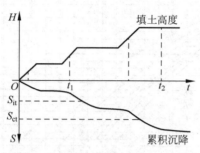

图 3-7　路基中心沉降-时间关系

3.4.1　瞬时沉降

瞬时沉降(S_{it})是指地基在不排水加载期间，由土体的瞬时侧向变形引起的附加沉降，其数值大小与加载方式和加载速率有关。软土地基处于二维(平面应变)或三维变形状态下，如采用瞬时一次快速加载方式会比均匀慢速加载引起的瞬时沉降量大很多。这主要是由于在不同增量加载时刻，变形模量随应力水平增加而降低，随固结压力增加而增加。在软基土上填筑路堤时，在坡脚附近一定范围内，剪应力可能会超过抗剪强度，土体呈塑性变形。随着荷载的增大，塑性变形区逐步扩大；在体积不变时，路基因形状改变而产生侧向挤出，引起附加垂直沉降。由于形成时间短，所以常称为"瞬时沉降"。随着填土增高，坡脚附近超过剪应力的范围越大，附加垂直沉降亦随之增大。目前常用的计算瞬时沉降的方法有以下几种。

1.《公路软土地基路堤设计与施工技术细则》(JTG/T D31-02—2013)估算法

由土体的侧向位移引起瞬时沉降，对处于弹性变形阶段的地基，按式(3-9)进行估算：

$$S_{it} = F \frac{PB}{E} \tag{3-9}$$

式中，P 为路堤底面中点的最大垂直荷载；E 为由无侧限抗压试验得到的弹性模量的平均值(分层厚度的加权平均)；F 为中线沉降系数，由图3-8查得；路堤中部宽度 B 值计算式在图3-8中，当缺少实测资料时，可取泊松比 0.4~0.5，再查图。

2. 日本《高等级公路设计规范》采用的经验公式

用此公式计算路基填筑期内的累计值 S_{it}。

$$S_{it} - A\gamma H_E/100 \tag{3-10}$$

式中，A 为地基的变形系数(cm^3/g)，$A = 12.4 - 0.44E_{qu}$；E_{qu} 为由无侧限抗压试验得到的弹性模量平均值，计算时取 30m 深度范围内的平均值(cm^3/g)；γ 为填料重度(g/cm^3)；H_E 为路堤填筑高度(cm)。

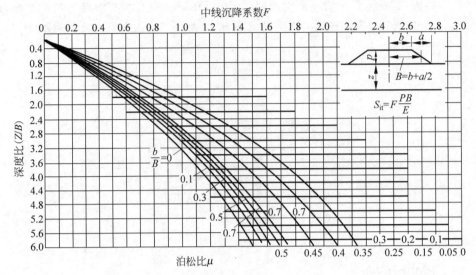

图 3-8　梯形荷载中线沉降系数

3.沪宁高速公路经验公式

计算公式按地基承受的应力水平而异,具体计算可分为

（1）当 $p'_0 + \Delta p < p_c$ 时,

$$S_{it} = 0.85 \sum_{i=1}^{n} \frac{\Delta p_i \cdot \Delta h_i}{E_i} \tag{3-11}$$

（2）当 $p'_0 + \Delta p > p_c$ 时,

$$S_{it} = 1.15 \sum_{i=1}^{n} \frac{\Delta p_i \cdot \Delta h_i}{E_i} \tag{3-12}$$

式中,p'_0、Δp 分别为土层的有效上覆压力和附加应力（kPa）;S_{it} 为剪切变形所引起的附加沉降量（cm）;Δh_i 为地基土层各分层厚度（cm）;Δp_i 为各地基土分层中心的附加应力（MPa）;E_i 为地基土各分层的初始弹性模量（MPa）,是初始轴向应力与轴向应变的比值,可以由三轴固结不排水试验确定。

3.4.2　固结沉降

基于固结试验资料所得到的 e-p 曲线、压缩模量 E_S 以及 e-$\lg p$ 曲线,采用分层总和法计算固结沉降（S_{ct}）。

（1）采用 e-p 曲线时,固结沉降应按式（3-13）计算:

$$S_{ct} = \sum_{i=1}^{n} \frac{e_{0i} - e_{1i}}{1 + e_{0i}} \Delta h_i \tag{3-13}$$

式中,n 为地基沉降计算分层层数;Δh_i 为地基中各分层厚度;e_{0i} 为地基中各分层的中点在自重应力作用下稳定时的孔隙比;e_{1i} 为地基各分层的中点在自重应力和附加应力共同作用下稳定时的孔隙比。

（2）采用压缩模量 E_S 时，固结沉降应按式（3-14）计算：

$$S_{ct} = \sum_{i=1}^{n} \frac{\Delta p_i}{E_{Si}} \Delta h_i \qquad (3-14)$$

式中，E_{Si} 为各分层压缩模量；Δp_i 为各地基土分层中心的附加应力（MPa）；Δh_i 为地基中各分层厚度（cm）。

3.4.3　次固结沉降

次固结沉降（S_{st}）被认为是有效应力基本不变，但地基随时间增长而发生的沉降。在次固结沉降过程中，实际上有微小的超孔隙应力存在，驱使水在土粒之间流动，但压缩进行得十分缓慢，水的流动速度是很小的，小到基本无法测量。所以，次固结沉降的体积变化速率与孔隙水在土体流动的速率无关，与土层的厚度也无关。因此，黏土层在现场的次固结沉降速率可以直接由室内土样的试验估算。

（1）采用次固结系数计算时，次固结沉降可按式（3-15）求得：

$$S_{st} = \sum_{i=1}^{n} \frac{C_{ai} h_i}{1 + e_{1i}} \lg\left(\frac{t_2}{t_1}\right) \qquad (3-15)$$

式中，C_{ai} 为半对数曲线上直线段的斜率，称为次固结系数，可用各软土层孔隙比变化计算次固结系数，$C_{ai} = (e_1 - e_2)/(\lg t_2 - \lg t_1)$；$e_1$、$e_2$ 分别为孔隙比与时间（对数）曲线尾段直线上两点的孔隙比；t_1 为相当于固结度达到 100% 的时间（s）；t_2 为需要计算次固结沉降的时间（s）；h_i 为各土层厚度（cm）。

（2）采用实测沉降曲线 $S\text{-}\lg t$ 计算时，次固结沉降可按式（3-16）求得：

$$S_{st} = \beta \lg\left(\frac{t}{t_0}\right) \qquad (3-16)$$

式中，β 为 $S\text{-}\lg t$ 曲线末端呈直线段的斜率，由沉降观测结果推算或经验确定；t 为需要计算次固结沉降的时间（s）；t_0 为 $S\text{-}\lg t$ 曲线上直线开始时间（s）。

通常，次固结沉降用式（3-17）进行计算：

$$S_{st} = \sum_{i=1}^{n} \Delta h_i C_{Bi} e_n \frac{t}{t_0} \qquad (3-17)$$

式中，C_{Bi} 为次固结系数；t 为需要计算次固结沉降的时间（s），$t > t_0$；$t_0 = H^2/C_v$，C_v 为竖向固结系数；H 为最大渗径厚度（m），单面排水时等于压缩层的厚度，双面排水时为压缩层厚度的一半。

另外，德国交通部 1990 年颁布的《软弱地基土道路建设规范》对瞬时沉降、固结沉降和次固结沉降分别采用弹性理论法、压缩模量和次固结系数等方法进行计算，与我国规范方法相似。

3.4.4　路基沉降系数的影响因素

由 3.4.2 节可知，地基土在外力作用下的变形沉降可分为瞬时沉降、固结沉降和次固结沉降；而分层总和法计算的沉降是固结沉降。虽然分层总和法具有概念比较明确、计算过程及变形指标的选取比较简便、适宜结合地基土层的变化给予分层计算等优点，但是分层总和法同样存在不可克服的问题。如采用弹性理论计算地基中的竖向应力,用单向压缩曲线计算变形,这与实际地基受力情况有出入。对于变形指标,其试验条件决定了指标的结果,而使用中的选择又影响到计算结果。为此,长期以来,土力学专家学者采用改进分层总和法,研究结果表明,单纯从理论上解决这些问题是非常困难的,而且也不实用。因此,更多的是通过不同工程对象的实测资料积累和对比,采用合适的经验修正系数,以满足工程上的精度要求。通过大量的调查研究发现,沉降计算值和不同土质地区的实测值虽然各有不同,但其差值和土质的关系却有一定的规律。因此,根据统计分析提出了经验修正系数 m_S,见式(3-18),将计算结果进行修正。

$$S = \sum_{i=1}^{n} m_S \cdot \Delta S_i \tag{3-18}$$

式中,m_S 为沉降计算经验修正系数,参照表 3-2 选取。

表 3-2　沉降计算经验修正系数

压缩模量/MPa	$E_S \leqslant 4$	$4 < E_S \leqslant 7$	$7 < E_S \leqslant 15$	$15 < E_S \leqslant 20$	$E_S > 20$
m_S	$1.1 < m_S \leqslant 1.8$	$0.8 < m_S \leqslant 1.1$	$0.4 < m_S \leqslant 0.8$	$0.2 < m_S \leqslant 0.4$	0.2

1. 荷载对沉降系数的影响

软土地基在路基荷载作用下,会发生沉降与不均匀沉降,通常荷载集中且数值较大时,沉降系数就大。这主要是由软土地基的侧向变形和瞬时变形较大造成的。反之,荷载分布较广,集度较小,则侧向变形较小,沉降系数取较小值。地基土的应力历史对沉降系数的影响较大,一般而言,对于超固结土,沉降系数较小;对于欠固结土,沉降系数较大。

2. 地基处理方法对沉降系数的影响

一般软土地基处理方法有两种类型:一类是提高软土本身的物理力学指标,如排水固结方法(包括堆载预压、真空预压、超载预压、加砂井或塑料排水板等);另一类是复合地基处理方法(包括碎石桩、砂桩、CFG 桩、土工布和土工格栅等)。

通常采用排水固结方法,运用分层总和法计算沉降时,主要是主固结沉降,而未考虑软土的侧向变形和次固结沉降,因此理论沉降值偏小,所以沉降影响系数取较大值。采用复合地基处理方法时,在荷载影响范围内形成复合土层,相当于软土的硬壳层,减少了地基侧向变形,总沉降量减少,从而理论计算值要大于实际发生的沉降,所以沉降影响系数取较小值。

3. 填土施工速率对沉降系数的影响

根据固结理论,软土沉降主要是因为土中孔隙压实,所以填土施工速率对沉降影响较大。通常,填土施工速率越快,沉降与侧向变形越大,即沉降影响系数越大。反之,填土施工速率越慢,软土中水分慢慢排出,孔隙中超静水压力逐渐转化为有效应力,而且侧向变形较小,所以实测沉降较小,沉降系数取较小值。

4. 地质条件对沉降系数的影响

软土表面由于日晒蒸发等因素影响，往往是非饱和状态，较为坚硬。其强度高、压缩性低，在多次干湿循环作用下密度也较高。这种土层靠近地表，历史上并未受到过大的荷载，但表现了较强的超固结性，就是这种拟超固结的作用，提高了其强度、降低了其压缩性。在工程中，如果建筑物荷载不太大，而硬壳层又较厚时，应尽量利用它作为持力层。

对原状土以及同一种土的扰动土样分别做压缩试验，点绘 e-$\lg t$ 曲线，可以看出它们的形态不一。原状土在前期固结压力附近转折明显，而扰动土转折不明显，曲线的斜率自始至终逐渐变化，且曲线位置在原压曲线的下方。两者的差别主要是结构性不同，原状土的结构就像一种构架，能承受一定荷载，所引起的变形较小。此时压缩性较低，当荷载接近前期固结压力时，结构逐渐破坏，因而压缩性逐渐增大，到超过前期固结压力时压缩性陡增。扰动土的结构已经受到破坏，抵抗外荷载的能力减弱，因而在同一荷载作用下孔隙比较小，荷载增加引起的孔隙比改变趋于平缓。

其实原状土样也已受到扰动，取土、切土等都会扰动土的结构，只是扰动的程度较小。天然土层中的土才真正保存了原状结构，当荷载超过前期固结压力时，e-$\lg t$ 曲线基本上是一条直线。

灵敏黏土在前期固结压力之前的再压曲线较为平缓，一旦达到前期固结压力，曲线急剧下降，再略转平缓而接近直线。这种土往往是絮状或绒团结构，颗粒接触点处有一定的胶结力，能随一定的压力而变形较小，使初期加荷阶段曲线平缓；当荷载超过前期固结压力，土的结构破坏后，土粒排列改变，孔隙比急剧降低而出现陡峭的曲线形状。这种土的含水率较高，常超过其液限。

由上可知，地质条件对软土沉降影响较大，如软土的沉积时间、软土结构性以及软土固结状态等。

3.5　本章习题

习题答案

1. 名词解释

（1）土体固结度

（2）工后沉降

（3）差异沉降

2. 简答题

（1）土体的压缩指标有哪些？

（2）路基沉降的常见病害有哪些？

（3）路基沉降的常见病害防治措施有哪些？

（4）路基沉降系数的主要影响因素有哪些？

（5）简述路基沉降的分类。

3. 计算题

（1）某场地地表以下为 4m 厚的均质黏性土，该土层下卧坚硬岩层。已知黏性土的重

度 $\gamma = 18\mathrm{kN/m^3}$，天然孔隙比 $e_0 = 0.85$，回弹再压缩指数 $C_e = 0.05$，压缩指数 $C_c = 0.3$，前期固结压力 p_c 比自重应力大 50kPa。在该场地大面积均匀堆载，荷载大小为 $p = 100\mathrm{kPa}$。求因堆载引起地表的最终沉降量。

（2）某饱和黏性土层的厚度为 8m，在土层表面大面积均布荷载 $p_0 = 160\mathrm{kPa}$ 作用下固结，设该土层的初始孔隙比 $e = 1.0$，压缩系数 $a = 0.3\mathrm{MPa^{-1}}$。已知单面排水条件下加荷历时 $t = 1$ 年时的固结度 $U_{z1} = 0.43$。求：①该黏土层的最终固结沉降量；②单面排水条件下加荷历时 1 年的沉降量；③双面排水条件下达到单面排水加荷历时 1 年的沉降量所需要的时间。

第4章

路基稳定性分析与加固技术

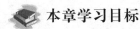

本章学习目标

知识目标

(1) 能够阐述路基失稳破坏的主要原因。

(2) 能够说明一般路基的稳定性分析方法、路基边坡抗震分析方法。

(3) 能够解释浸水路堤与一般路基的稳定性及分析方法的主要差别。

(4) 能够阐述路基加固的常用方法及其适用性。

能力目标

(1) 建立路基稳定性安全系数、可靠度的概念。

(2) 辩证分析常见路基加固技术及其优缺点。

(3) 树立工程安全意识、增加工程安全责任感。

课程思政

PPT

4.1 路基稳定性分析方法

4.1.1 路基失稳的主要原因

路基边坡丧失其原有的稳定性,一部分土体相对于另一部分土体发生滑动的现象称为滑坡。土坡滑坡前的征兆主要有坡顶下沉并出现裂缝,坡脚隆起等。

1. 内部原因

(1) 土质:各种土质的抗剪强度、抗水能力都不一样,如钙质或石膏质胶结的土、湿陷性黄土等,遇水后软化,使原来的强度降低很多。

(2) 土层结构:如在斜坡上堆有较厚的土层,特别是当下伏土层(或岩层)不透水时,容易在交界上发生滑动。

(3) 边坡形状:腆肚形的斜坡由于重力作用,比上陡下缓的凹形坡更容易下滑;由于黏性土有黏聚力,当土坡不高时,暂时尚可直立,但随时间和气候的变化,也会逐渐塌落。

2. 外部原因

(1) 降水或地下水的作用:持续的降雨或地下水渗入土层中,使土体中含水率增大,土中易溶盐溶解，土质变软，强度降低；还可使土体的重度增加，同时孔隙水压力的产生，使土体作用有动、静水压力，促使土体失稳。因此，设计斜坡时，应针对这些因素采用相应的排水措施。

（2）振动的作用：如地震的反复作用下，砂土极易发生液化；黏性土，振动时易使土的结构破坏，从而降低土的抗剪强度；车辆运动、施工打桩或爆破等振动也可使邻近土坡发生变形或失稳等。

（3）人为影响：由于人类不合理的开挖，特别是开挖坡脚，或开挖基坑、沟渠、道路边坡等将弃土堆在坡顶附近；另外，在斜坡上堆放重物时，也可能引起斜坡变形破坏。

3. 根本原因

路基边坡中土体内部某个面上的剪应力达到了它的抗剪强度，这是路基边坡失稳的根本原因。

4. 具体原因

（1）滑动面上的剪应力增加。

（2）滑动面上的抗剪强度减小。

4.1.2 路基稳定性分析方法

路基边坡的稳定性涉及岩土性质与结构、边坡高度与坡度、工程质量与经济等多种因素。一般情况下，对于边坡不高的路基，例如不超过 8m 的土质边坡、不超过 12m 的石质边坡，可以按一般路基设计，采用规定的坡度值，不做稳定性分析计算。对于地质与水文条件复杂，高填、深挖或有特殊需要的路基，应进行相应的边坡稳定性分析计算，据此选定合理的边坡坡度及相应的工程技术措施。

路基边坡的稳定性是土力学与岩石力学的重要研究课题，长期以来，工程技术人员提出了多种计算路基边坡稳定性的原理与方法。土坡稳定性分析方法，按失稳土体的滑动面特征，大体可归纳为直线、曲线和折线三大类，而且均以土的抗剪强度为理论基础，按力的极限平衡原理建立相应的计算公式。岩石路堑边坡的稳定性，很大程度上取决于岩石产状与结构，边坡失稳岩体的滑动面主要是地质构造上的软弱面。石质边坡稳定分析应首先进行定性分析，确定失稳岩体的范围和软弱面，然后再进行定量的力学计算分析。

路基边坡稳定性的分析计算方法，还可以分为工程地质法（比拟法）、力学分析法和图解法等几种。工程地质法属于实践经验的对比，力学分析法是数解方法，对于某些比较复杂的数解方法，亦可运用图解法加以简化。任何一种方法，都带有某种针对性和局限性，为了便于在工程上进行实际应用，采取某些假定条件，将主要因素加以简化，次要因素忽略不计，因此现有的各种方法均属于近似解。合理地选定岩土计算参数，如黏结力、内摩擦角及单位体积重力等，比选何种计算方法更为重要，所以在路基设计前，要加强地质勘查测试工作。

路基边坡稳定的力学计算基本方法是分析失稳滑动体沿滑动面上的抗滑力 R 与下滑力 T，按静力平衡原理，取两者的比值为稳定系数 K，即

$$K = \frac{R}{T}$$

(4-1)

当 $K=1$ 时,表示下滑力与抗滑力相等,边坡处于极限平衡状态;当 $K<1$ 时,边坡不稳定;当 $K>1$ 时,边坡稳定。为安全可靠考虑,工程上一般规定 K 值大于 1.20,作为路基边坡稳定性分析的界限值。

4.1.3　行车荷载换算方法

行车荷载是边坡稳定性分析的主要作用力之一,计算时将车载换算成相当于路基岩土层厚度,计入滑动体的重力中。换算时可按荷载的最不利布置条件,取单位长度路段,计算公式见式(4-2):

$$h_0 = \frac{NQ}{BL\gamma} \tag{4-2}$$

式中,h_0 为行车荷载换算高度(m);L 为前后轮最大轴距,按《公路工程技术标准》规定对于标准车辆荷载 L 为 12.8m;Q 为一辆重车的重力(标准车辆荷载为 550kN);N 为并列车辆数,双车道 $N=2$,单车道 $N=1$;γ 为路基填料的重度(kN/m³);B 为荷载横向分布宽度(m),计算见式(4-3):

$$B = Nb + (N-1)m + d \tag{4-3}$$

式中,b 为后轮轮距,取 1.8m;m 为相邻两辆车后轮的中心间距,取 1.3m;d 为轮胎着地宽度,取 0.6m。

行车荷载对较高路基边坡的稳定性影响较小,换算高度可以近似分布于路基全宽上,以简化滑动体的重力计算。采用近似方法(如图解或表解等)计算时,亦可以不计算行车荷载。

4.2　一般路基的稳定性分析

4.2.1　直线滑动面的边坡稳定性分析

砂性土路基边坡渗水性强,黏性差,边坡稳定主要靠其内摩擦力支承,失稳土体的滑动面近似直线形态。原地面为近似直线的陡坡路堤,如果接触面的摩擦力不足,整个路堤亦可能沿原地面成直线形态下滑。

假定 AD 为直线滑动面,A 点为坡脚点,B 点为坡顶点,D 点为边坡上任意一点;土质均匀,取单位长度路段,不计沿路线纵向滑移时路基的作用力,则可简化成平面问题求解,如图 4-1 所示。

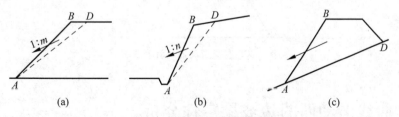

图 4-1　直线滑动面示意图

(a) 高路堤;(b) 深路堑;(c) 陡坡路堤

直线滑动面假定法主要适用于砂土和砂性土，土的抗滑力以内摩擦力为主，黏聚力很小。边坡破坏时，破裂面近似为平面。

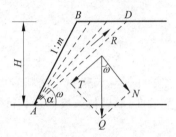

图 4-2　直线滑动面上
的力系示意图

1. 试算法

直线滑动面边坡稳定性，可参照图 4-2 按静力平衡条件计算：

$$K = \frac{R}{T} = \frac{Nf + cL}{T} = \frac{Q\cos\omega\tan\varphi + cL}{Q\sin\omega} \tag{4-4}$$

式中，ω 为滑动面的倾角（°）；φ 指土体的内摩擦角（°）；f 为摩擦系数，$f = \tan\varphi$；L 为滑动面 AD 的长度（m）；N 为滑动面的法向分力（kN）；T 为滑动面的切向分力（kN）；c 为滑动面上的黏结力（kPa）；Q 为滑动体的重力（kN）。

对于砂性土，可取 $c = 0$，式（4-4）可简化为

$$K = \frac{\tan\varphi}{\tan\omega} \tag{4-5}$$

若取 $K = 1.25$，则 $\tan\omega = 0.8\tan\varphi$。不难看出，用松散性填料修建的路堤，其边坡角的正切值不宜大于填料摩擦系数的 0.8 倍。

2. 解析法

利用 $K = f(\omega)$ 的函数关系，对式（4-4）求导数，可得边坡系数最小值的表达式，用以代替试算法，计算工作可以大大简化。以路堑边坡为例，不计行车荷载，计算图式如图 4-3 所示。

$$K = \frac{R}{T} = f \cdot \cot\omega + \frac{2c}{\gamma H} \cdot \frac{\sin\alpha}{\sin(\alpha - \omega) \cdot \sin\omega} = (f + a) \cdot \cot\omega + a \cdot \cot(\alpha - \omega) \tag{4-6}$$

式中，$a = \dfrac{2c}{\gamma H}$，$f = \tan\varphi$；α 为边坡角度（°）。

对式（4-6）变化求导可得，

$$K_{\min} = (f + 2a) \cdot \cot\alpha + 2\sqrt{a(f + a)} \cdot \cot\alpha \tag{4-7}$$

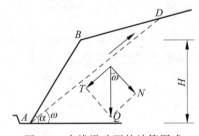

图 4-3　直线滑动面的计算图式

4.2.2　曲线滑动面的边坡稳定性分析

土的黏聚力使边坡滑动面多呈现曲面形态，因此，通常假定为圆弧滑动面。圆弧法适用于黏性土，土的抗力以黏聚力为主，内摩擦力较小。边坡破坏时，破裂面近似圆柱形。

假定滑动面为圆柱面,截面为圆弧,如图 4-4 所示;利用土体极限平衡条件下的受力情况,滑动面上的最大抗滑力矩与滑动力矩之比: $K_s = \dfrac{M_f}{M} = \dfrac{\tau_f \hat{L} R}{Wd}$,来确定安全系数;

对于饱和黏性土,在不排水剪切条件下,$K_s = \dfrac{c_u \hat{L} R}{Wd}$。

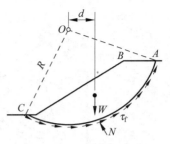

图 4-4　圆弧滑动面示意图

目前最主要的圆弧滑动面的边坡稳定计算方法,有瑞典圆弧滑动法(又称条分法,Fellenius 法)、简化的 Bishop 法和传递系数法等。

1. 瑞典圆弧滑动法

1) 瑞典圆弧滑动法的基本假设

(1) 假设圆弧滑动面,确定圆心和半径;

(2) 把滑动土体分成若干条(条分法);

(3) 建立土条的静力平衡方程并求解(取单位厚度计算)。

2) 瑞典圆弧滑动法静力平衡公式的建立

假设各土条间的合力 S_i,S_{i+1} 平行于滑动面,并且相等($S_i = S_{i+1}$);单位元受力示意图如图 4-5 所示。

$$H_i = S_i \cos\theta_i = S_{i+1} \cos\theta_i = H_{i+1}$$
$$V_i = S_i \sin\theta_i = S_{i+1} \sin\theta_i = V_{i+1} \tag{4-8}$$

建立土条垂直于滑动面的静力平衡方程:

$$N_i - (H_i - H_{i+1})\sin\theta_i - (W_i - V_i + V_{i+1})\cos\theta_i = 0$$
$$N_i = W_i \cos\theta_i \tag{4-9}$$

黏性土土坡滑动前,坡顶常常出现竖向裂缝,如图 4-6 所示,深度近似采用土压力临界深度,$z_0 = \dfrac{2c}{\gamma \sqrt{K_a}}$;裂缝的出现将使滑弧长度由 AC 减小到 $A'C$,如果裂缝中积水,还要考虑静水压力对土坡稳定的不利影响。

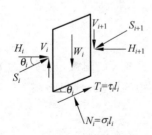

图 4-5　条分法单位元受力示意图

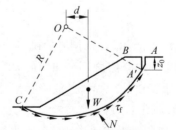

图 4-6　条分法单位元顶面有裂缝时受力示意图

3) 瑞典圆弧滑动法圆心的确定

(1) $4.5H$ 法

计算前需要先用圆心辅助线法确定滑动圆弧的圆心位置,如图 4-7 所示。

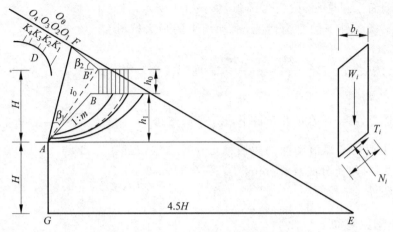

图 4-7　4.5H 法确定滑动圆弧圆心位置

（2）36°线法(图 4-8)

圆心辅助线亦可用 36°线法绘制，如图 4-8 所示。36°线法比较简便，但计算结果误差较大，可在试算中使用。

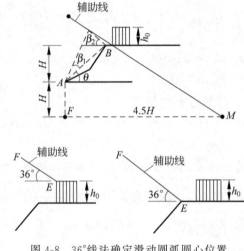

图 4-8　36°线法确定滑动圆弧圆心位置

（3）最危险滑动面圆心的确定

当土的内摩擦角 $\varphi=0$ 时，最危险圆弧滑动面为一通过坡脚的圆弧，其圆心为 D 点。当土的内摩擦角 $\varphi>0$ 时，最危险圆弧滑动面也为一通过坡脚的圆弧，其圆心在 ED 的延长线上，具体如图 4-9 所示。

4）瑞典圆弧滑动法计算基本思路

瑞典圆弧滑动法的总示意图如图 4-10 所示。其中，N_i 为各土条的法向应力；T_i 为各土条的切向应力；α_i 为各土条重心与圆心连接线对竖轴 y 的夹角；L 为滑动面圆弧全长；α_0 为圆心角。

条分法是一种试算法，应选取不同圆心位置和不同半径进行计算，求最小的安全系数。

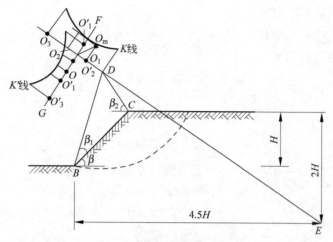

图 4-9　最危险滑动面圆心确定法

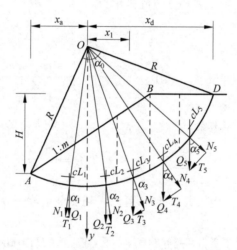

图 4-10　瑞典圆弧滑动法的总示意图

其计算步骤如下：

（1）按比例绘出土坡剖面；

（2）任选一圆心 O，确定滑动面，将滑动面以上土体分成几个等宽或不等宽土条；

（3）每个土条的受力分析：

假设两组合力静力平衡：$N_i = W_i \cos\beta_i$，$T_i = W_i \sin\beta_i$，因此可以得到：

$$\sigma_i = \frac{N_i}{l_i} = \frac{1}{l_i} W_i \cos\beta_i$$

$$\tau_i = \frac{T_i}{l_i} = \frac{1}{l_i} W_i \sin\beta_i \tag{4-10}$$

（4）滑动面的总滑动力矩：

$$T_R = R \sum T_i = R \sum W_i \sin\beta_i \tag{4-11}$$

（5）滑动面的总抗滑力矩：

$$T'_R = R \sum \tau_{fi} l_i = R \sum (\sigma_i \tan\varphi_i + c_i) l_i = R \sum (W_i \cos\beta_i \tan\varphi_i + c_i l_i) \quad (4\text{-}12)$$

（6）确定安全系数：

$$F_s = \frac{T'_R}{T_R} = \frac{\sum (W_i \cos\beta_i \tan\varphi_i + c_i l_i)}{\sum W_i \sin\beta_i} \quad (4\text{-}13)$$

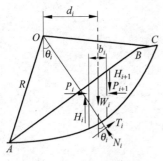

图 4-11 土条 i 侧面力的
平衡方程

2. 简化的 Bishop 法

1）土条侧面力平衡方程的建立

由图 4-11 可建立第 i 条土条侧面力的平衡方程：

$$W_i + \Delta H_i - N_i \cos\theta_i - T_i \sin\theta_i = 0 \quad (4\text{-}14)$$

将 $\Delta H_i = H_{i+1} - H_i$，$T_i = \dfrac{c_i l_i + N_i \tan\varphi_i}{K_s}$ 代入公式，

式（4-14）可转化为

$$N_i = \frac{1}{m_{\theta i}} \left(W_i + \Delta H_i - \frac{c_i l_i}{K_s} \sin\theta_i \right) \quad (4\text{-}15)$$

其中，$m_{\theta i} = \cos\theta_i + \dfrac{\sin\theta_i \tan\varphi_i}{K_s}$。

2）滑动体整体力矩平衡

忽略成对条间力产生的力矩：

$$\sum_{i=1}^{n} W_i d_i - \sum_{i=1}^{n} T_i R = 0 \quad (4\text{-}16)$$

将 $T_i = \dfrac{c_i l_i + N_i \tan\varphi_i}{K_s}$ 代入式（4-15），可以得到安全系数一般表达式：

$$K_s = \frac{\displaystyle\sum_{i=1}^{n} \frac{1}{m_{\theta i}} [c_i l_i \cos\theta_i + (W_i + \Delta H_i) \tan\varphi_i]}{\displaystyle\sum_{i=1}^{n} W_i \sin\theta_i} \quad (4\text{-}17)$$

由于 $V_{i+1} = V_i$，且 $V_1 = 0$，因此，$V_1 = 0 (i = 2, 3, \cdots, n)$，即 $\Delta H_i = 0$。

因此，安全系数可以简化为

$$K_s = \frac{\displaystyle\sum_{i=1}^{n} \frac{1}{m_{\theta i}} (c_i l_i \cos\theta_i + W_i \tan\varphi_i)}{\displaystyle\sum_{i=1}^{n} W_i \sin\theta_i} \quad (4\text{-}18)$$

3）迭代法求 K_s

由图 4-12 计算迭代示意图可以试算得到安全系数 K_s，通常情况下，迭代 3～4 次就可满足精度要求。当路堤沿斜坡地基或软弱层带滑动时，其稳定性可采用不平衡推力法分析计算。

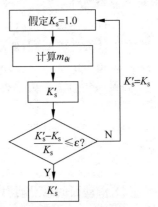

图 4-12 安全系数 K_s
计算迭代示意图

4.3　浸水路堤的稳定性分析

4.3.1　浸水路堤的特点

1. 浸水路堤的定义及水的浸润曲线

浸水路堤是指受到季节性或长期浸水的沿河路堤、河滩路堤等。其本身除了受自重和行车荷载外,还受到水浮力和渗透动水压力的作用。浸水路堤水的浸润曲线是指,由于土体内渗水速度远小于河水,因此,当堤外水位升高时,堤内水位的比降曲线(即浸润线)成凹形;当堤外水位下降时,堤内水位的比降曲线成凸形。水的浮力取决于浸水深度,渗透动水压力则视水的落差(坡降)而定。水位变化对路堤的影响如图 4-13 和图 4-14 所示。其中,水流向外对路基边坡不利,如果落水迅猛,渗透流速大,坡降大,则易带出路堤内的细土粒,动水压力使边坡失稳。

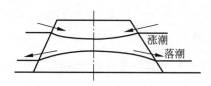

图 4-13　双侧渗水路堤水位变化示意图

图 4-14　单侧渗水路堤水位变化示意图

2. 渗透动水压力对浸水路堤的作用

(1) 水位急速上升时,浸水路堤的浸润曲线下凹,土体除承受竖向的向上浮力外,还承受渗透动水压力的作用,作用方向指向土体内部,有利于土体稳定,经过一定时间的渗透,土体内水位趋于平衡,不再存在渗透动水压力。

(2) 水位骤然下降时,浸水路堤的浸润曲线上凸,渗透动水压力的作用方向指向土体外,这将剧烈破坏路堤边坡的稳定性,并可能产生边坡凸起和滑坡,不利于土体稳定,但经过一定时间的渗透,土体内水位也会趋于平衡,不再存在渗透动水压力。

(3) 浸水路堤边坡稳定的最不利情况一般发生在最高洪水水位骤然降落的时候,此时渗透动水压力指向路基体外。

一般情况下,由于土中含有空隙,在水位变化过程中伴有土中含水率的变化。对于砂性土,渗透性好,动水压力较小;对于黏性土,渗透性不好,动水压力也不大;对于亚砂土、亚黏土,具有一定的渗透性,动水压力较大,边坡容易失稳。

浸水路堤设计中,一般按设计洪水位及考虑壅水和浪高等因素,选定路堤高程。浸水部分采用较缓边坡(1∶2 或更缓),必要时设置护坡道,流速较大时予以防护加固,或设置导流结构物。为使设置更加合理,浸水路堤的边坡需进行稳定性计算。

4.3.2　浸水路堤的边坡稳定性计算方法

浸水路堤的边坡稳定性计算，通常也假定滑动面为圆弧，最危险的滑动面通过坡脚，圆心位置的确定与条分法相似。稳定性计算常用方法有假想摩擦角法、悬浮法和条分法等几种。

1. 假想摩擦角法

适当改变填料的内摩擦角，利用非浸水时的常用方法，进行浸水时的路基稳定性计算。此法只适用于全浸水路堤，是一种简易估算方法。

由库仑定律可得滑动土体的总强度 S 为

$$S = Q\tan\varphi + cL \tag{4-19}$$

路堤浸水时，路堤的抗剪强度有所降低，表示为 S_B，其中部分原因是浮力作用下重力降低，Q 降低为 Q_B，假想相当于 φ 减少为 φ_B。此时如果其他条件不变，浸水后的路堤强度有两种数值相等的表示方法，即

$$Q_B\tan\varphi + cL = Q\tan\varphi_B + cL \tag{4-20}$$

可以得到：

$$\tan\varphi_B = \frac{Q_B}{Q}\tan\varphi \tag{4-21}$$

同一滑动体浸水前后的重力之比，实际上就相当于干与湿的重度之比，即

$$\tan\varphi_B = \frac{\gamma_B}{\gamma}\tan\varphi \tag{4-22}$$

以 φ_B 代替 φ 值，代入有关圆弧滑动面的稳定性计算式，即可求得相应的稳定系数。

2. 悬浮法

假想用水的浮力作用间接抵消动水压力对边坡的影响，即在计算抗滑力矩时，用降低后的内摩擦角反映浮力的影响，而在计算滑动力矩时，不考虑浮力作用，滑动力矩没有减小，用以抵偿动水压力的不利影响。悬浮法计算图式如图 4-15 所示。

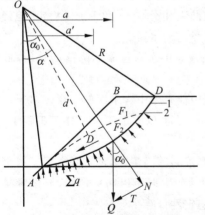

（1）未浸水时的作用力：

$$N = Q\cos\alpha_0$$
$$T = Q\sin\alpha_0 \tag{4-23}$$

式中，$Q = \gamma F = \gamma(F_1 + F_2)$；$\alpha_0 = \arcsin\dfrac{a}{R}$。

（2）路堤浸水后的附加作用力：

浮力：

$$\sum q = W = F_2\gamma_0 \tag{4-24}$$

水的重度在法向上的作用力

$$N' = W\cos\alpha'_0 \tag{4-25}$$

1—滑动面；2—降水曲线。

图 4-15　悬浮法计算图式

式中，$\alpha'_0 = \arcsin\dfrac{a'}{R}$。

（3）浸水后抗滑力矩 M_y，由浸水前抗滑力矩 M_{y1} 和浸水后附加抗滑力矩 M_{y2} 组成（近似取浸水前后土体参数不变）：

$$M_y = M_{y1} + M_{y2} = [(Q - W)\cos\alpha_0\tan\varphi + cL]R \tag{4-26}$$

（4）浸水后滑动力矩 M_0，由浸水前滑力矩 M_{01} 和浸水后附加滑力矩 M_{02} 组成：

$$M_0 = M_{01} + M_{02} = (F_1 + F_2)\gamma a + (Dd - F_2\gamma_0 a) \tag{4-27}$$

为简化计算，通常取 $M_{02} = 0$，即假想相互抵偿，则：

$$K = \frac{M_y}{M_{01}} = \frac{[(Q - W)\cos\alpha_0\tan\varphi + cL]R}{(F_1 + F_2)\gamma a} \tag{4-28}$$

3. 条分法

非浸水路堤的条分法基本相同，但是土条分成干燥、浸水两部分，并直接计入浸水后的浮力和动水压力作用（图 4-16）。

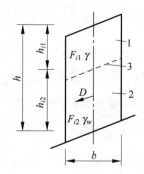

1—未浸水部分；2—浸水部分；3—降水线。

图 4-16　浸水土条示意图

滑动体的某一部分浸水土条，其重力 Q_i 由上干和下湿两部分组成。

$$Q_i = F_{i1}\gamma + F_{i2}\gamma_w \tag{4-29}$$

由此可得，浸水路堤的边坡稳定系数为

$$K = \frac{\sum N_i f_x + \sum c_x l_i}{\sum T_i + D(d/R)} \tag{4-30}$$

式中，动水压力 $D = F_2\gamma_0 I(\text{kN})$；浸水线的水力坡降 $I = \dfrac{1}{3000\sqrt{K_w}}$；$\gamma_0$ 为水的重度；d 为动水压力的力臂（m）；K_w 为填土的渗透系数（m/s）。

4.4　路基边坡抗震稳定性分析

4.4.1　震害与震力

地震会导致软弱地基沉陷、液化，挡土墙等结构物破坏，还会造成路基边坡失稳。路基边坡遭受震害的程度，除了与地震烈度有关外，主要取决于岩土的稳定状况，其中包括岩土的结构与组成等，同时亦与路基的形式与强度有关，其中包括路基高度、边坡坡度及路基的压实程度等。

《公路工程抗震规范》（JTG B02—2013）规定，对于地震烈度为8度或8度以上的地区，路基设计应符合防震的要求，其中包括软弱土地基加固，限制填挖高度，提高路基压实度，以及放缓边坡坡度等。

震级是衡量地震自身强度大小的等级，通常是根据地震仪的记录并按下列关系表示：

$$M = \tan A \tag{4-31}$$

式中，M 为震级（一般分为8级）；A 为距离震中100km处，标准记录的最大振幅（μm）。

地震烈度是地表面遭受地震影响的强弱程度。一次地震仅一个震级，但有几个烈度。世界各国的烈度划分不一，我国分为12度，并对全国各地的设计烈度作出规定。我国不同震级与震源深度所对应的震中烈度如表4-1所示。

地震时，地面产生地震波的加速度有水平与竖向之分。根据观测资料分析，地震波的最大水平加速度为最大竖向加速度的1.0～1.5倍，而且较多的记录资料是偏向于大1倍，设计时以此为准。

对于路基边坡，水平加速度 a 产生的水平力 P 危险性最大，设计时假定 P 垂直于边坡面，而且作用的方向朝外，此时对于边坡稳定最不利。

表 4-1　不同震级与震源深度所对应的震中烈度

震级	震源深度/m				
	5	10	15	20	25
2	3.5	2.5	2.0	1.5	1.0
3	5.0	4.0	3.5	3.0	2.5
4	6.5	5.5	5.0	4.5	4.0
5	8.0	7.0	6.5	6.0	5.5
6	9.5	8.5	8.0	7.5	7.0
7	11.0	10.0	9.0	9.0	8.5
8	12.0	11.5	11.0	10.5	10.0

设边坡滑动体的重力为 Q，则：

$$P = ma = \frac{Q}{g}a = K_H Q \tag{4-32}$$

式中，m 为滑动体的质量（kg）；g 为重力加速度（m/s^2）；K_H 为水平地震系数。

滑动体在重力和水平地震力的共同作用下，将产生一个偏移角 θ_s，称为地震角，由此可得 $\tan\theta_s = K_H$ 的关系。

实践证明，上述理论关系还需要引入修正系数 C_H，称为综合影响系数或结构系数，对公路边坡而言，抗震设计时取 $C_H = 0.25$，可以得到路基边坡稳定性分析中，实际采用的地震水平力为

$$P = 0.25 K_H Q \tag{4-33}$$

4.4.2 边坡抗震稳定性计算

1. 数解法

首先按照非地震地区的路基边坡稳定性分析方法,确定最危险的滑动面(直线或圆弧等),如图 4-17 所示;然后再考虑地震的作用力。

根据作用力及静力平衡原理,可得:

$$K = \frac{\left(\sum N - \sum N_s\right)f + cL}{\sum T + \sum T_s} \tag{4-34}$$

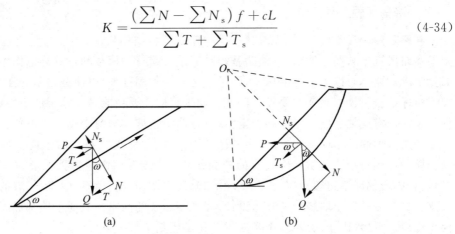

图 4-17 地震区边坡稳定性计算图

(a) 直线活动面;(b) 圆弧滑动面

2. 图解法

用力三角形的图解法,求各土条的法向力和切向力,具体方法与非地震区的路基稳定性计算基本相同,但考虑到地震角 θ_s,土条重力偏移方向如图 4-18 所示,以合理 Q_s 代替 Q 即可,且 $Q_s = \sqrt{Q^2 + P^2}$。

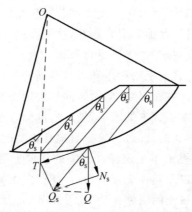

图 4-18 地震时条分法图解示意图

4.5　路基加固技术

近年来,随着公路、铁路的规模、发展程度以及车辆的荷载等不断增加,对路基的承载能力和变形沉降提出了越来越高的要求,同时亦使各种各样的路基处理技术、加固方法广泛地应用于路基工程建设中。

1. 路基加固工程的类型

在路基建设过程中,由于天然状态下的路基填料结构松散,强度与稳定性都较差,再加上某些路段处于软弱土地基上,使路基很难满足道路行车荷载和自然环境作用的要求,这就必然要求对路基予以人工再次压实,即进行必要的加固处理,以保证路基的强度与稳定性等技术指标符合设计与规范的要求。路基加固工程的主要功能是支撑天然边坡或人工边坡以保持土体稳定或加强路基强度和稳定性,以及防护边坡在水温变化条件下免遭破坏。

按路基加固的不同部位,可分为坡面防护加固、边坡支挡和软弱土地基加固三种类型。坡面防护加固是指路基防护中具有的加固作用;边坡支挡则包括挡土墙、护面墙、护肩墙、护坡、护脚墙的路基边坡支挡,以及支垛护脚、浸水墙、石笼、抛石、驳岸、护坡的堤岸支挡,边坡支挡最常见的挡土墙结构的具体设计,参见5.2节的内容。软弱土地基加固包括挤密法、换填土层法、排水固结法、碾压密实法以及化学固结法等。

2. 软弱土地基加固技术

软弱土地基加固技术在道路工程中已广泛应用并取得了良好的成效,而采用加固技术对路基进行综合加固处理,不仅可以加强路基的强度和稳定性,同时通过精心组织和严格管理,可缩短施工周期、降低工程投资。

通过路基加固技术对路基进行处理,其作用机理大致有土的置换、土的改良、土的补强等三类。其中,土的置换,就是将软土层的土换填为良质土,如砂垫层等;土的改良是在原有路基的基础上通过电、热、力学、化学等手段,使路基土固结,或增加路基土的密度;土的补强是为加强和改善路基土的剪切特性,采用绳网、薄膜、板桩等将路基土约束住,或者在土中放入抗拉强度高的补强材料以此形成复合路基,这极大地提高了路基的强度。

对于路基不符合道路工程要求、不能满足行车荷载要求时,需要对路基予以加固,传统的做法是在全部挖除并换填适宜的土层后压实以达到规范要求的密实度,进而保证路基的力学要求、足够强度及稳定性。然而,传统的做法固然会使路基得到加强,但在成本、进度方面都有较大的缺陷,如会造成施工成本的增加,施工进度的延迟等,因此,可采用局部换填的方法,即"换土垫层法"或"土的加筋补强法"等。目前常用的地基加固方法有以下几种。

(1) 换填土层法:将路基基底下一定深度范围的软弱土层挖除,置换上强度较大的砂、碎(砾)石、矿渣、素土或灰土,以及其他无侵蚀性、性能稳定土类,并予以压实,这有助于加速软弱土层的排水固结,消除膨胀土的胀缩作用,防止冻胀,减少路基沉降量,提高承载力,适用于暗沟、暗塘处理。

(2) 排水固结法:运用堆载预压,挤出路基土中过多的水分,以实现挤紧土粒、提高抗剪强度、达到加固的目的,此方法适用于加固包括天然沉积层和人工冲填土层的软弱路基,如水力冲积土、淤泥质土、淤泥及沼泽等,其效果的好坏取决于土层固结特性、厚度、预压荷载和预压时间。

(3) 机械碾压法:此方法是路基最常见的一种压实加固方法,即利用压路机或其他碾压机械的机械自重在路基表面来回开动,把松散的路基土压实加固,以增大路基土的不透水性,提高路基的强度与稳定性,减少路基在行车荷载作用下产生沉降,适用于低饱和度的黏性土、砂土、碎石土、杂填土等。

(4) 重锤夯实法:利用钢筋混凝土,制成锤底直径为 $1\sim1.5n$,重量$\geqslant1.5N$ 的截头圆锥体,通过强大的夯击效应,在地基中产生强烈的冲击波和动应力,迫使地基土动力固结密实,进而实现了路基土的加固,此法适用于地下水位在 0.8m 以下的稍湿的一般黏性土、湿陷性黄土、砂土和杂填土等。

(5) 桩基加固法:利用制孔机械设备在软土路基中钻孔,填入加固料制成桩,桩和软土构成复合地基,加固料和土体共同作用,提高路基承载力。根据填入孔中的加固料不同,桩基可分为碎石桩、生石灰桩、挤密砂桩等。

(6) 注入浆液法:包括劈裂注浆、渗透注浆、喷射注浆、压密注浆四种类型的注入浆液法,是利用气压、液压或电化学原理,通过注浆管把浆液均匀地注入路基的地层中,这些浆液以渗透、充填、挤密等方式将岩石裂隙中或土质颗粒间的水分或空气赶走,同时占据其位置,经人工控制一定时间后,浆液使原本松散的土料或裂隙胶结成一个强度大、结构新、防水性能高和化学元素稳定性好的整体。

(7) 深层搅拌法:此方法与注入浆液法有异曲同工之处,即利用石灰、水泥等材料作为固化剂的主要剂料,通过特制的深层搅拌机械,在原有路基的深处将软土与固化剂强制搅拌,搅拌过程中软土和固化剂之间会产生一系列物理、化学反应,最终使二者结合,形成软土硬结,从而得到具有水稳定性、整体性及一定强度的优质路基土。旋喷法的实现原理基本与深层搅拌法相同,浆液则以水泥浆液为主。

以上几种常见的路基加固方法,固然会增强路基的强度与稳定性,但无论哪种理论和技术,其存在与发展或多或少地具有一定的局限性,这就要求设计、施工单位在具体应用时,要避免盲目套用、不切实际,要在对路基具体情况、地质条件、周边环境、处理指标及范围、材料来源、工程费用、工程进度等方面予以综合考虑的基础上,因地制宜、统筹规划、科学合理地选择适宜的加固方法。

4.6　本章习题

习题答案

1. 名词解释

(1) 浸水路堤

(2) 排水固结法

(3) 换填土层法

(4) 强夯法

2. 简答题

(1) 简述圆弧法分析边坡稳定性的原理及方法。

(2) 在路基边坡稳定性验算中,已求得某个滑动面上的稳定系数 $K=1.5$,试问该路基边坡是否稳定？为什么？

（3）在路基边坡稳定性验算中,浸水路堤与普通路堤有何区别？

（4）在路基边坡稳定性分析中,有关的计算参数如何确定？

（5）简述陡坡路堤边坡稳定性分析的方法。

（6）直线滑动面法和圆弧滑动面法各自适用的条件是什么？

（7）圆弧法计算路基边坡稳定性时,圆心辅助线如何确定？

（8）路基稳定性分析所采用的工程地质法与力学验算法之间有何联系？

（9）试述换填土层法的原理。

（10）地基加固可采取哪些方法？各适用于什么场合？

3. 计算题

（1）已知：路基高度 15m,顶宽 10m,路基边坡为 1∶1.5,路基中心高度与边坡高度大致相同。路基填土为粉质中液限黏土,土的黏聚力 $c = 9.0$kPa,内摩擦角 25°,重度 $\gamma = 17$kN/m^3,车辆重力 800kN。试分析其边坡稳定性。

（2）已知：路基高度 14m,顶宽 10m,路基边坡为 1∶1.5,路基中心高度与边坡高度大致相同。路基填土为粉质中液限黏土,土的黏聚力 $c = 10.0$kPa,内摩擦角 25°,重度 $\gamma = 16$kN/m^3,车辆重力 800kN。高水位时水深为 7m。饱和后土的黏聚力为 10.0kPa,重度 2.6kN/m^3,孔隙率 30%,水力坡降 0.08,试分析其稳定性。

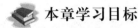

第5章

一般路基设计

本章学习目标

知识目标

(1) 能够阐述公路、铁路路基设计的一般要求、基本内容及横断面形式与尺寸。

(2) 能够说明路基工程的地面、地下排水设计。

(3) 能够解释路基防护工程的常用类型及其特点。

(4) 能够阐述路基附属设施的类型及其特点。

能力目标

(1) 能够设计一般路基的横断面形式与尺寸。

(2) 能够阅读一般路基工程的排水、防护及路基附属设施的设计图纸。

(3) 树立人与自然和谐共生的生态理念,促进高品质路基工程建设与发展。

PPT

5.1 一般路基设计要求与内容

一般路基是指在正常的地质和水文等条件下,填方边坡高度或挖方边坡高度不超过规范允许范围的路基。通常,一般路基可以结合当地的地形、地质情况,直接套用标准横断面图,而不必进行个别论证和验算。

5.1.1 路基设计的一般要求

路基设计应根据当地自然和工程地质条件,选择适当的路基横断面形式和边坡坡度,河谷地段不宜侵占河床,可视具体情况设置其他结构物和防护工程。

公路、铁路路基均属于带状结构,随着天然地面的高低起伏而标高各不相同,路基设计需根据路线平、纵、横设计,合理布置,为路面结构提供足够宽度的平顺路基。

路基承受行车荷载作用,主要在应力作用区的范围之内,此部分路基的强度与稳定性应满足规范规定,并通过路基路面综合设计的原则确定。坚固的路基,不仅是路面强度与稳定性的重要保证,而且能为延长路面使用寿命创造有利条件,所以路基路面的综合设计至关重要。

为了确保路基的强度与稳定性,使路基在外界因素作用下不至于产生不允许的变形,在路基的整体结构中还必须包括各项附属设施,其中有路基排水、路基防护,以及与路基工程直接相关的设施,如弃土堆、取土坑、护坡道、碎落台、堆料坪及错车道等。

5.1.2　公路路基设计的基本内容

由于路基标高与原地面标高有差异，且各路段岩土性质变化，各处附属设施的布置不尽相同，因此各路段的路基横断面形状差别很大。路基横断面形式的选定和各项附属设施的设计，都是路基设计的基本内容。公路路基设计的内容一般包括以下几个方面。

1. 路基主体工程

路基主体设计包括选择路基横断面形式，确定路基宽度、高度，以及边坡坡度，选择路堤填料与压实标准等。

2. 路基排水

根据沿线地表水流及地下水埋藏情况，进行沿线排水系统的总体布置，以及地面排水设施和地下排水设施的设计。

3. 路基防护

防护设计内容有坡面防护、冲刷防护及支挡结构物的布置、构造设计与计算等。

4. 路基工程的附属设施

附属设施设计包括取土坑与弃土堆、护坡道与碎落台、堆料坪与错车道等的布置和计算。

5.1.3　铁路路基设计的基本内容

铁路路基设计的基本内容包括以下几个方面。

（1）对铁路沿线地区自然条件的调查与勘测，收集所需的设计资料，如沿线地区地质、水文、地形、地貌，以及气象等资料。

（2）根据路线纵断面设计确定填挖高度，结合沿线地质、水文调查资料，设计路基主体，确定路基横断面形状及边坡坡度。对一般路基，可根据规范规定，按路基典型横断面直接绘制路基横断面图。对工程地质和水文地质条件复杂或路基高度超过规范规定，或虽不超过规范规定，但具体工程有一定要求时，需进行个别设计。

（3）根据铁路沿线地面水和地下水流情况，进行排水系统的总体布置，以及地面、地下排水结构物的设计。

（4）视路段需要，进行坡面防护、冲刷防护和支挡结构物的布置与设计计算。

（5）路基工程的其他设施，如取土坑、弃土堆和护坡道等的布置与设计计算。

5.2　公路路基横断面形式与尺寸设计

5.2.1　公路路基横断面形式及特点

公路路线设计确定的路基标高与天然地面标高通常不相同，路基设计标高低于天然地面时,需要开挖;路基设计标高高于天然地面时,需要填筑。由于填挖情况的不同,典型的路基横断面形式可归纳为路堤、路堑、填挖结合路基和不填不挖路基四种形式。

1. 路堤

路堤是指高于原地面的填方路基,在结构上分为上路堤和下路堤,上路堤是指路面以下 $0.80\sim1.50\mathrm{m}$ 范围内的填方部分,下路堤是指上路堤以下的填方部分。

按路堤的填土高度不同,划分为矮路堤、一般路堤和高路堤。填方边坡高度低于 $1\mathrm{m}$ 者属于矮路堤;填方边坡高度高于 $1\mathrm{m}$ 且低于 $20\mathrm{m}$ 者属于一般路堤;填方边坡高度高于 $20\mathrm{m}$ 者属于高路堤。随其所处的条件和加固类型的不同,还可分为沿河路堤、护脚路堤和挖渠填筑路堤等,具体横断面结构示意图如图 5-1 所示。

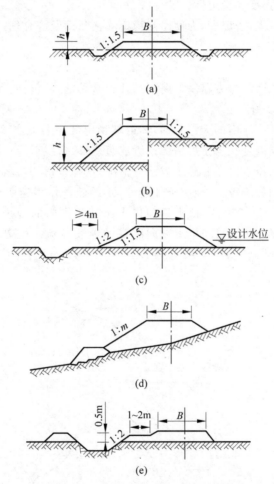

图 5-1　路堤的几种常见横断面形式
(a) 矮路堤;(b) 一般路堤;(c) 沿河路堤;(d) 护脚路堤;(e) 挖渠填筑路堤

由于路堤通风良好,排水方便,且为人工或机械填筑,对填料的性质、状态和密实程度可以按要求加以控制。因此,路堤形式的路基病害相对较少,是工程界经常采用的一种形式。

　　一般路堤可按常规设计,采用规定横断面尺寸,不作特殊处理。原地面倾斜的全填路堤,当倾斜度陡于1∶5时,需将原地面挖成台阶(土质地面),台阶宽度等于或大于1.0m,向内倾斜1%～2%,或将原地面凿毛(石质地面)。原地面倾斜度陡于1∶2时,则宜设置石砌护脚等横断面形式。一般路堤可不设边沟。沿河路堤浸水部分,其边坡应按规定放缓或采取防护措施。地面横坡较陡时,为防止填方沿山坡向下滑动,并节省用地,可设置石砌护脚或挡土墙。

　　矮路堤易受地面水的影响,设计时路基两侧均应设置边沟以满足最小填土高度要求,力求不低于规定的临界高度,使路基处于干燥或中湿状态。矮路堤的高度通常接近或小于路基工作区深度,除填方路堤本身要满足规定的施工要求外,天然地面也应按规定进行压实,达到相应的压实度,必要时基底需加特殊处理与加固,如清除基底、换土、设隔离层、排出地下水等,以保证路基的强度和稳定性。

　　高路堤的填方数量大,占地多,为使路基稳定和横断面经济合理,需进行个别设计。

2. 路堑

　　路堑是指低于原地面的挖方路基。路堑的几种常见形式,包括全挖路基、台口式路基和半山洞路基等,如图5-2所示。

　　路堑的开挖破坏了原地面的天然平衡,其边坡稳定性主要取决于地质、水文、边坡坡度和高度。挖方边坡可视高度和岩土层情况设置成直线形、折线形或台阶形,并根据地质和水文地质条件、边坡高度、排水措施和施工方法等情况,选择合适的边坡率。

　　水文状况对路堑的影响较大,地质条件越差,水的破坏作用越明显。因此,路堑排水至关重要。挖方的坡脚处设置边沟,以汇集和排出路基范围内的地表径流。路堑的上方应设置一道或多道截水沟,以拦截和排出流向路基的地表径流。挖方弃土应设置在路堑下方。开挖边坡坡面易风化时,在坡脚处应设置1.0～1.5m的碎落台,坡面可采取防护措施。

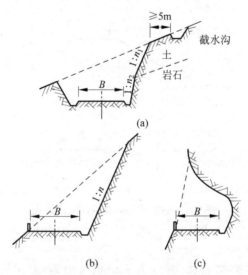

图 5-2　路堑的几种常用横断面形式

(a) 全挖路基;(b) 台口式路基;(c) 半山洞路基

挖方路基土层地下水文状况不良时,常发生水分积聚现象,可能导致路面的破坏。所以路堑以下的天然土层,要压实至规定的密实程度,必要时还需翻挖重新分层填筑或换土,或采取加铺隔离层,设置必要的地下排水设施等措施予以处理。

陡峭山坡上的半路堑,路中线宜向内侧移动,尽量采用台口式路基,如图 5-2(b)所示,避免路基外侧出现少量填方。遇有整体性的坚硬岩层,为节省石方工程,可采用半山洞路基,如图 5-2(c)所示。

路堑由天然地层开挖而成,其构造取决于当地的自然条件,如岩土类型、地质构造、水文等。此外路堑呈巷道式,受排水、通风、日照等影响,病害多于路堤,且行车视距差、行车条件和景观要求亦有所降低,施工难度大。所以设计时,应尽量少用很深的长路堑,必要时要选用合适的边坡率及边坡形式,以确保边坡的稳定可靠。同时加强排水,处理基底,保证基底不致产生水温情况的恶化。在确定路线走向和进行路线平、纵面设计时,要兼顾到日照、积雪、通风等因素,尽可能选用大半径平竖曲线与缓和的纵、横坡度等技术指标,并满足平面、纵面线形的组合设计要求,兼顾道路景观和环境协调,以改善路堑的行车条件。

3. 填挖结合路基

填挖结合路基是指在一个横断面内,部分为路堤、部分为路堑的路基。

填挖结合路基的几种常见横断面形式如图 5-3 所示。位于山坡上的路基,通常取路中心的标高接近原地面的标高,以减少土石方数量,保持土石方的横向平衡,形成填挖结合路基。若处理得当,路基稳定可靠,是相对比较经济的一种断面形式。

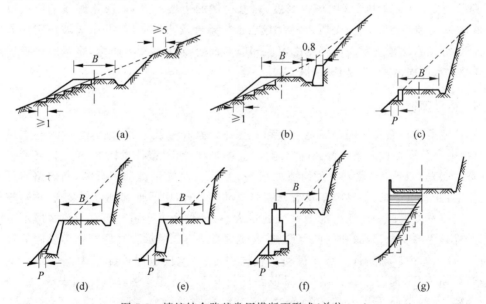

图 5-3　填挖结合路基常用横断面形式(单位:m)

(a)一般挖填路基;(b)矮挡土墙路基;(c)护肩路基;(d)砌石护坡路基;
(e)砌石护墙路基;(f)挡土墙支撑路基;(g)半山桥路基

从路基稳定性需要考虑,陡坡路基一般应"宁挖勿填"或"多挖少填";在陡峭山坡上,尤其是沿溪路线,为减少石方的开挖数量,避免大量废方阻塞溪流,有时又需要少挖多填。因此，填挖结合路基，在选定路线和线形设计时，应统一安排，进行路线的平、纵、横三者综合设计，权衡利弊，择优而定。

填挖结合路基兼有路堤和路堑两者的特点，上述对路堤和路堑的要求均应满足。

4. 不填不挖路基

不填不挖路基的基本横断面形式如图 5-4 所示。这种路基虽然节省土石方，但排水非常不利，且原状土密实程度往往不能满足要求，容易发生水淹、雪埋、沉陷等病害，因此，应尽量少用或不用该类路基，干旱的平原区和丘陵区、山岭区的山脊线方可考虑。为保证路基的稳定性，需要检查路槽底面以下 30cm 范围内的密实程度，必要时翻松原状土重新分层碾压，或采用换填土层。同时路基两侧应设置边沟，以利于排水。

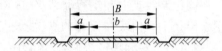

B—路基宽度；b—路面宽度；a—路肩宽度。

图 5-4　不填不挖路基的基本横断面形式

5.2.2　公路路基横断面尺寸的选用

路基宽度、高度和边坡坡度是路基设计的基本要素。公路路基宽度取决于公路技术等级；路基高度（包括路中心线的填挖高度、路基两侧的边坡高度）取决于路线的纵坡设计及地形；路基边坡坡度取决于土质、地质构造、水文条件及边坡高度，并由边坡稳定性和横断面经济性等因素比较确定。就路基稳定性和横断面经济性的要求而论，路基的边坡坡率及相应的防护、加固措施，是路基设计的基本内容。

1. 路基宽度

路基宽度为路面及两侧路肩宽度之和。高速公路和一级公路，路基宽度内还需设置中间带（由中央分隔带加两条左侧路缘带组成）。根据《公路工程技术标准》规定的各级公路的路基宽度如表 5-1 所示，路基宽度组成如图 5-5 所示。路面供机动车行驶，两侧路肩可保护路面稳定，并兼供错车、临时停车及行人和非机动车通行，中间带起到分隔交通、诱导视线的作用。路面宽度根据设计通行能力及交通量大小而定，每个车道宽度如表 5-2 所示。中间带应设置必要的安全、防眩和导向等设施，其宽度如表 5-3 所示。路肩宽度由公路等级和交通情况而定，城镇近郊的行人与非机动车较集中，路肩宽度应尽可能增大，一般取 1～3m，并铺筑硬质面层，提高路肩利用率，保证路面行车不受干扰，路肩宽度如表 5-4（a）所示；高速公路、一级公路采用分离式断面时，应设置左侧硬路肩，其宽度应符合表 5-4（b）的规定。

公路路基宽度因技术等级及具体要求的不同，除上述宽度外，必要时还应包括变速车道、爬坡车道、慢行道以及路用设施（如护栏、照明、绿化）等可能占用的宽度。

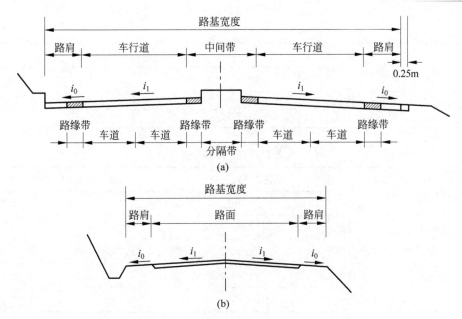

图 5-5　公路路基宽度组成图

（a）高速公路和一级公路；（b）二、三、四级公路

表 5-1　公路路基宽度

公 路 等 级		高速公路、一级公路								
设计车速/(km·h^{-1})		120			100			80		60
车道数		8	6	4	8	6	4	6	4	4
路基宽度/m	一般值	45.00	34.50	28.00	44.00	33.50	26.00	32.00	24.50	23.00
	最小值	42.00	—	26.00	41.00	—	24.50	—	21.50	20.00
公 路 等 级		二级公路、三级公路、四级公路								
设计车速/(km·h^{-1})		80	60	40	30	20				
车道数		2	2	2	2	2 或 1				
路基宽度/m	一般值	12.00	10.00	8.50	7.50	6.50（双车道）		4.50（双车道）		
	最小值	10.00	8.50	—	—					

表 5-2　车道宽度

设计车速/(km·h^{-1})	120	100	80	60	40	30	20
车道宽度/m	3.75	3.75	3.75	3.50	3.50	3.25	3.00（单车道时为 3.50）

表 5-3　中间带宽度 　　　　　　　　　　　　　　　　　　　　m

宽　　度		设计车速/(km·h^{-1})			
		120	100	80	60
分隔带宽度	一般值	3.00	2.00	2.00	2.00
	最小值	2.00	2.00	1.00	1.00
左侧路缘带宽度	一般值	0.75	0.75	0.50	0.50
	最小值	0.75	0.50	0.50	0.50

续表

宽　　度		设计车速/(km·h⁻¹)			
		120	100	80	60
路基宽度	一般值	4.50	3.50	3.00	3.00
	最小值	3.50	3.00	2.00	2.00

表 5-4(a)　路肩宽度　　　　　　　　　　　m

设计速度/(km·h⁻¹)		高速公路、一级公路				二级公路、三级公路、四级公路			
路肩宽度		120	100	80	60	80	60	40	30	20
右侧硬路肩宽度	一般值	3.00 或 3.50	3.00	2.50	2.50	1.50	0.75	—	—	—
	最小值	3.00	2.50	1.50	1.50	0.75	0.25			
土路肩宽度	一般值	0.75	0.75	0.75	0.50	0.75	0.75	0.75	0.50	0.25(双车道)
	最小值	0.75	0.75	0.75	0.50	0.50	0.50			0.50(单车道)

表 5-4(b)　分离式断面高速公路、一级公路左侧路肩宽度　　　　　　m

路肩宽度	设计车速/(km·h⁻¹)			
	120	100	80	60
左侧硬路肩宽度	1.25	1.00	0.75	0.75
左侧土路肩宽度	0.75	0.75	0.75	0.50

2. 路基高度

路基高度指路基设计标高与原地面标高之差,亦称为路基填挖高度或施工高度。路基设计高程:一般公路指路肩外缘的设计高程;高速公路和一级公路指中央分隔带外侧边缘的设计高程。由于原地面往往是倾斜的,因此,路基宽度范围内的路基高度有差别,为此,路基高度指路基中心线处设计标高与原地面标高之差。边坡高度指填方坡脚或挖方坡顶标高与路基边缘的相对高差。当原地面平坦时,路基两侧边坡高度相等,而山坡地面上两者不等。

路基高度由路线纵坡设计确定。确定时,要综合考虑地形、地质、地貌、水文等自然条件,桥涵等构造物与交叉口的控制高度,纵向坡度的平顺,土石方工程数量的平衡,以及路基的强度与稳定性等因素,以得出合理的路基高度。

由于深路堑挖方工程量大,施工面狭窄,行车条件差,边坡稳定性差;高填方占地面积大,工程量集中,且往往同桥涵等人工构造物连成一体,受水的浸蚀和冲刷较严重,因此,从路基稳定性出发,在填挖较大的路段,要认真考虑路基的深挖与高填的可行性,并进行单独设计。

路堤的最小填筑高度,应根据临界高度,并结合沿线具体条件和排水及防护措施,按照公路等级及相关的规定确定,一般应保证路基处于干燥或中湿状态。

沿河及受水浸淹的路基,其高度一般应根据《公路工程技术标准》所规定的设计洪水频率(表 5-5),求得设计水位,再增加 0.5m 的安全高度;如果河道因路堤压缩河床而使上游有壅水,或河面宽阔而有风浪,那么还应增加壅水的高度和波浪冲上路堤的高度。沿河浸水路堤的高度,应高出上述各值之和,以保证路基不致被淹没,并据此进行路基的防护与加固设计。

表 5-5　路基设计洪水频率

公路等级	高速公路	一	二	三	四
设计洪水频率	1/100	1/100	1/50	1/25	按具体情况确定

3. 路基边坡坡度

路基边坡即路肩的外边缘与坡脚(路堑则为边沟外侧沟底与坡顶)所构成的坡面,是支撑路基主体的重要组成部分。路基边坡坡度,习惯上用边坡的高度与宽度的比值来表示,并取高度为 1,通常用 1：m(路堤)或 1：n(路堑)表示其坡率,称为边坡坡率,如 1：0.5、1：1、1：1.5 和 1：1.75 等。

路基边坡坡度的大小直接影响路基的稳定性和工程数量。坡度大,稳定性差,但工程数量少,坡度过大则边坡易产生滑塌等病害;坡度小,稳定性好,但工程数量大。因此,正确合理地确定边坡坡度,是公路横断面设计的主要内容之一。路基边坡坡度的大小,取决于边坡的高度和土壤的性质,且与当地的气候、水文地质等自然因素有关,选择时必须全面考虑,力求合理。在陡坡或填挖较大的路段,边坡坡度不仅影响到土石方工程量和施工的难易,而且是路基整体稳定性的关键。一般路基的边坡坡度可根据多年工程实践经验和设计规范推荐的数值采用。

1) 路堤边坡

路堤的边坡坡度,应根据填料的物理力学性质、气候条件、边坡高度以及基底的工程地质和水文地质条件进行合理的选择。

(1) 填土路堤边坡

当地质条件良好,边坡高度不大于 20m 时,其边坡坡度不宜陡于表 5-6 的规定值。对边坡高度大于 20m 的路堤,边坡形式宜采用阶梯形,边坡坡度必须进行稳定性分析计算确定,并应进行个别设计。

表 5-6　路堤边坡坡度

填 料 类 别	边坡坡度	
	上部高度($H \leqslant 8$m)	下部高度($H \leqslant 12$m)
细粒土	1：1.5	1：1.75
粗粒土	1：1.5	1：1.75
巨粒土	1：1.3	1：1.50

浸水路堤在设计水位以下部分的边坡坡度,不宜陡于 1：1.75。

必要时为了便于汽车驶下公路进行疏散,在平原微丘区高度不超过 1.0m 的路堤,如用地条件许可,可采用不陡于 1：3 的边坡。

(2) 砌石路基边坡

砌石路基应选用当地不易风化的片、块石砌筑,内侧填石;岩石风化严重或软质岩石路段不宜采用砌石路基。砌石顶宽不小于 0.8m,基底面向内倾斜,砌石高度不宜超过 15m。砌石内、外坡率不宜大于表 5-7 的规定值。

表 5-7　砌石路基边坡坡度

序　号	砌石高度/m	内边坡度	外边坡度
1	≤5	1：0.3	1：0.50
2	>5,≤10	1：0.5	1：0.67
3	>10,≤15	1：0.6	1：0.75

2）路堑边坡

（1）土质路堑边坡

土质路堑边坡形式及坡度应根据工程地质条件、边坡高度、排水措施、施工方法，并结合自然稳定和人工边坡的调查及力学分析综合确定。边坡高度不大于 20m 时，边坡坡度不宜大于表 5-8 的规定值。边坡高度大于 20m 时，应进行个别勘察设计。

表 5-8　土质路堑边坡坡度

土 的 类 别		边 坡 坡 度
黏土、粉质黏土、塑性指数大于 3 的粉土		1：1
中密以上的中砂、粗砂、砾砂		1：1.50
卵石土、碎石土、圆砾土、角砾土	胶结和密实	1：0.75
	中密	1：1

注：黄土、红黏土、高液限土、膨胀土等特殊土质挖方边坡形式及坡度应按有关规定确定。

（2）岩质路堑边坡

岩质路堑边坡形式及坡度应根据工程地质与水文地质条件、边坡高度、施工方法，并结合自然稳定和人工边坡的调查综合确定。必要时可采用稳定性分析方法予以验算。边坡高度不大于 30m 时，无外倾软弱结构面的边坡坡度按表 5-9 确定。

对于有外倾软弱结构面的岩质边坡、坡顶边缘附近有较大荷载的边坡、边坡高度超过表 5-9规定范围的边坡，边坡坡度应通过稳定性分析计算确定。硬质岩石挖方路基宜采用光面、顶裂爆破技术。边坡高度大于 20m 的软弱松散岩质路堑，宜采用分层开挖、分层防护和坡脚预加固技术。岩石挖方边坡高度大于 30m 时，应进行高边坡个别处理设计。

表 5-9　岩质路堑边坡坡度

边坡岩体类型	风化程度	边坡坡度	
		$H<20m$	$20m≤H<30m$
Ⅰ 类	未风化、微风化	1：0.1～1：0.3	1：0.1～1：0.3
	弱风化	1：0.1～1：0.3	1：0.3～1：0.5
Ⅱ 类	未风化、微风化	1：0.1～1：0.3	1：0.3～1：0.5
	弱风化	1：0.3～1：0.5	1：0.5～1：0.75
Ⅲ 类	未风化、微风化	1：0.3～1：0.5	
	弱风化	1：0.5～1：0.75	
Ⅳ 类	弱风化	1：0.5～1：1	
	强风化	1：0.75～1：1	

注：1. 有可靠的资料和经验时，可不受本表限制；

　　2. Ⅳ类强风化包括各类风化程度的极软岩。

3）护坡道

护坡道的作用是减缓路堤边坡的平均坡度，是保证路堤稳定的措施之一。一般情况下，当路堤填土高度小于或等于 2m 时可不设护坡道；当路堤填土高度大于 2m 时，应设置宽度为 1m 的护坡道；当路堤填土高度大于 6m 时，应设置宽度为 2m 的护坡道。为利于排水，护坡道表面应做成向外侧倾斜 2％的横坡。

5.3 铁路路基横断面形式与尺寸设计

铁路路基横断面设计包括路基本体设计和路基附属结构设计。在各种路基形式中，为了能按线路设计要求铺设轨道而构筑的部分，称为路基本体。路基横断面设计主要对路基本体的各组成部分如路基面、路肩、填料、基床、边坡、路基基底等部分按照规范进行设计，如图 5-6 所示。

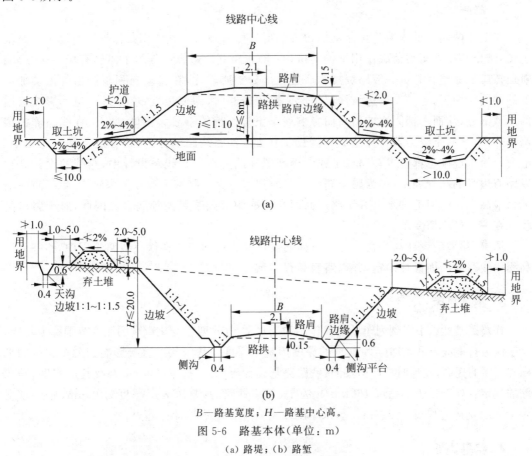

B—路基宽度；H—路基中心高。

图 5-6 路基本体（单位：m）

（a）路堤；（b）路堑

5.3.1 铁路路基横断面形式及特点

1. 路基面

为了铺设轨道而设置的作业面，称为路基顶面或简称路基面。在路堤中，路基面即为路堤堤身的顶面,也称路堤顶面;在路堑中,路基面即为堑体开挖后形成的构造面。

为了便于排水,路基面的形状应该设计为三角形路拱,由路基中心线向两侧设 4% 的人字排水坡,使雨水能够尽快排出,避免路基面积水使土浸湿软化,保证路基土体的稳定。一般这样形成的单线路基的路拱高约 0.15m,一次修筑双线路基的路拱高约 0.2m。曲线加宽时,路拱仍保持三角形。

站场内路基面的形状可根据站内股道数目的多少选用单坡形、人字坡形或锯齿形,路基面的横向排水坡度为 2%~4%,并在低谷处设置排水设备。

不同填料的基床表层衔接时,应设长度不小于 10m 的渐变段,渐变段应在路肩设计高程较高的段内逐渐顺坡至路肩设计高程较低处。渐变段的基床表层应采用相邻填料中较好的填料填筑。双线铁路中并行等高地段与局部单线地段连接时,应在局部单线地段内逐渐顺坡至并行等高地段,其顺坡长度要大于 10m。

2．路肩

路基面两侧自道床坡角至路基面边缘的部分称为路肩。其作用是保护轨道以下的路基土体,防止其在列车动荷载作用下侧向挤动;防止路基面边缘部分的土体稍有塌落时,影响轨道道床的完整状态。一般路堤浸水后边坡部分土质软化,在自重与列车产生的振动加速度的共同作用下,容易发生边坡浅层坍滑。路肩较宽时,即使边坡发生坍滑,也不影响路堤的承载部分,从而可使因边坡坍滑而影响列车正常运行的事故大幅度减少。在线路养护维修作业中,路肩是线路器材存放处和辅助工作面;铁路线路的标志,信号设备和有些通信、电力及给水设施也都设置在路肩上或设槽埋置在路肩下。在线路设计中,路基的设计高程以路肩边缘的高程表示,称为路肩高程。路肩高程应保证路基不致被洪水淹没,也不致在地下水最高水位时因毛细水上升至路基面而产生冻胀或翻浆冒泥等病害。因此,对于路肩高程存在一个最小值要求。

通常,路肩的设计高程在线路平纵断面设计时先行确定。在铁路线路工程中,路基面的高程由线路纵断面设计确定,并以路肩高程表示。

3．路基基床

铁路路基面以下受到列车动荷载作用和受水文、气候四季变化影响的深度范围称为基床,一般认为自重应力占附加应力 20% 的深度为基床厚度。基床状态直接影响到列车运行的平稳和速度的提高,设计时应严格按照《铁路路基设计规范》对基床厚度、填料及其压实度、排水等的规定:对于时速不超过 160km/h 的Ⅰ、Ⅱ级铁路,其基床表层厚度为 0.6m,底层厚度为 1.9m,基床总厚度为 2.5m。基床厚度以路肩施工高程为计算起点。

4．路基边坡

在路堤的路肩边缘以下和在路堑路基面两侧的侧沟外,因填挖而形成的斜坡面,称为路基边坡。边坡与路基顶面的交点称为肩顶。边坡与地面的交点,在路堤中称为坡脚;在路堑中称为路堑堑顶边缘,其高程与路肩高程的差为路堑边坡高度。路堤的边坡高度为路肩高程与坡脚高程之差。边坡的形状在路基中常修筑成单坡形、折线形和阶梯形,每一坡段坡面的斜率在边坡断面图上取上下两点间的高差与水平距离之比表示,当高差为 1 单位长时,

水平距离经折算为 m 单位长,则斜率为 $1:m$。在路基本体构造中,边坡的形状和坡度的缓陡对路基本体的稳定和工程费用有重要影响。

5. 路基基底

路堤填土的天然地面以下受填土自重及轨道、列车荷载作用的部分称为路堤基底。路堑边坡土体内和堑底路基面以下的地基内因开挖而产生应力变化的部分称为路堑基底。基底部分土体的稳固性,对整个路基本体以及轨道的稳定性都是极为关键的,特别是在软弱土的基底上修建路堤,必须对基底作妥善处理,以免危及行车安全与正常运营。

路基的基底相当于建筑物的地基,应该满足承载力的要求。对于Ⅰ级线路,天然地基基础承载力最低不小于 150kPa,对于Ⅱ级线路则不小于 120kPa;或者对于Ⅰ级线路,静力触探比贯入阻力 P_s 不小于 120kPa,Ⅱ级线路 P_s 值不小于 100kPa,否则需要对天然地基进行处理。根据软弱土层的性质、厚度、含水率、地表积水等情况进行排水、换填、抛石挤淤或填砂砾石等地基处理。

5.3.2　铁路路基横断面尺寸的选用

1. 路基面宽度

路基面宽度等于道床覆盖的宽度加上两侧路肩的宽度。区间路基面宽度应根据列车设计运行速度、远期采用的轨道类型、正线数目、线间距、曲线加宽、路肩宽度、养路形式、接触网立柱的设置位置等计算确定,特殊情况下还要考虑光缆、电缆及声屏障等基础设置。

表 5-10　直线地段路基面宽度

项　　　目			单位	Ⅰ级铁路					Ⅱ级铁路		
				特重型		重型			次重型	中型	轻型
旅客列车设计行车速度			km·h^{-1}	＞160	120～160	＞160	120～160	＜120	≥100,＜120	≥80,＜100	＜80
双线间距			m	4.2	4.0	4.2	4.0	4.0	4.0	4.0	4.0
道床顶面宽度			m	3.5	3.5	3.4	3.4	3.4	3.3	3.0	2.9
基床表层类型	土质	道床厚度	m	0.5	0.5	0.5	0.5	0.5	0.45	0.4	0.35
		单线　路堤	m	7.9	7.9	7.8	7.8	7.8	7.5	7.0	6.3
		单线　路堑	m	7.5	7.5	7.4	7.4	7.4	7.1	6.6	5.9
		双线　路堤	m	12.3	12.1	12.2	12.0	12.0	11.7	11.2	10.5
		双线　路堑	m	11.9	11.7	11.8	11.6	11.6	11.3	10.8	10.1
	硬质岩石	道床厚度	m	0.35	0.35	0.35	0.35	0.35	0.3	0.3	0.25
		单线路堑	m	6.9	6.9	6.8	6.8	6.8	6.5	6.2	5.7
		双线路堑	m	11.3	11.3	11.2	11.0	11.0	10.7	10.4	9.9
	级配碎石或级配砂砾石	道床厚度	m	0.3	0.3	0.3	0.3				
		单线　路堤	m	7.1	7.1	7.0	7.0				
		单线　路堑	m	6.7	6.7	6.6	6.6				
		双线　路堤	m	11.5	11.3	11.4	11.2				
		双线　路堑	m	11.1	10.9	11.0	10.8				

路肩宽度对于线路的维护和路基边坡的稳定性有着重要影响。路肩宽度大,有利于维

修作业的开展,也有利于路基边坡的稳定,当然工程造价也大。《铁路路基设计规范》规定了时速 160km/h 以内,I、II级线路的路肩宽度为:路堤不应小于 0.8m,路堑不应小于 0.6m。

一般情况下,《铁路路基设计规范》对区间直线地段的路基面宽度规定如表 5-10 所示。

在曲线地段,由于曲线轨道的外轨设置超高、外侧道床加厚、道床坡脚外移,故曲线外侧的路基面应加宽,其加宽值可按各级铁路的最大允许超高度计算确定。曲线外侧路基面的加宽量应在缓和曲线范围内线性递减。我国现行的《铁路路基设计规范》中规定的区间单线曲线地段,路基面加宽值如表 5-11 所示。双线和多线曲线地段路基面宽度除按表 5-11 规定的数值加宽外,还应根据双线间距、外轨超高度、道床宽度及其坡度、路拱形状等计算确定,确保规定的安全行车空间所需的线间距加宽值。双线曲线地段线间距加宽原因是当两线列车交会时,外线车辆中部向内偏移而内线车辆两端向外偏移,使行车安全空间被压缩;若外线超高值大于内线超高值,则两线上行驶的车辆顶部相互靠近,也减少了行车安全空间。

表 5-11　曲线地段路基面加宽值

铁路等级	旅客列车设计行车速度/(km·h^{-1})	曲线半径 R/m	路基面外侧加宽值/m
I 级铁路	160	≥1600,<2000	0.4
		≥2000,<3000	0.3
		≥3000,<10000	0.2
		≥10000	0.1
	140	≥1200,<1400	0.4
		≥1400,<2000	0.3
		≥2000,<6000	0.2
		≥6000	0.1
II 级铁路	120	≥800,<1200	0.4
		≥1200,<1600	0.3
		≥1600,<5000	0.2
		≥5000	0.1
III 级铁路	100	≥600,<800	0.4
		≥800,<1200	0.3
		≥1200,<4000	0.2
		≥4000	0.1
	80	≥500,<600	0.3
		≥600,<1800	0.2
		≥1800	0.1

对于有特殊要求的线路和各种非标准轨距的线路等,可建立公式对路基面宽度进行计算,以满足特定道床覆盖宽度和所需路肩宽度的要求。

2. 路基基床的厚度

我国已建的各类铁路路基基床厚度及部分国外铁路路基基床厚度分别如表 5-12 和表 5-13 所示。由表可知,我国铁路现行规范中的基床厚度除了小于日本的外,与其他国家的比较接近;基床表层厚度与其他国家的基本一致。

表 5-12　我国部分铁路路基基床厚度　　　　　　　　　　　　　　　m

铁路类型		高速铁路	秦沈客运专线	广深铁路	大秦重载铁路	《铁路路基设计规范》(TB 10001—2016)			《建筑抗震设计规范》(GB 50011—2010)	
						Ⅰ	Ⅱ	Ⅲ	Ⅰ (10Mt以上)	Ⅰ、Ⅱ、Ⅲ (10Mt以下)
基床厚度	表层	0.7	0.6	0.7	0.6	0.6	0.5	0.3	0.5	0.3
	底层	2.3	1.9	1.8	1.9	1.9	0.7	0.9	0.7	0.9

表 5-13　部分国外铁路基床厚度　　　　　　　　　　　　　　　　m

位置	国　家				
	日本	美国	德国	法国	俄罗斯
表层	0.5、0.8	设计确定	0.5	0.6	0.3~0.5
底层	2.5、2.2	0.22	1.3	—	1.0

1）路堤基床

高度小于 2.5m（或小于基床标准厚度）的低路堤，基床表层范围内的天然地基土的土质和天然密实度要达到规范对基床表层填料和压实质量的要求。基床底层范围内天然地基要有足够的承载力。基床底层范围内的天然地基承载力：对于Ⅰ级线路，不小于 180kPa，或者 P_s 值不小于 1.5MPa；对于Ⅱ级线路，不小于 150kPa，或者 P_s 值不小于 1.2MPa。

2）路堑基床

路堑基床的表层与路堤基床表层在填料的选择和压实标准上具有同等的要求。基床底层范围内的天然地基承载力：对于Ⅰ级线路，不小于 150kPa，或者 P_s 值不小于 1.2MPa；对于Ⅱ级线路，不小于 120kPa，或者 P_s 值不小于 1.0MPa。

3. 路基边坡的坡度

1）路堤边坡

路堤边坡形式和坡度应根据填料的物理力学性质、边坡高度、列车荷载和地基条件等情况综合确定。

当地基条件良好，边坡高度不大于表 5-14 的范围时，其边坡形式和坡度应按表 5-14 取值。当路堤边坡高度大于表 5-14 的范围时，其超出的下部边坡形式和坡度，应根据填料的性质由稳定分析计算确定。

表 5-14　路堤边坡形式和坡度

填料名称	边坡宽度/m			边坡坡度			边坡形式
	全部宽度	上部宽度	下部宽度	全部坡度	上部坡度	下部坡度	
细粒土、易风化的软块石	20	8	12	—	1:1.5	1:1.75	折线形
粗粒土、漂石土、卵石土、碎石土、不易风化的软块石	20	12	8	—	1:1.5	1:1.75	折线形

续表

填料名称	边坡宽度/m			边坡坡度			边坡形式
	全部宽度	上部宽度	下部宽度	全部坡度	上部坡度	下部坡度	
硬块石	8	—	—	1：1.3	—	—	直线形
	20	—	—	1：1.5	—	—	直线形

2）路堑边坡

（1）土质路堑边坡

土质路堑边坡形式及坡度应根据工程地质、水文地质条件、土的性质、边坡高度、排水措施、施工方法，并结合自然稳定山坡和人工边坡的调查及力学分析综合确定。

边坡高度不大于20m时，边坡坡度可按表5-15设计；边坡高度大于20m时，其边坡形式及坡度应按现行规范有关规定并结合边坡稳定性分析计算确定，最小稳定安全系数应为1.15～1.25。在碎石类土、砂类土及其他土质路堑中，应在侧沟外侧设置平台，其宽度应视边坡高度和土的性质决定，不宜小于1m。当边坡全部设防护加固工程时，可不设平台。不同地层组成的较深路堑，宜在边坡中部或不同地层分界处设置平台，并在平台上设置截水沟或挡水墙，平台宽度不宜小于2m。

表 5-15　土质路堑边坡坡度

土的类别		边坡坡度
黏土、粉质黏土、塑性指数大于3的粉土		1：1～1：1.5
中密以上的中、粗、砾砂		1：1.5～1：1.75
漂石土、块石土、卵石土、碎石土、圆砾土、角砾土	胶结和密实	1：0.5～1：1.25
	中密	1：1.25～1：1.5

（2）岩质路堑边坡

岩质路堑边坡形式及坡度应根据工程地质、水文地质条件、岩性、边坡高度、施工方法，并结合岩体结构、结构面产状、风化程度和地貌形态以及自然稳定边坡和人工边坡的调查综合确定。特殊情况下可采用稳定分析方法予以验算。

强风化及全风化的岩石路堑，可根据岩性及边坡高度设置平台和排水设备。边坡高度不大于20m时，边坡坡度可按表5-16的规定设计；边坡高度大于20m的硬质岩路堑，根据岩体结构、结构面产状、岩性，并结合施工影响范围内既有建筑物的安全性要求，可采用光面、预裂爆破技术；边坡高度大于20m的软弱松散质岩路堑，当岩层风化破碎、节理发育时，根据边坡工程地质条件，结合机械化施工的工艺特点，宜采用分层开挖、分层稳定和坡脚预加固技术。

表 5-16　岩质路堑边坡坡度

岩石类别	风化程度	边坡坡度
硬质岩	未风化、微风化	1：0.1～1：0.3
	弱风化、强风化	1：0.3～1：0.75
	全风化	1：0.75～1：1

续表

岩石类别	风化程度	边坡坡度
软质岩	未风化、微风化	1∶0.3～1∶0.75
	弱风化、强风化	1∶0.5～1∶1
	全风化	1∶0.75～1∶1.5

5.4　路基工程排水设计

5.4.1　路基综合排水基本要求

1. 排水的目的与要求

路基的强度和稳定性与水有关。水是造成路基病害的最主要因素之一。因此路基设计、施工和养护过程中，必须十分重视路基排水问题。

根据水源的不同，影响路基的水流可分为地面水和地下水两大类，与此相适应的路基排水工程，则分为地面排水和地下排水。

地面水包括大气降水(雨和雪)以及海、河、湖、水渠和水库水等。地面水对路基产生冲刷和渗透，冲刷可能导致路基整体稳定性受损害，造成水毁现象；渗入路基土体的水分，使土体过湿而降低路基强度。

地下水包括上层滞水、潜水及层间水等，它们对路基的危害程度因条件不同而异。轻者能使路基湿软，降低路基强度；重者会引起冻胀、翻浆或边坡滑塌，甚至整个路基沿倾斜基底滑动。水还可能造成掺有膨胀土的路基工程毁坏性的破坏。

路基排水的任务，就是将路基范围内的路基湿度降低到一定的限度以内，保持路基常年处于干燥状态，确保路基具有足够的强度与稳定性。

路基设计时，必须考虑将影响路基稳定性的地面水，排出和拦截于路基用地范围以外，并防止地面水漫流、滞积或下渗。对于影响路基稳定性的地下水，则应予以隔断、疏干和降低，并引导至路基用地范围以外的适当地点。

路基施工中，首先应校核全线路基排水系统的设计是否完备和妥善，必要时应予以补充或修改，重视排水工程的质量和使用效果。此外，应根据实际情况与需要，设置施工现场的临时性排水措施，以保证路基土石方及附属结构物在正常条件下进行施工作业，消除路基基底和土体内与水有关的隐患，保证路基工程质量，提高施工效率。

路基养护中，对排水设施应定期检查与维修，以保证排水设施正常使用，水流畅通，并根据实际情况不断改善路基排水条件。

路界地表排水的目的是把降落在路界范围内表面水有效地汇集并迅速排出路界，同时把路界外可能流入的地表水拦截在路界范围外，以减少地表水对路基的危害以及对行车安全的不利。

2. 路基排水设计的一般原则

(1) 排水设施要因地制宜、合理布局、讲究实效、注意经济，并充分利用有利地形和自然水系。一般情况下地面和地下设置的排水沟渠，宜短不宜长，以使水流不过于集中，做到及时疏散，就近分流。

（2）各种路基排水沟渠的设置，应注意与农田水利相配合，必要时可适当增设涵管或加大涵管孔径，以防农业用水影响路基稳定。路基边沟一般不应用作农田灌溉渠道，当路基边沟与农田灌溉渠道必须合并使用时，边沟的断面应加大，并予以加固，以防水流危害路基。

（3）设计前必须进行调查研究，查明水源与地质条件，重点路段要进行排水系统的全面规划，考虑路基排水与桥涵布置相配合，地下排水与地面排水相配合，各种排水沟渠的平面布置与竖向布置相配合，做到路基路面综合设计和分期修建。对于排水困难和地质不良的路段，还应与路基防护加固相配合，并进行特殊设计。

（4）路基排水要注意防止附近山坡的水土流失，尽量不破坏天然水系，不轻易合并自然沟溪和改变水流性质，尽量选择有利地质条件布设人工沟渠，减少排水沟渠的防护与加固工程。对于重点路段的主要排水设施，以及土质松软和纵坡较陡地段的排水沟渠，应进行必要的防护与加固。

（5）路基排水要结合当地水文条件和道路等级等具体情况，注意就地取材，以防为主，既要稳固适用，又必须讲究经济效益。

3. 路基的综合排水设计原则

路基排水综合设计，必须做好事先调查研究工作，查明水源和有关现状，测绘现场图纸，进行必要的水力水文计算，作出总体规划，提出总体布置方案，进行细部设计计算，并进行效益分析与经济核算。

在路基排水设计中，由于自然情况、路线布置等情况比较复杂，某些路段需要进行路基排水的综合设计，以提高排水效率，发挥各类排水设施的优点，降低工程造价。路基排水综合设计平面布置图如图 5-7 所示。

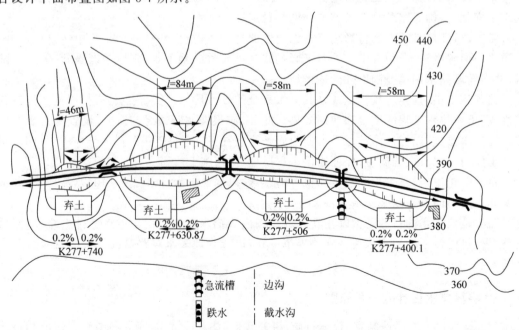

图 5-7　路基排水综合设计平面布置图

综合排水设计原则包括如下内容：

（1）流向路基的地面水和地下水，需要在路基范围以外的地点设置截水沟、排水沟或渗沟等进行拦截，并引至指定的地点；路基范围内的水源，分别采用边沟、渗沟、渗井及排水沟予以排出。路基排水需要横跨路基时，尽量利用拟设的桥涵，必要时设置涵洞、倒虹吸或渡水槽。水流落差较大时，应设置跌水或急流槽。

（2）对于明显的天然沟槽，一般宜依沟设涵，不必勉强改沟与合并。对于沟槽不明显的漫流，应在上游设置束流设施，加以调节，汇集成沟，导流排出。对于较大水流，注意因势利导，不可以轻易改变流向，必要时配以防护工程，进行分流或束流。

（3）为提高截流效果，减少工程量，地面沟渠宜大体沿等高线布置，使沟渠垂直于水流方向，力求短捷，水流通畅。沟渠弯道处应以圆曲线相连，减少水流的冲击力。

（4）各排水沟渠地基应稳固，不得渗漏，并有适当的纵坡。沟槽的基底与沟底及沟壁，必要时应予以加固，不得溢水渗水，防止损害路基，引起水土流失。

5.4.2 地面排水设计

常用的地面排水设施有边沟、截水沟、排水沟、跌水、急流槽等，必要时还有渡水槽、倒虹吸、积水池等。这些设施主要用于排出地面水，它们位于路基的不同部位，各自功能、布置要求、构造形式均不同。路基地表排水设施的径流量计算，对高速公路、一级公路应采用 15年，其他等级公路应采用 10 年的重现期内任意 30min 的最大降雨强度。各类地表水沟沟顶应高出设计水位 0.2m 以上。

1. 边沟

边沟设置在挖方路基的路肩外侧或低路堤的坡脚外侧，多与路中线平行，用以汇集和排出路基范围内和流向路基的少量地面水。平坦地面填方路段的路旁取土坑，常与路基排水设计综合考虑，使之起到边沟的排水作用。边沟的排水量不大，一般不需要进行水文和水利计算，依据沿线具体条件，选用标准横断面形式。边沟紧靠路基，通常不允许其他排水沟渠的水流引入，亦不能与其他人工沟渠合并使用。边沟不宜过长，尽量使沟内水流就近排至路旁自然水沟或低洼地带，必要时设置涵洞，将边沟水横穿路基从另一侧排出。边沟的横断面形式有梯形、流线形、三角形及矩形等，如图 5-8 所示。

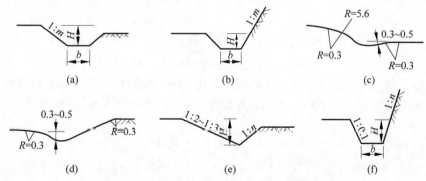

图 5-8 边沟的横断面形式示意图（单位：m）

(a)、(b)梯形；(c)、(d) 流线形；(e) 三角形；(f) 矩形

高速公路、一级公路边沟的底宽与深度不应小于0.6m，其他等级公路不应小于0.4m。当流量较大时，可根据水流量的大小加大边沟断面尺寸。

梯形边沟的内侧边坡一般为1∶1～1∶1.5；岩石边坡一般为1∶0～1∶0.5；浆砌边沟内侧边坡可直立；三角形边沟内侧边坡一般为1∶2～1∶3。各种沟渠外侧边坡与挖方边坡一致。

边沟的纵坡应与路线的纵坡一致，并不宜小于0.3%以防淤积，在特殊情况下容许减至0.1%。路线纵断面设计时，为兼顾边沟的设置，在横向排水不畅路段及各级公路的长路堑路段，均应采用不小于0.3%的纵坡。路堑边沟的水流不应流经隧道排出。

边沟的水应顺势排至低洼地段或天然河流，受地形的限制，为防止水流漫溢或冲刷，边沟的单向排水长度一般不宜超过300～500m。若超过此值，则添设排水沟和涵洞，将水引出路基范围以外。

为防止冲刷，目前常采用排水沟、跌水或急流槽将边沟所汇集的水引至低洼地、天然河流处。在回头曲线处，应顺着原来边沟方向沿山坡开挖排水沟，将水引出路基范围以外。在由路堑过渡到路堤，边沟沟底到填土坡脚高差过大处，山坡路基在大坡下的回头曲线处，边沟水引向桥涵进口处等，水流的冲刷过度，或使桥涵进口淤塞，或有冲毁构造物的危险，必须采取加固措施予以解决。

2. 截水沟

截水沟又称天沟，一般设置在挖方路基边坡坡顶以外，或山坡路堤上方的适当地点，用以拦截并排出路基上方流向路基的地面径流，减轻边沟的水流负担，保证挖方边坡和填方坡脚不受流水冲刷。

路堑段挖方边坡上方设置的截水沟如图5-9所示。图中，距离d一般应大于5.0m，地质不良地段可取10.0m或者更大。截水沟下方一侧，可堆置挖沟的土方，要求做成顶部向沟倾斜2%的土台。路堑上方设置弃土堆时，截水沟的位置及断面尺寸如图5-10所示。

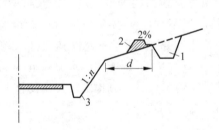

1—截水沟；2—土台；3—边沟。

图5-9　挖方路段截水沟示意图

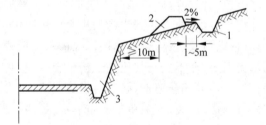

1—截水沟；2—土台；3—边沟。

图5-10　挖方路段弃土堆与截水沟关系图

山坡填方路段可能遭到上方水流的破坏作用，此时必须设截水沟，以拦截山坡水流保护路堤。截水沟与坡脚间距不小于2.0m，并做成2%的向沟倾斜横坡，确保路堤不受水害，如图5-11所示。

截水沟的横断面形式一般为梯形。沟的边坡坡度，因岩土条件而定，一般采用1∶1.0～1∶1.5，如图5-11所示。沟底宽度b不小于0.5m，沟深h按设计流量而定，亦不应小于0.5m，如图5-12所示。

为尽快截住上方的水流，截水沟的布置应尽可能与水流的方向垂直。截水沟的出水口，

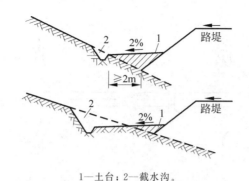

1—土台；2—截水沟。

图 5-11 填方路段上的截水沟示意图

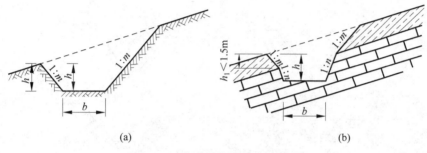

(a)　　　　　　　　　　(b)

图 5-12 截水沟的横断面示意图

（a）土沟；（b）石沟

可用排水沟或跌水、急流槽相连接，将水引至山坡一侧的自然沟中或桥涵进水口处。截水沟在转弯处应以曲线相连，使水流畅通。为防止水流的冲刷和渗漏，应对截水沟进行防渗加固，必要时设跌水或急流槽。

3. 排水沟

排水沟的主要用途在于引水，将路基范围内各种水源（如边沟、截水沟、取土坑、边坡和路基附近积水等）引至桥涵或路基范围以外的指定地点。当路线受到多段沟渠或水道影响时，为保护路基不受水害，可以设置排水沟或改移渠道，以调节水流，整治水道。

排水沟的横断面一般采用梯形，尺寸大小应经过水力水文计算选定。用于边沟、截水沟和取土坑出水口的排水沟，横断面尺寸根据设计流量确定，底宽与深度不宜小于 0.5m，土沟的边坡坡度为 $1:1 \sim 1:1.5$。

排水沟的位置可根据需要结合当地地形等条件而定，离路基尽可能远一些，距路基坡脚不宜小于 2.0m，平面上应力求简洁，需要转弯时亦应尽量圆顺，做成弧形，其半径不宜小于 20m，连续长度宜短，一般不超过 500m。

排水沟应具有合适的纵坡，以保证水流畅通，不致因流速太快而产生冲刷，流速太慢而形成淤积。因此，宜通过水文水力计算择优选定。一般情况下，可取 $0.5\% \sim 1.0\%$，若大于 1.0%，应采取相应的加固措施。通常应使排水沟与原水道两者成锐角相交，有条件可用半径 $R=10b$（b 为沟顶宽）的圆曲线朝下游与其他水道相接，如图 5-13 所示。

沟渠加固类型与沟底纵坡有关，表 5-17 和表 5-18 所列可供设计时参照使用，沟渠加固断面图如图 5-14 所示。

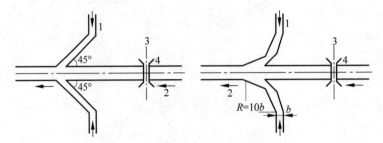

1—排水沟；2—其他渠道；3—路基中心线；4—桥涵。

图 5-13　排水沟与水道衔接示意图

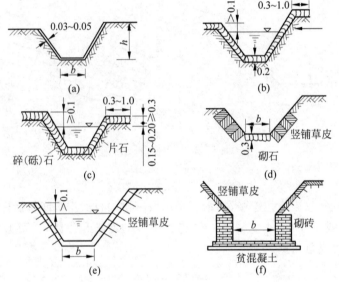

图 5-14　沟渠加固断面示意图（单位：m）

(a) 石灰三合土抹平层；(b) 干砌片石；(c) 干砌片破碎(砾)石；
(d) 浆砌片石；(e) 竖铺草皮,砌石底；(f) 砖砌水槽

表 5-17　沟渠加固类型

形　式	名　称	铺砌厚度/cm
简易式	平铺草皮	单层
	竖铺草皮	迭铺
	水泥砂浆抹平层	2～3
	石灰三合土抹平层	3～5
	黏土碎(砾)石加固层	10～15
	石灰三合土碎(砾)石加固层	10～15
干砌式	干砌片石	15～25
	干砌片石砂浆勾缝	15～25
	干砌片石砂浆抹平	20～25

续表

形　式	名　称	铺砌厚度/cm
浆砌式	浆砌片石	20～25
	混凝土预制块	6～10
	砖砌水槽	—

表 5-18　加固类型与沟底纵坡关系

纵坡/%	<1	1～3	3～5	5～7	>7
加固类型	不加固	土质好,不加固 土质不好,简易加固	简易加固或干砌式加固	干砌式或浆砌式加固	浆砌式加固或改用跌水

4. 跌水与急流槽

跌水与急流槽是路基地面排水沟渠的特殊形式,用于纵坡大于 10％,水头高差大于 1.0m 的陡坡地段。由于纵坡陡、水流速度快、冲刷力大,要求跌水与急流槽的结构必须稳固耐久,通常应采用浆砌块石或水泥混凝土预制块砌筑,并具有相应的防护加固措施。路基边沟水流通过涵洞排泄时,采用单级跌水,如图 5-15 所示;多级跌水如图 5-16 所示。单级跌水适用于排水沟渠连接处,由于水位落差较大,需要消能或改变水流方向;多级跌水底宽和每级长度,可以采用各自相等的对称形,亦可根据实地需要,做成变宽或不等长度与宽度。按照水力计算特点,跌水的基本构造可分为进水口、消力池和出水口三部分,如图 5-17 所示。

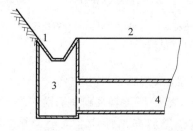

1—边沟;2—路基;3—跌水井;4—涵洞。

图 5-15　边沟与涵洞单级跌水连接图

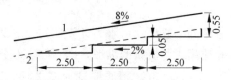

1—沟顶线;2—沟底线。

图 5-16　多级跌水纵剖面图(单位:m)

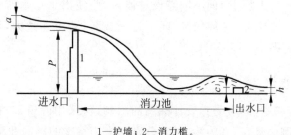

1—护墙;2—消力槛。

图 5-17　跌水构造示意图

一般情况下,如果地质条件良好,地下水位较低,设计流量小于 2.0m³/s,跌水台阶(护墙)高度 P 最大不超过 2.0m。常用简易多级跌水,P 值为 0.3～0.6m,每级台阶高度与长度之比一般应大致等于地面坡度。护墙要求石砌或混凝土浇筑。墙基埋置深度为水深 a 的 $1.0\sim1.2$ 倍，并不得小于 $1.0\mathrm{m}$，且埋深应在冰冻线以下；石砌墙厚不小于 $0.4\mathrm{m}$，混凝土为 $0.25\sim0.30\mathrm{m}$。消力池起消能作用，要求坚固耐用，槽底应有 $2\%\sim3\%$ 的纵坡，底厚 $0.2\sim0.4\mathrm{m}$，槽底高出计算水深 $0.2\mathrm{m}$ 以上，壁厚与护墙相类似；消力池末端设消力槛，其高度 c 依计算而定，比池内水深低，为 $0.2\sim0.3P$，一般取 $0.15\sim0.20\mathrm{m}$；槛顶厚度为 $0.3\sim0.4\mathrm{m}$，底部预留 $5\sim10\mathrm{cm}$ 孔径的泄水口，间距 $1\sim2\mathrm{m}$，以便断流时池内不致积水。跌水两端的土质沟渠，宜适当加固，保留水流畅通，不致使跌水产生淤塞或冲刷。

因其纵坡比跌水的平均纵坡更陡，要求急流槽的结构宜坚固、稳定、耐用。为在较短距离达到降速、消能的作用，一般要求用石砌或混凝土修筑，也可在岩石坡面上开槽。临时使用时，可用竹木结构做成竹（木）槽。急流槽按水力计算特点，亦可分为进水口、主槽（槽身）和出水口三部分，如图 5-18 所示。

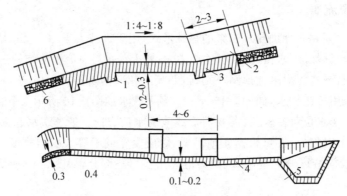

1—耳墙；2—消力池；3—混凝土槽底；4—钢筋混凝土槽底；5—横向沟渠；6—砌石护底。

图 5-18　急流槽的构造示意图（单位：m）

急流槽的主要尺寸由水力计算而定。若设计流量小，槽底纵坡为 $1:1\sim1:1.5$，也可参照经验使用。急流槽的纵坡，一般不宜超过 $1:2$。槽壁厚度：浆砌块石为 $0.3\sim0.4\mathrm{m}$；混凝土为 $0.2\sim0.3\mathrm{m}$。槽底厚度为 $0.2\sim0.4\mathrm{m}$，水槽壁应高出计算水位至少 $0.2\mathrm{m}$，每隔 $2.5\sim5.0\mathrm{m}$ 设 $0.3\sim0.5\mathrm{m}$ 深的耳墙（凸榫）嵌入基底，防止滑动。进水口与出水口应予以加固。若急流槽较长时，应分段砌筑，每段长度不宜超过 $5\mathrm{m}$，预留伸缩缝，接头处用防水材料填缝。进水口与槽身连接处因断面不同需设过渡段，为使出水口水流流速与下游的容许流速相适应，槽底可用几个坡度，上坡较陡，向下逐渐放缓，若流速过大，可在出水口处设置消力池或与跌水联合使用。

5. 倒虹吸与渡水槽

当水流需要横跨路基，同时受到设计标高的限制，可采用管道和沟槽，从路基底部或上部架空跨越，前者称倒虹吸，后者为渡水槽，分别相当于特殊的涵洞和渡水桥，两者都属于路基地面排水的特殊结构物。倒虹吸管道有箱形和圆形两种，以混凝土和钢筋混凝土结构为主，临时性简易管道可用砖石结构，永久性或急需时亦可改用钢铁管道。管道的孔径为 $0.5\sim15\mathrm{m}$，管道附近的路基填土厚度一般不小于 $10\mathrm{m}$，但不宜超过 $30\mathrm{m}$。倒虹吸布置形式示意图如图 5-19 所示。倒虹吸管道两端设竖井，井底标高低于管道，起沉淀泥沙与杂物的作用。为减少堵塞现象,要求管道内的水流速度不小于 15m/s,并在进口处设置沉沙池和拦泥栅。

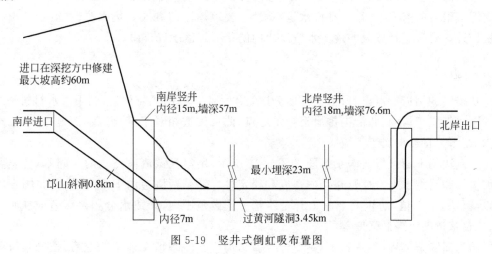

图 5-19　竖井式倒虹吸布置图

倒虹吸管上游进口构造渡水槽可设简易桥梁(渡水桥),架设水槽或管道。从路基上部跨越,以沟通路基两侧的水流。架设时应注意道路净空与美化的要求。渡水槽由进/出水口、槽身和下部支承三部分组成,如图 5-20 所示。

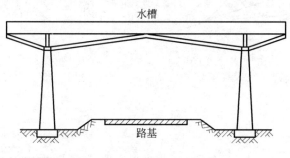

图 5-20　渡水槽结构示意图

6. 蒸发池

气候干旱、排水困难地段,可利用沿线的集中取土坑或专门设置蒸发池排出地表水。蒸发池边缘与路基边沟距离不应小于 5m,面积较大的蒸发池不得小于 20m。池中水位应低于排水沟的沟底。蒸发池的容量应以一个月内路基汇流入池中的雨水能及时完成渗透与蒸发作为设计依据;每个蒸发池的容水量不宜超过 $200m^3$,蓄水深度不应大于 1.5m;蒸发池的设置不应使附近地面形成盐渍化或沼泽化。

5.4.3　地下排水设计

路基及边坡土体中的上层滞水,或埋藏很浅的潜水称为地下水,当地下水影响路基路面强度或边坡稳定时,应设置暗沟(管)、渗沟和检查井等地下排水设施。由于地下排水设施埋置于地面以下,不易维修,在路基建成后又难以查明失效情况,因此要求地下排水设备牢固有效。

　　常用的地下排水设施有暗沟、渗沟、渗井等。主要用于排出路基及边坡土体中的上层滞水或埋藏很浅的潜水，其特点是排水量不大，主要以渗流的方式汇集水源，并就近排出路基范围以外。对于流量较大的地下水应设专门的地下管道予以排出。

1. 暗沟

　　从暗沟的构造特点出发，由于沟内分层填以大小不同的颗粒材料，利用渗水材料透水性将地下水汇集于沟内，并沿沟排泄至指定地点，此种构造相对于管道流水而言，习惯上称为盲沟，在水力特性上属于紊流。

　　一侧边沟下面设置盲沟示意图如图 5-21 所示，用以拦截流向路基的层间水，防止路基边坡滑塌和毛细水上升危及路基的强度和稳定性。路基两侧边沟下面均设盲沟（图 5-22），用以降低地下水位，防止毛细水上升至路基工作区范围内，形成水分积聚而造成冻胀和翻浆，或路基过湿而降低强度等。

　　暗沟属隐蔽工程，注意施工，避免失效。暗沟应在路基填土前或开挖后，按照泉眼范围及流量的大小或渗沟汇集的水流情况，确定断面尺寸，如图 5-23 所示。

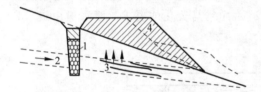

1—盲沟；2—层间水；3—毛细水；4—可能滑坡线。

图 5-21　一侧边沟下设盲沟

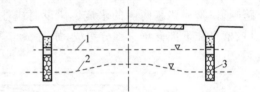

1—原地下水位；2—降低后地下水位；3—盲沟。

图 5-22　两侧边沟下设盲沟

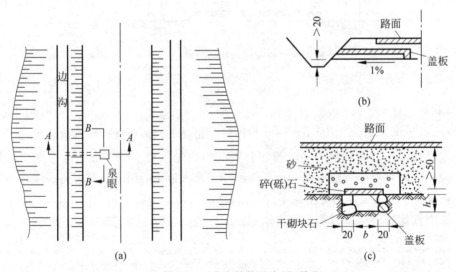

图 5-23　暗沟结构示意图（单位：cm）

(a) 平面；(b) 剖面 A—A；(c) 剖面 B—B

暗沟可分成洞式和管式两大类，沟宽或管径 b 按泉眼范围或流量大小决定，一般为 $20\sim30\mathrm{cm}$，净高 h 约为 $20\mathrm{cm}$。若两侧沟壁为石质，盖板可直接放在两侧石壁上，为防止泥土淤塞，盖板周围用碎(砾)石做成反滤层，其颗粒直径自上而下，由外及里，逐渐增大，即上面和外层铺砂，中间铺砾石，下面和内层铺碎石，每层厚度不小于 $15\mathrm{cm}$，反滤层顶部设双层反铺草皮，再用黏土夯实，以免地面水下渗和黏土颗粒落入反滤层。可沿沟槽每隔 $10\sim15\mathrm{m}$ 或当沟槽通过软硬岩层分界处时设置伸缩缝或沉降缝。

暗沟的沟底纵坡宜不小于 1%，条件困难时亦不得小于 0.5%，出口处沟底应高出边沟最高水位 $0.2\mathrm{m}$ 以上。寒冷地区的暗沟，应做防冻保温处理或将暗沟设置在冻结深度以下。施工时宜由下游向上游施工，并应随挖、随撑、随填。

2. 渗沟

渗沟主要用来降低地下水位，汇集和拦截流向路基的地下水，并将其排出路基范围之外，使路基土保持干燥。

渗沟是公路路基最常见的一种地下排水沟渠，根据地下水分布情况，可设置在边沟、路肩、路基中线以下或路基上侧山坡适当位置，当地下水埋藏较浅或有固定含水层时宜采用渗沟。

根据构造的不同，渗沟可分为填石渗沟(盲沟)、洞式渗沟和管式渗沟三类，最小纵坡不宜小于 0.5%，如图 5-24 所示。

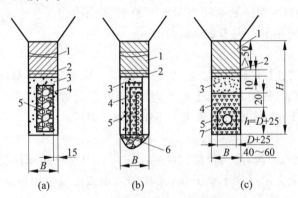

1—黏土夯实；2—双层反铺草皮；3—粗砂；4—石屑；

5—碎石；6—浆砌片石沟洞；7—预制混凝土管。

B—渗沟宽度；D—渗水隧道直径；H—渗沟整体埋深，公路路基中浅埋一般为 $2\sim3\mathrm{m}$，深埋可达 $6\mathrm{m}$ 以上。

图 5-24　渗沟结构示意图(单位：cm)

(a) 盲沟式；(b) 洞式；(c) 管式

(1) 填石渗沟：一般用于流量不大、渗沟不长的地段，是一种常用的渗沟。其最小纵坡不宜小于 1%，填石渗沟出口段宜加大纵坡，出口处宜设置栅板或端墙，出水口应高出地表排水沟槽常水位 $0.2\mathrm{m}$ 以上。

(2) 洞式渗沟：用于地下水流量较大，或缺乏水管的情况。由排水层、反滤层和封闭层组成，如图 5-25 所示，宽度 b 约 $20\mathrm{cm}$，盖板长度约为 $2b$，盖板厚度 p 不小于 $15\mathrm{cm}$。

(3) 管式渗沟：设于地下引水较长的地段，渗沟纵向长度应不大于 $350\mathrm{m}$，若渗沟过长时，加设横向泄水管，将纵向渗沟内的水流迅速分段排出。

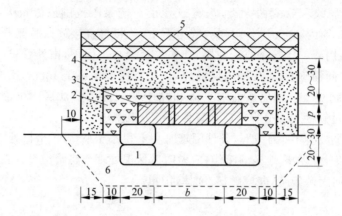

1—浆砌块石；2—碎(砾)石；3—盖板；4—砂；5—双层反铺草皮；6—基础。

图 5-25　洞式渗沟结构示意图(单位：cm)

1)排水层(或管、洞)

(1)填石渗沟的排水层,可采用石质坚硬的较大碎石或卵石(粒径 3～5cm)填充,以保证具有足够的空隙度排出设计流量。

(2)洞式渗沟的排水层,采用浆砌片石砌洞,其作用与水管相仿,能排较大水流,如图 5-25 所示。

(3)管式渗沟的泄水管一般采用混凝土预制管,或用陶土、石棉等材料制成,管壁应设泄水孔并交错布置,间距不宜大于 20cm。

2)反滤层

汇集水流时,为防止砂、土挤入渗沟,应设反滤层。反滤层应用筛洗过的中砂、粗砂、砾石等渗水材料分层填筑,颗粒粒径由上而下,自外向内逐渐增大,相邻层的粒径一般不小于 1：4,每层厚度不小于 15cm 或采用渗水土工织物作反滤层。

3)封闭层

为防止地面水流入渗沟,渗沟顶部应设封闭层。封闭层可用双层反铺草皮或用其他材料铺成隔层,并在其上夯填厚度不小于 0.5m 的防水层或用浆砌片石筑成。

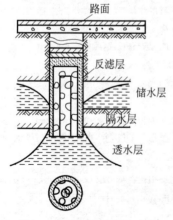

图 5-26　渗水井结构与布置

3. 渗水井

在平坦地区,当路基附近的地面水或浅层地下水无法排出,如距离地面不深处有渗透性土层,而且地下水背离路基较深,可设置渗水井,将地面水或地下水经渗水井通过不透水层中的钻孔流入下层透水层中排出。

渗水井施工比较麻烦,造价较高,因易淤塞故一般不宜采用,确因地面水较多而地下排水较为困难时,在与其他方案作经济技术比较后,有条件的进行选用。

渗水井上部为集水结构,下部为排水结构,如图 5-26 所示。

渗水井断面上部构造一般采用直径为 0.7m 的圆形,或

0.6～1.0m 的方形。渗水井的顶部四周(进口除外)用黏土夯实筑堤围护,顶部加筑混凝土盖。渗水井的下部结构,必须穿过不透水层而深达透水层,井内填充砂石料。

4. 仰斜式排水孔

仰斜式排水孔是排泄挖方路基边坡上地下水的有效措施,当坡面上有集中地下水时,采用成群布置的仰斜式排水孔。

仰斜式排水孔钻孔直径一般为 75～150mm,仰角不小于 6°,长度应伸至地下水富集或潜在滑动面层。孔内透水管直径一般为 50～100mm。透水管应外包 1～2 层渗水土工布,防止泥土将渗水孔堵塞,管体四周宜用透水土工布作为反滤层。

5.5 路基防护设计

5.5.1 路基防护工程的要求和分类

1. 路基防护工程的要求

路基在水、风、气温等自然因素的长期作用下,将发生变形和破坏,若不及时加以防治,就会引起严重的"病害"。为保证路基的稳定性,除做好路基排水外,必须做好路基防护设计。一般情况下,防护的重点是路基边坡,特别是不良地质与水文地段及沿河路堤的边坡。有时,对附近可能危害路基的河流和山坡也应进行必要的防护,以保证防护工程能正常工作。

防护工程是路基工程的一个重要组成部分,除专门用来支挡路基的结构物外,一般防护工程承受外力的能力很小,有的则完全不能承受外力的作用。因此,要求路基边坡本身基本稳定,否则不但路基得不到防护,而且连防护工程本身也会遭到破坏。

随着公路等级的提高,为维护正常的汽车运输,确保行车安全,以及保持公路与自然环境协调,做好路基的防护具有重要意义。

2. 路基防护工程的分类

路基边坡的防护工程,按其作用不同,可以分为坡面防护、冲刷防护与支挡工程三大类。

(1)坡面防护。用以防护易受自然因素影响而破坏的土质与岩质边坡。常用的类型有种草、铺草皮、植树、抹面、勾缝、灌浆和石砌护面、护面墙等。

(2)冲刷防护。用于防止水流对路基的冲刷与淘刷。按其方法不同,又可分为直接防护与间接防护两种。直接防护类型有铺草皮、植树、抛石、砌石、石笼等;间接防护类型有丁坝、顺坝等导流及调治构造物。

(3)支挡工程。用于防止路基变形或支挡路基土体,以保证路基稳定性。常用的类型有各种挡土墙及其他有承载作用的构造物。

5.5.2 坡面防护

1. 植物防护

植物防护的方法有种草、铺草皮和植树。采用植物覆盖层对坡面进行防护,可以减缓地面水流速度，调节边坡土的温湿状况，以及美化路容，协调环境。植物根系伸入土中后，在一定程度上对表层土起到固结作用。它对于坡高不大，边坡比较平缓的土质坡面是一种简易有效的防护措施。

（1）种草。种草适宜于边坡坡度不陡于1∶1，不浸水或短期浸水但地面径流速度不大于0.6m/s的土质边坡。草的品种选用应适应当地的土质和气候条件，最好是根系发达，叶茎低矮，多年生长，几种草籽混种。不宜种草的坡面，可以铺5～10cm厚的种植土层，土层应与原坡面结合稳固。

（2）铺草皮。铺草皮可以用于较高、较陡的边坡。当坡面冲刷比较严重，边坡较陡，径流速度大于0.6m/s，最大速度达1.8m/s时，应根据具体条件（坡度与流速等），分别采用平铺（平行于坡面）、水平叠置、垂直坡面或与坡面成一半坡角的倾斜叠植草皮，还可以采用片石砌成方格或拱式边框，方格或框内再铺草皮，如图5-27所示。

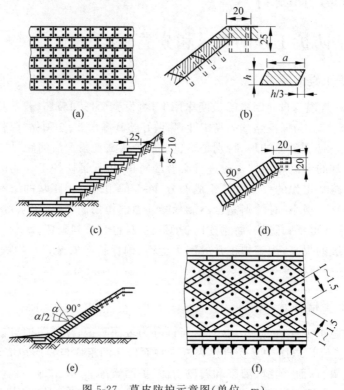

图 5-27　草皮防护示意图（单位：m）

铺草皮需要预先备料，草皮可就近培育，切成整齐块状，然后移铺到坡面上。铺时应自下而上，并用竹木小桩将草皮钉在坡面上，使之稳固。

（3）植树。植树主要用于堤岸边的河滩上，用来降低流速，促使泥沙淤积，防止水流直接冲刷路堤。若多排林带与水流方向斜交，还可以起挑水作用，改变水流方向。沙漠与雪害地区，防护林带可以起阻沙防雪的作用。

植树位置与宽度，应根据防护要求、水流速度及当地自然条件而定。树种的选择应适合当地的土质、气候条件，能迅速生长，且根系发达，枝叶茂密，用于冲刷防护的树种宜选用生长很快的杨柳类或不怕水淹的灌木类。

2. 矿料防护

对于无法采用植物防护的岩石边坡,可以采用砂石、水泥、石灰等矿质材料进行坡面防护。主要有砂浆抹面、喷浆、勾缝、灌浆等防护方式。

(1) 抹面防护。抹面防护适用于易风化而表面比较完整,尚未剥落的岩石边坡,如页岩、泥砂岩及千枚岩的新坡面。常用的抹面材料有石灰炉渣混合浆、三合土或四合土等,其中石灰为胶结构,要求精选,炉渣颗粒宜细。抹面用料的配合比与用量可参见有关手册。抹面厚度视材料及坡面状况而定,一般为 2.0～10.0cm。操作前,应清理坡面风化层、浮土与松动碎块,填坑补洞,洒水润湿。抹面后应拍浆、抹平和养护。

(2) 喷浆防护。喷浆防护适用于易风化和坡面不平的岩石挖方边坡,浆层厚度一般为2.0cm。喷浆用的水泥用量较大,可用于重点工程地段。根据实践经验,比较经济的砂浆是用水泥、石灰、河砂及水 4 种原材料,按 1∶1∶6∶3 配合组成。喷浆前后的处置与抹面相同。对坡面较陡或易风化的坡面,可以在喷浆前先铺设加筋材料,加筋材料可以用铁丝网或土工格栅,喷浆坡面应设置泄水孔。

(3) 勾缝防护。勾缝防护适用于比较坚硬,且裂缝多而细的岩石边坡,防止水分浸入岩层内造成"病害"。

(4) 灌浆防护。灌浆防护适用于坚硬,但裂缝较深和较宽的岩石边坡,借砂浆的胶结力,使坡面表层成为防水的整体。

3. 砌石防护

(1) 石砌护坡。石砌护坡用于土质或风化岩质路堑或土质路堤边坡的坡面防护,也可以用于浸水路堤及排水沟渠的冲刷防护,如图 5-28 所示。

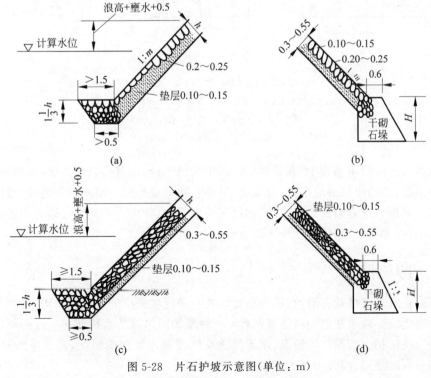

图 5-28　片石护坡示意图(单位:m)

(a)、(b) 单层;(c)、(d) 双层

石砌护坡有干砌和浆砌两种。干砌片石的主要作用是防止水流冲刷边坡，要求被防护的边坡自身基本稳定。干砌片石可以做成单层，也可以做成双层，片石下面应设置垫层，起平整作用。干砌片石要用砂浆勾缝，以防水分浸入，并提高整体强度。

浆砌片石护坡，常用于防护流速较大（4～5m/s）的沿河路堤，也可以与护面墙等综合作用，以防护不同岩层和不同位置的边坡。其厚度一般为 0.2～0.5m，路基要求稳固，应深入水流冲刷线以下，同时应对基础加设防护措施。

（2）护面墙。护面墙是一种浆砌片石覆盖层，常用于严重风化破碎的岩石挖方边坡。护面墙除自重外，不承受其他荷载，也不承受墙背土压力，其构造与布置如图 5-29 所示。

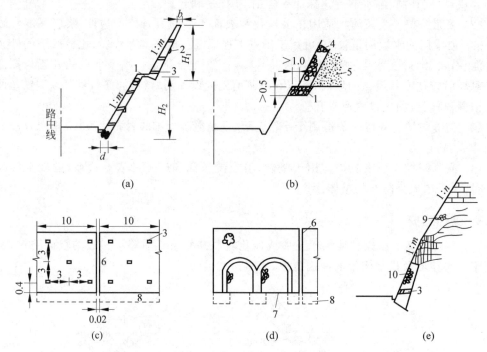

1—平台；2—耳墙；3—泄水孔；4—封顶；5—松散夹层；6—伸缩缝；

7—软地基；8—地基；9—支补墙；10—护面墙。

图 5-29　护面墙示意图（单位：m）

（a）双层式；（b）单层式；（c）墙面；（d）拱式；（e）混合式

护面墙高度一般不超过 10cm，可以分级，中间设平台，墙背可以设耳墙，纵向每隔 10cm设一条伸缩缝，墙身应预留泄水孔，基础要求稳固，顶部应封闭。墙基软弱地段，可以用拱形结构跨过。坡面开挖后怕凹陷，应以石砌圬工填塞平整，称之为支补墙。以上构造的具体要求与尺寸，可以参考《公路设计手册·路基》。

5.5.3　冲刷防护

为了防止水流直接危害沿河、滨海路堤以及有关堤坝护岸的边坡和坡脚，必须采取一定的防治冲刷措施。防治冲刷的措施有两种：一种是加固岸坡的直接防护；另一种是改变水流性质的间接防护。根据河流情况、水流性质及岸坡具体受冲刷情况，建议单独使用一种，也可以两种同时使用、综合治理。

1. 直接防护

堤岸直接防护的措施包括植物防护、砌石防护、抛石防护与石笼防护，以及必要时设置的支挡（驳岸等）。其中植物防护与砌石防护与前述坡面防护基本相同，但堤岸的防冲刷原因是洪水急流，水位变迁不定，水流速度较大，因此其相应的要求更高。

（1）抛石防护。抛石防护主要用于防护直接受水流冲刷的边坡和坡脚，对于季节性浸水和长期浸水的情况均适用。盛产石料地区，当水流速度大于 3.0m/s 或者更高时，植树与砌石防护无效果，可以采用抛石防护。

抛石防护，类似于在坡脚处设置护脚，也称抛石垛，如图 5-30 所示。抛石垛的边坡坡度不应大于浸水后的天然休止角，边坡率 m_1 一般为 1.5～2.0，m_2 为 1.25～2.0；石料粒径视水深与流速而定，一般为 15～50cm。

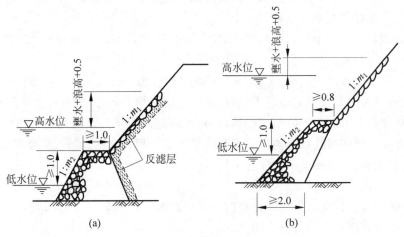

图 5-30　抛石防护示意图（单位：m）
（a）新堤石垛；（b）旧堤石垛

（2）石笼防护。当水流速度达到或超过 5.0m/s 时，可以改用石笼防护。石笼用铁丝编织成框架，内填石料，设在坡脚处，以防急流和大风浪破坏堤岸，也可以用来加固河床，防止淘刷。铁丝框架可以做成圆柱形或箱形，如图 5-31（a）和（b）所示。笼内填石的粒径最小不小于 4.0cm，一般为 5.0～20.0cm，外层用大且棱角突出的石料，内层可以用较小石块填充。石笼用于防止冲刷淘底时，在坡脚处的排列应平铺并与坡脚线垂直，且堤岸一端固定，另一端可以不固定，淘刷后可以向下沉落贴于底面。用于防止堤岸边坡冲刷时，则垒码平铺成梯形，如图 5-31（c）和（d）所示。单个石笼的大小以不被相应速度的水流冲动为宜，铺设时必须用碎（砾）石垫层铺平底层，各角可以用铁棒固定于基底。

2. 间接防护

设计导治构造物可以改变水流方向，消除或减缓水流对堤岸的直接破坏，同时可以使堤岸近旁缓慢淤积，彻底消除水流对局部堤岸的损害。设计导治构造物的间接防护措施主要是设坝，按其与河道的相对位置，一般可分为丁坝、顺坝和格坝几种。

（1）丁坝。丁坝的作用是导流和挑流，把水流挑离河岸，改善水流状况，间接保护路基。

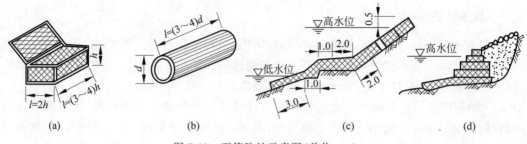

图 5-31　石笼防护示意图（单位：m）

(a) 箱形笼；(b) 圆柱形笼；(c) 防止淘底；(d) 防护岸坡

丁坝由坝头、坝身和坝根三部分组成，其断面为梯形，丁坝所受的外力较小，其断面尺寸主要依据构造要求、施工条件和适用要求等因素确定。根据丁坝的轴线与水流方向关系的不同，分为垂直式、下挑式和上挑式三种。

丁坝的布置，要慎重考虑对岸的情况，如果对岸为农田、住房、土堤时，宜多导少挑；若对岸为岩石，要注意被挑过去的水流，在对岸折回后对下游的冲刷。

（2）顺坝。顺坝的作用是导流，基本上不改变原有水流的流态。当河床断面窄小，不允许过多的侵占或地质条件不宜修筑丁坝时，可以采用顺坝。布置顺坝前，必须先有一个合理的导治线，顺坝与上下游河岸的衔接必须协调，坝的起点应选在水流匀顺的过渡地段，以免强烈冲刷，终点可与河岸连在一块。顺坝的构造与丁坝相似，分为坝头、坝身和坝根三部分，坝身断面形状为梯形，结构要求大体与丁坝相同。

丁坝和顺坝的结构和断面尺寸的确定与施工要求可以参见《公路设计手册·路基》。

路基防护和加固设施是用来防止自然因素对路基本体的破坏及边坡坍塌，保持路基稳定的设施。根据其用途不同可分为四类：

① 坡面防护设施：对易生长植物的边坡可采用种草、铺草皮或植树防护，利用植物的根系起加固边坡表层土的作用，同时利用植物的树叶保护坡面不受暴雨冲刷。易风化的岩质坡面，可采用抹面、喷浆、勾缝或干（浆）砌片石护坡，必要时修筑护墙、拦石墙、落石坑、明洞等设施，拦截从边坡上滑落的土石。

② 冲刷防护设施：沿河地段的路基易受水流冲刷或波浪侵袭，需按当地情况和冲刷严重程度铺草皮，种植防护林，在岸边挂柳枝节，修建干（浆）砌片石或混凝土护坡，抛填石块或石笼，修建大型砌块或浸水挡墙，沿河砌筑顺坝、挑水坝，必要时改移河道或修建导流建筑物，以防流水冲刷路基。

③ 支撑加固设施：主要用来支撑路基本体和路堑边坡，增加其稳定性，可设置各种类型的挡土墙、支顶墙、支柱和抗滑桩等。遇有不便于清除的边坡上的悬崖危石，可用支顶墙加固支顶。

④ 防风、防沙和防雪设施：大风地区的路基，可在来风一侧直接加固路基，设置挡风墙或防风栅栏。在沙漠地区可用卵石包裹路堤或路堑，防止被风吹蚀，在路基两侧进行造林固沙或用乳沥青固沙。在寒冷地区，可设防雪林带、防雪栅栏或防雪堤（墙）以防止降雪埋没路基。

5.6　路基附属设施设计

为了确保路基的强度、稳定性和行车安全，与一般路基工程有关的附属设施有：取土坑、弃土堆、护坡道、碎落台、堆料坪、错车道及护栏等。这些附属设施是路基设计的组成部分，正确合理地设置是十分重要的。

5.6.1　取土坑与弃土堆

路基土石方的挖填平衡，是公路路线设计的基本原则，但往往难以做到完全平衡。土石方数量经过合理调配后，仍然会有部分借方和弃方(又称废方)。路基土石方的借弃，首先要合理选择地点，即确定取土坑或弃土堆的位置。选点时要兼顾土质、数量、用地及运输条件等因素，还必须结合沿线地域规划，因地制宜，综合考虑，维护自然平衡，防止水土流失，做到借之有利、弃之无害。借弃所形成的坑或堆，要求尽量结合当地地形，充分加以利用，并注意外形规整，弃堆稳固。对高等级公路或位于城郊附近的干线公路，尤其应该注意。

平坦地区，如果用土量较少，可以沿两侧设置取土坑，与路基排水和农田灌溉相结合。路旁取土坑，如图 5-32 所示，深度为 1.0m 或稍大一些，宽度根据用土数量和用地允许而定。为防止坑内积水危害路基，当堤顶与坑底高差不足 2.0m 时，在路基坡脚与坑之间需设宽度不小于 1.0m 的护坡平台，坑底设纵横排水坡及相应设施。

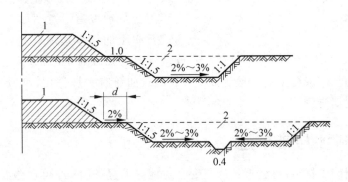

1—路堤；2—取土坑。

图 5-32　路旁取土坑示意图(单位：m)

河水淹没堤段的桥头引道近旁，一般不设取土坑，如设取土坑，要距河流中水位边界 10m 之外，并与导治结构物位置相适应。此类取土坑要求水流畅通，不得长期积水危及路基或构造物的稳定。

路基开挖的废方，应尽量加以利用，如用以加宽路基或加固路堤，填补坑洞或路旁洼地，亦可兼顾农田水利或基建等所需，做到变废为用，弃而不乱。

废方一般选择路旁低洼地，就近弃堆。原地面倾斜坡度小于 1：5 时，路旁两侧均可设弃土堆，地面较陡时，宜设在路基下方。沿河路基爆破后的废石方往往难以远运，条件许可时可以部分占用河道，但要注意河道压缩后，不致壅水危及上游路基及附近农田等。

路旁弃土堆示意图如图 5-33 所示，要求堆弃整平，顶面具有适当横坡，并设平台、三角土块及排水沟，宽度 d 与地面土质有关，最小 3.0m，最大可按路堑深度加 5.0m，即 $d \geqslant H + 5.0$m。积砂或积雪地段的弃土堆宜有利于防砂防雪，可设在迎面一侧，并具有足够距离。

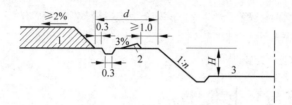

1—弃土堆；2—平台与三角土块；3—路堑。

图 5-33　路旁弃土堆示意图（单位：m）

5.6.2　护坡道与碎落台

护坡道是保护路基边坡稳定的措施之一，设置的目的是加宽边坡横向距离，减少边坡平均坡度。护坡越宽，越有利于边坡稳定，最少为 1.0m。宽度大，则工程数量亦随之增加，要兼顾边坡稳定性与经济合理性。通常护坡道宽度 d，视边坡高度 h 而定：当 $h \geqslant 3.0$m 时，$d = 1.0$m；当 3.0m$< h \leqslant 6.0$m 时，$d = 2.0$m；当 6.0m$< h \leqslant 12.0$m 时，2.0m$< d \leqslant 4.0$m。

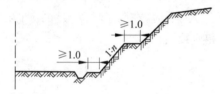

图 5-34　碎落台与护坡道示意图（单位：m）

护坡道一般设在路基坡脚处，边坡较高时亦可设在边坡上方及挖方边坡的变坡处。浸水路堤的护坡道，可设在浸水线以上的边坡上。

碎落台与护坡道示意图如图 5-34 所示，设于土质或石质土的挖方边坡坡脚处，主要供零星土石碎块下落时临时堆积，以保护边沟不致堵塞，亦有护坡道的作用。碎落台宽度一般为 1.0～1.5m，如兼有护坡作用，可适当放宽。碎落台上的堆积物应定期清理。

5.6.3　堆料坪与错车道

路面养护用矿质材料，可就近选择路旁合适地点堆置备用；亦可在路肩外缘设堆料坪，其面积可结合地形与材料数量而定，例如每隔 50～100m 设一个堆料坪，长 5～8m，宽 2m。高级路面或采用机械化养路的路段，可以不设，或另设集中备用料场，以维护公路外形的视觉平顺和景观优美。

单车道公路，由于双向行车会车和相互避让的需要，通常应每隔 200～500m 设置一处错车道。按规定错车道的长度不得短于 30m，两端各有长度为 10m 的出入过渡段，中间 10m 供停车用。单车道的路基宽度为 4.5m，而错车道地段的路基宽度为 6.5m。错车道是单车道路基的一个组成部分，应与路基同时设计施工。

5.6.4　护栏

护栏是公路、铁路附属的安全设施。不封闭的各级公路，当路堤高度大于或等于 6m，以及急弯、陡峭山坡、桥头引道等危险路段应设置护栏。设置护栏路段的路基，一侧应加宽0.5m，以保持设置护栏后的路肩宽度。护栏分墙式和柱式两种。重力式挡土墙、砌石、填石路基应该采用墙式护栏，其他情况可以设置柱式护栏。

墙式护栏的内侧为路肩边缘，外侧距路基边缘应为10cm。墙式护栏应采用浆砌片（块）石或混凝土块砌筑，宽40cm，高出路肩50～60cm，每段长200cm，净间距200cm。墙式护栏应用M7.5水泥砂浆砌筑，抹面，外涂白色。

柱式护栏中心距内侧路肩边缘应为20cm，距外侧路肩边缘应为30cm。柱式护栏宜采用钢筋混凝土制作，直径为15～20cm，高出路肩70～80cm，埋深约为70cm。柱式护栏中心距，在平曲线路段为200cm，直线路段为300cm。柱式护栏应用涂料标出红白相间的条纹或加反光材料。

高速公路、一级公路应设置防撞护栏、防撞墙或护索，其设置要求按现行《公路交通安全设施设计规范》(JTG D81—2017)规定处理。

5.7 本章习题

习题答案

1. 名词解释

（1）路基边坡坡度

（2）一般路基

（3）路堤

（4）路堑

（5）坡面防护

2. 简答题

（1）什么是矮路堤？修建时应注意哪些问题？

（2）什么是半填半挖路基？它有什么特点？

（3）路基三要素指的是什么？

（4）如何进行公路路基的一般设计？如何进行铁路路基的一般设计？

（5）试述路基边坡选择的主要依据。

（6）路基的附属设施主要包括哪些？各有什么作用？

（7）试述护坡道的用途和设置位置。

（8）路基临界高度、填土高度、路基高度分别指的是什么？

（9）路堤设计与路堑设计考虑的问题有什么不同？路堑边坡设计时考虑哪些因素？

（10）路基直接防护与间接防护主要有哪些区别？

（11）试述植物防护的作用、类型及适用条件。

（12）试述工程防护的作用、类型及适用条件。

（13）简述各种地上排水设备的特点及布置。

（14）简述各种地下排水设备的特点及布置。

（15）边沟和截水沟的主要区别是什么？

（16）路面表面排水主要有哪些措施？

（17）路基路面排水的目的是什么？

（18）简述路基路面排水设计的一般原则。

（19）具体布置和设计各种路基排水结构物时应注意哪些问题？

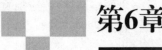

第6章

路基挡土墙设计与计算

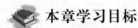**本章学习目标**

知识目标

(1) 能够阐述路基挡土墙的类型、构造与布置。

(2) 能够说明路基挡土墙后土压力的类型及计算方法。

(3) 能够设计重力式路基挡土墙。

(4) 能够阐述薄壁式轻型挡土墙、锚定式轻型挡土墙及加筋土挡土墙的形式与特征。

能力目标

(1) 能够计算路基挡土墙后的静止、主动及被动土压力。

(2) 根据地形与地质条件、路基高程等资料,能够设计和计算重力式路基挡土墙。

(3) 能够遵守行业规范与职业行为准则。

PPT

6.1 路基挡土墙的类型、构造与布置

6.1.1 挡土墙的类型

挡土墙是为防止土体坍滑而修筑的,主要为承受侧向土压力的墙式建筑物。在道路工程中广泛用于支承路堤填土或路堑边坡,以及桥台、隧道洞口与河流堤岸等。由于挡土墙的建筑费用较高,因此在路基设计时,应与其他可能的工程方案进行技术经济比较,择优选定。

按挡土墙位置的不同,挡土墙可以分为:路堤挡墙、路堑挡墙、路肩挡墙和山坡挡墙等。

按挡土墙的墙体材料不同,挡土墙可以分为:石砌挡墙、混凝土挡墙、钢筋混凝土挡墙、砖砌挡墙、木质挡墙和钢板墙等。

按挡土墙的结构形式不同,挡土墙可以分为:重力式、半重力式、悬臂式、扶壁式、锚杆式、锚定板式、加筋土、桩板式挡土墙等;常见挡土墙的适用条件如表 6-1 所示。

挡土墙类型的选择应根据与所支挡土体的稳定平衡条件,考虑荷载的大小和方向、地形、地质状况、冲刷深度、基础的埋置深度、基底的承载力设计值和不均匀沉降、可能的地震作用、与其他构造物的衔接、墙面的外观美感、施工难易、造价高低、环境特点等因素,综合比较后确定。

表 6-1 常见挡土墙的适用条件

挡土墙类型	适用条件
重力式挡土墙	适用于一般地区、浸水地区和地震地区的路肩、路堤和路堑等支挡工程。墙高不宜超过 12m,干砌挡土墙的高度不宜超过 6m,高速公路、一级公路不应采用干砌挡土墙
半重力式挡土墙	适用于不宜采用重力式挡土墙的地下水位较高或较软的地基上,填高不宜超过 8m
悬臂式挡土墙	宜在石料缺乏,地基承载力较低的填方路段采用,墙高不宜超过 5m
扶壁式挡土墙	宜在石料缺乏,地基承载力较低的填方路段采用,墙高不宜超过 15m
锚杆式挡土墙	宜用于墙高较大的岩质路堑地段,可用作抗滑挡土墙,可采用肋柱式或板壁式单级墙或多级墙,每级墙高不宜超过 8m,多级墙的上下级墙体之间应该设置宽度不小于 2m 的平台
锚定板式挡土墙	宜使用在缺少石料地区的路肩墙或路堤式挡土墙,但不应建筑于滑坡、坍塌、软土及膨胀地区。可采用肋柱式或板壁式,墙高不宜超过 10m。肋柱式锚定板式挡土墙可采用单级墙或多级墙,每级墙高不宜超过 6m,上下级墙体之间应该设置宽度不小于 2m 的平台
加筋土挡土墙	用于一般地区的路肩式挡土墙、路堤式挡土墙,但不应修筑在滑坡、水流冲刷、崩塌等不良地质地段。高速公路、一级公路墙高不宜超过 12m,二级及二级以下公路不宜大于 20m,当采用多级墙时,每级墙高不宜大于 10m,上下级墙体之间应设置宽度不小于 2m 的平台
桩板式挡土墙	用于表层土及强风化层较薄的均质岩石地基,挡土墙的高度可较大,也可用于地震区的路堑或路堤支挡或滑坡等特殊地段的治理

6.1.2 挡土墙的构造与布置

常用的石砌挡土墙及钢筋混凝土挡土墙,一般由墙面(墙胸)、墙背(俯斜、仰斜、垂直)、墙底(墙趾、墙踵)、墙顶及护栏、基础、排水设施与伸缩缝等部分构成,挡土墙的组成结构示意图如图 6-1 所示,排水设施结构示意图如图 6-2 所示。为防止因地基不均匀沉陷而引起墙身开裂,应根据地基地质条件及墙高墙身断面的变化情况,设置沉降缝;为了减少圬工砌体因硬化收缩和温度变化作用而产生的裂缝,应设置伸缩缝。

挡土墙的布置是挡土墙设计的一个重要内容,通常是在路基横断面图和墙趾纵断面图上布设。横向布置:主要是在路基横断面图上选定挡土墙的位置,确定是路堑墙、路肩墙、路堤墙还是浸水挡墙,并确定断面形式及初步尺寸。纵向布置:在墙趾纵断面图上进行墙的纵向布置,布置后绘成挡土墙正面图,包括:①分段,设伸缩缝与沉降缝;②考虑始、末位置在路基及其他结构处的衔接;③基础的纵向布置;④泄水孔布置等,具体如图 6-3 所示。对于个别复杂的挡土墙,例如高的、长的沿河挡土墙和曲面挡土墙;避绕建筑物挡土墙,除了横、纵向布置外,还应作平面布置,并绘制平面布置图。

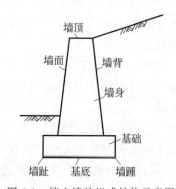

图 6-1 挡土墙的组成结构示意图

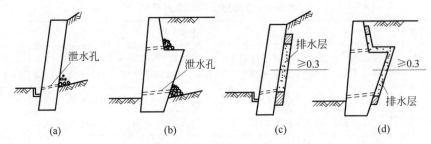

图 6-2　挡土墙的排水设施结构示意图（单位：m）

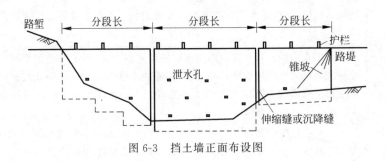

图 6-3　挡土墙正面布设图

6.2　路基挡土墙土压力计算

6.2.1　土压力概述

各种形式的挡土墙，都以支撑土体使其保持稳定为目的，所以这类构造物的主要荷载就是土体的侧向压力，简称土压力。为了使挡土墙的设计经济合理，关键是正确地计算土压力，其中包括土压力的大小、方向与分布等。

土压力的计算是一个复杂的问题，它涉及填土、墙身以及地基三者之间的共同作用。土压力不仅与墙身的几何尺寸、墙背的粗糙度以及填土的物理和力学性质、填土的顶面形状和顶部的外荷载有关，而且还与墙和地基的刚度以及填土的施工方法有关。现在国内外土压力计算仍采用古典的极限平衡理论，它是对上述复杂问题进行诸多假定和简化而得出的。

挡土墙一般都是条形建筑物，它的长度远较其高度大，且其断面在相当长的范围内是不变的。因此，土压力计算可取 1 延米的挡土墙进行分析，即将土压力的计算当作平面问题来处理。

土压力问题的理论研究于 18 世纪末已开始。依据研究途径的不同，可以把有关极限状态下的土压力理论大致分为两类。

（1）假定破裂面形状，依据极限状态下破裂棱体的静力平衡条件来确定土压力，这类土压力理论是由法国的库仑于 1773 年提出的，称为库仑理论。

（2）假定土体为松散介质，依据土中一点的极限平衡条件来确定土压力强度和破裂面方向，这类土压力理论是由英国的朗肯于 1857 年提出的，称为朗肯理论。

在上述两类经典土压力理论中,朗肯理论基于散体一点的极限应力状态推出,在理论上较为严谨。但是,由于它只能考虑比较简单的边界条件,在应用上受到很大限制。库仑理论计算简便,能适用于各种复杂的边界条件,而且在一定范围内能得出比较满意的解答,因此应用很广。

6.2.2　土压力的分类

在影响挡土墙土压力大小及其分布规律的诸多因素中,挡土墙的位移方向和位移量是计算中要考虑的特殊因素。作用在挡土结构上的土压力,按挡土结构的位移方向、大小及土体所处的三种平衡状态,可分为静止土压力 E_0、主动土压力 E_a 和被动土压力 E_p 三种。

1. 静止土压力

如果挡土墙的刚度很大,在土压力作用下,墙体不发生变形和任何位移(移动或转动),如图 6-4(a)所示。墙背后土体处于弹性平衡状态,此时墙背所受的土压力称为静止土压力,并以符号 E_0 表示。实际上,使挡土墙保持静止的条件是:墙身尺寸足够大、墙身与基础牢固地联结在一起、地基不产生不均匀沉降等。

2. 主动土压力

如果挡土墙在土压力作用下向前(离开土体)产生一微小的移动或转动,如图 6-4(b)所示,从而使墙对土体的侧向应力(它与土压力大小相等、方向相反)逐渐减小,土体便出现向下滑动的趋势。这时土中逐渐增大的抗剪力抵抗着这一滑动的产生。当墙的侧向应力减小到某一数值,且土的抗剪强度充分发挥时,土压力减到最小值,土体便处于极限平衡状态,即主动极限平衡状态。与此相应的土压力称为主动土压力,以符号 E_a 表示。达到主动极限平衡状态时墙的移动或转动位移量是较小的,如表 6-2 所示。

3. 被动土压力

如果挡土墙在外力作用下,移动或转动方向是推挤土体,如图 6-4(c)所示,从而逐渐增大墙对土体的侧向应力,这时土体便出现向上滑动的趋势,而土中逐渐增大的抗剪力阻止着这一滑动的产生。当墙对土体的侧向应力增大到某一数值,使土的抗剪强度充分发挥时,土压力增大到最大值,土体便处于另一极限平衡状态,即被动极限平衡状态。与此相应的土压力称为被动土压力,以符号 E_p 表示。达到被动极限平衡状态时墙的移动或转动位移量,比

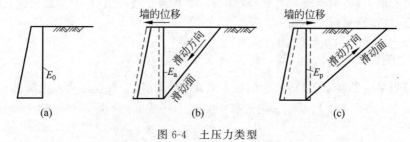

图 6-4　土压力类型

(a) 静止土压力;(b) 主动土压力;(c) 被动土压力

产生主动土压力所需的位移量要大得多，如表 6-2 所示。

表 6-2　产生主动、被动土压力时挡土墙所需的位移量

土 的 类 别	应力状态	挡土墙位移形式	所需位移量
砂性土	主动	平移	$0.001H$
	主动	绕墙趾转动	$0.001H$
	被动	平移	$0.05H$
	被动	绕墙趾转动	$>0.1H$
黏性土	主动	平移	$0.004H$
	被动	绕墙趾转动	$0.004H$

注：H 为挡土墙墙高。

由于土的应力-应变状态不同，土压力的大小和方向也是变化的。被动土压力和主动土压力是土压力的最大与最小的极限值；而静止土压力介于其间（图 6-5），即 $E_p > E_0 > E_a$。

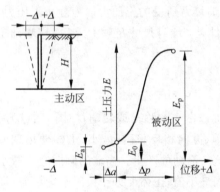

图 6-5　土压力与墙身位移的关系

在挡土墙设计中，应根据它在外力作用下可能的位移方向，判断是主动土压力还是被动土压力。如拱桥桥台在荷载和自重作用下，有向土体移动的趋势，为台背土压力所阻止，故台背所受的土压力应为被动土压力。而对一般的挡土墙，则墙身有被土体向外挤动的可能，墙背承受的是主动土压力。按主动土压力设计挡土墙，是考虑到挡土墙失稳或基底破坏前，墙身必定会产生相应的位移，于是墙后土体的应力状态趋近于主动极限状态。因此，以主动土压力作为挡土墙的设计荷载是合理的。

6.2.3　影响土压力的因素

1．挡土墙的位移

挡土墙的位移（或转动）方向和位移量的大小，是影响土压力大小的最主要的因素，产生被动土压力的位移量大于产生主动土压力的位移量。

2．挡土墙的形状

挡土墙剖面形状，包括墙背为竖直或倾斜，墙背为光滑或粗糙，不同的情况，土压力的计算公式不同，计算结果也不一样。

3．填土的性质

挡土墙后填土的性质，包括填土的松密程度，即重度、干湿程度等；土的强度指标即内摩擦角和黏聚力的大小；以及填土的形状（水平、上斜或下斜）等，都将影响土压力的大小。

6.2.4　静止土压力的计算

静止土压力可根据弹性半无限体的应力状态求解，如图 6-6 所示。静止土压力系数 $K_0\left(\dfrac{\mu}{1-\mu}\right)$ 与填土的性质、密实程度等因素有关，可由试验测定；也可采用经验公式进行估算。

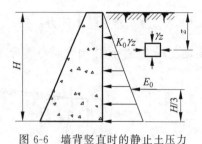

图 6-6　墙背竖直时的静止土压力

$$K_0 = 1 - \sin\varphi \qquad （正常固结土）$$
$$K_0 = \sqrt{R}\,(1 - \sin\varphi) \qquad （超固结土）$$

(6-1)

式中，φ 为填土的有效内摩擦角；R 为填土的超固结比。

由图 6-6 可知，静止土压力沿墙高呈三角形分布，其合力 E_0 可以表示为：

$$E_0 = \frac{1}{2}\gamma H^2 K_0 \tag{6-2}$$

式中，K_0 为静止土压力系数；γ 为填土容重；H 为墙背高度。

其中，静止土压力 E_0 的方向为水平，作用点位于离墙踵 $\dfrac{H}{3}$ 高度处。

6.2.5　库仑土压力的计算

1. 砂性土土压力计算

库仑理论是一种计算土压力的简化方法，它具有计算简便，能适用于各种复杂情况，计算结果比较接近实际等优点。因此，目前仍被工程界广泛应用，公路挡土墙所承受的土压力，一般按库仑土压力理论是从研究墙后宏观土体的滑动出发的。当墙后破裂棱体产生滑动时，土体处于极限平衡状态，根据破裂棱体的静力平衡条件，求得墙背主动土压力和被动土压力。库仑理论在分析土压力时，基于下述基本假定。

（1）墙后土体为均质散粒体，粒间仅有内摩擦力而无黏聚力。

（2）当墙产生一定位移（移动或转动）时，墙后土体将形成破裂棱体，并沿墙背和破裂面滑动（下滑或上移）。

（3）破裂面为通过墙踵的一平面。

（4）当墙后土体开始滑动时，土体处于极限平衡状态，破裂棱体在其自重 W、墙背反力（它的反作用力即为土压力 E）和破裂面反力的作用下维持静力平衡。由于破裂棱体与墙背及土体间具有摩擦阻力，故 E 与墙背法线成 δ 角、R 与破裂面法线成 φ 角，并均偏向阻止棱体滑动的一侧。

（5）挡土墙及破裂棱体均视为刚体，在外力作用下不发生变形。

按库仑理论计算主动土压力（图 6-7），可得：

$$E_a = \frac{1}{2}\gamma H^2 K_a \tag{6-3}$$

$$K_a = \cfrac{\cos^2(\varphi - \alpha)}{\cos^2\alpha \cos(\delta + \alpha)\left[1 + \sqrt{\cfrac{\sin(\varphi + \delta)\sin(\varphi - \beta)}{\cos(\delta + \alpha)\cos(\alpha - \beta)}}\right]^2} \tag{6-4}$$

式中，K_a 为库仑主动土压力系数；δ 为墙背与填土之间的摩擦角，可用试验确定。其中，总主动土压力 E_a 的作用方向与墙背法线成 δ 角，与水平面成 $\delta + \alpha$ 角，其作用点距墙基 $\dfrac{H}{3}$。

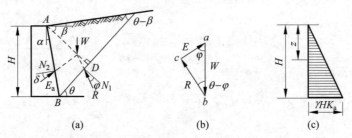

图 6-7　按库仑理论计算主动土压力

（a）土楔 ABC 上的作用力；（b）力矢三角形；（c）主动土压力分布图

按库仑理论计算被动土压力（图 6-8），可得：

$$E_p = \frac{1}{2}\gamma H^2 K_p \tag{6-5}$$

$$K_p = \cfrac{\cos^2(\varphi + \alpha)}{\cos^2\alpha \cos(\delta - \alpha)\left[1 - \sqrt{\cfrac{\sin(\varphi + \delta)\sin(\varphi + \beta)}{\cos(\delta - \alpha)\cos(\alpha - \beta)}}\right]^2} \tag{6-6}$$

式中，K_p 为库仑被动土压力系数；δ 为墙背与填土之间的摩擦角，可用试验确定。其中，总被动土压力 E_p 的作用方向与墙背法线顺时针成 δ 角，与水平面成 $\delta - \alpha$ 角，其作用点距墙基 $\dfrac{H}{3}$。

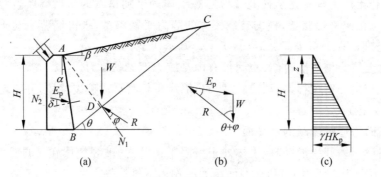

图 6-8　按库仑理论计算被动土压力

（a）土楔 ABC 上的作用力；（b）力矢三角形；（c）被动土压力分布图

2. 黏性土土压力计算

经典库仑理论只考虑不具有凝聚力的砂性土的土压力问题。当墙背填料为黏性土时，土的凝聚力对主动土压力的影响很大，因此应考虑凝聚力的影响。工程界以库仑理论为基础计算黏性主动土压力的近似方法有以下两种。

（1）等效内摩擦角法

由于目前对黏性土 c、φ 值的确定还存在一些问题，尤其是土的流变性质及其对墙的影响尚不十分清楚，因此在设计黏性土的挡土墙时，通常将内摩擦角 φ 与单位凝聚力 c，换算成较实际值大的"等效内摩擦角" φ_D，然后按砂性土的公式计算土压力。该法换算的时候，只与某一特定的墙高相适应；对于矮墙偏安全，对于高墙则偏危险。

（2）力多边形法（数解法）

当墙身向外有足够位移时，黏性土土层顶部会出现拉应力，产生竖向裂缝，裂缝从地面向下延伸至拉应力趋于零处。裂缝深度 h_c 按式（6-7）计算：

$$h_c = \frac{2c}{\gamma}\tan\left(45° + \frac{\varphi}{2}\right) \tag{6-7}$$

在垂直裂缝区 h_c 范围内，竖直面上的侧压力等于零，因此在此范围内不计土压力。

6.2.6 朗肯土压力的计算

朗肯理论是从研究弹性半无限体内的应力状态出发，根据土的极限平衡理论来计算土压力的。郎肯理论在分析土压力时做如下基本假定。

（1）土体是地表为一平面的半无限体，土压力方向与地表面平行。

（2）达到主动应力状态时，土体向侧向伸张；达到被动应力状态时，土体向侧向压缩。

（3）主动或被动应力状态只存在于破裂棱体之内，即局部土体中出现极限状态，而破裂棱体之外仍处于弹性平衡状态。

（4）土体发生剪切时，破裂面为平面。

（5）伸张与压缩对土的影响很小，忽略竖直方向上土的变形对土压力的影响。

（6）挡土墙背垂直、光滑，墙背与填土无摩擦作用。

根据土的强度理论，朗肯主动土压力可表达为：

$$E_a = \frac{1}{2}\gamma H^2 K_a \qquad \text{（砂性土）}$$
$$E_a = \frac{1}{2}\gamma H^2 K_a - 2cH\sqrt{K_a} + \frac{2c^2}{\gamma} \qquad \text{（黏性土）} \tag{6-8}$$

其中，

$$K_a = \tan^2\left(45° - \frac{\varphi}{2}\right) \tag{6-9}$$

$$h_c = \frac{2c}{\gamma}\tan\left(45° + \frac{\varphi}{2}\right) \tag{6-10}$$

式中，K_a 为朗肯主动土压力系数。主动土压力分别作用在离墙踵 $\dfrac{H}{3}$ 或 $\dfrac{H-h_c}{3}$ 高度处。

按朗肯理论计算被动土压力，可得：

$$E_p = \frac{1}{2}\gamma H^2 K_p \qquad \text{（砂性土）}$$
$$E_p = \frac{1}{2}\gamma H^2 K_p + 2cH\sqrt{K_p} \qquad \text{（黏性土）} \tag{6-11}$$

$$K_p = \tan^2\left(45° + \frac{\varphi}{2}\right) \qquad (6\text{-}12)$$

式中，K_p 为朗肯被动土压力系数。被动土压力分别作用在离墙踵 $\frac{H}{3}$ 或 $\frac{3h_c + H}{2h_c + H} \cdot \frac{H}{3}$ 高度处。

6.3　路基挡土墙的设计原则

1. 挡土墙的荷载组合

施加于挡土墙的作用（或荷载）按性质划分如表 6-3 所示，常用作用（含荷载）组合如表 6-4 所示。

2. 挡土墙的设计原则

挡土墙按"极限状态分项系数法"进行设计。挡土墙设计极限状态分构件承载力极限状态和正常使用极限状态。构件承载力极限状态是当挡土墙出现以下任何一种状态时，即认为超过了构件承载力极限状态。

表 6-3　施加于挡土墙的作用（或荷载）

作用（或荷载）分类		作用（或荷载）名称
永久作用（或荷载）		挡土墙结构重力
		填土（包括基础以上土）重力
		填土侧压力
		墙顶上的有效永久荷载
		墙顶与第二破裂面之间的有效荷载
		计算水位的浮力及静水压力
		预加力
		混凝土收缩及徐变
		基础变位影响力
可变作用（或荷载）	基本可变作用（或荷载）	车辆荷载引起的土侧压力
		人群荷载引起的土侧压力
	其他可变作用（或荷载）	水位退落时的动水压力
		流水压力
		波浪压力
		冻胀压力和冰压力
		温度影响力
	施工荷载	与各类挡土墙施工有关的临时荷载
偶然作用（或荷载）		地震作用力
		滑坡、泥石流作用力
		作用于墙顶护栏上的车辆碰撞力

注：1. 洪水与地震作用力不同时考虑；
　　2. 冻胀压力、冰压力与流水压力或波浪压力不同时考虑；
　　3. 车辆荷载与地震作用力不同时考虑。

表 6-4　常用作用（含荷载）组合

组　合	作用（含荷载）名称
Ⅰ	挡土墙结构重力、墙顶上的有效永久荷载、填土重力、填土侧压力及其他永久荷载组合
Ⅱ	组合Ⅰ与基本可变荷载相结合
Ⅲ	组合Ⅱ与其他可变荷载、偶然荷载相结合

正常使用极限状态是指挡土墙出现下列状态之一时，即认为超过了正常使用极限状态。

1）构件承载力极限状态

（1）整个挡土墙或挡土墙的一部分作为刚体失去平衡；

（2）挡土墙构件或连接部件因材料承受的强度超过极限而破坏，或因过量塑性变形而不适于继续承载；

（3）挡土墙结构变为机动体系或局部失去平衡。

2）正常使用极限状态

（1）影响正常使用或外观变形；

（2）耐久性的局部破坏（包括裂缝）；

（3）影响正常使用的其他特定状态。

极限状态的分项荷载系数除 E_p 取 0.5 外，其余均取 1.0。

3）合力偏心距计算时的极限状态：分项荷载系数取值同正常使用极限状态。

6.4　重力式路基挡土墙的设计与计算

6.4.1　挡土墙稳定性验算

1. 抗滑稳定性验算

为保证挡土墙抗滑稳定性，应验算在土压力、自重等作用下的基底摩阻力抵抗挡土墙滑动的能力。

一般情况下，采用式（6-13）进行验算：

$$(0.9G + \gamma_{Q1}E_y)\mu + 0.9G\tan\alpha_0 \geqslant \gamma_{Q1}E_x \tag{6-13}$$

式中，G 为挡土墙自重（kN）；E_x、E_y 为墙背主动土压力的水平与垂直分力（kN）；α_0 为基底倾斜角（°）；μ 为基底摩擦系数，可通过现场试验确定，当无试验资料时，参考表 6-5 的经验数据；γ_{Q1} 为主动土压力分项系数，当Ⅰ、Ⅱ组合时，$\gamma_{Q1}=1.4$，当Ⅲ组合时，$\gamma_{Q1}=1.3$。

表 6-5　基底摩擦系数 μ 参考值

地基土分类	μ
软塑黏土	0.25
硬塑黏土	0.3
砂类土、黏砂土、半干硬黏土	0.3～0.4
砂类土	0.4
碎石类土	0.5
软质岩石	0.4～0.6
硬质岩石	0.6～0.7

2. 抗倾覆稳定性验算

为保证挡土墙抗倾覆稳定性，需验算墙身绕墙趾向外转动倾覆的抵抗能力。

$$0.9GZ_G + \gamma_{Q1}(E_y Z_x - E_x Z_y) > 0 \qquad (6\text{-}14)$$

式中，Z_G 为墙身、基础及其上的土重合力重心到墙趾的水平距离（m）；Z_x 为土压力垂直分力作用点到墙趾的水平距离（m）；Z_y 为土压力水平分力作用点到墙趾的垂直距离（m）。

在验算挡土墙的稳定性时，一般均未考虑趾前土层对墙面所产生的被动土压力。验算结果如不满足以上要求，则表明抗滑稳定性或抗倾覆稳定性不够，应改变墙身断面尺寸重新核算，抗滑动和抗倾覆的稳定系数如表 6-6 所示。

表 6-6 抗滑动和抗倾覆的稳定系数

荷载情况	验算项目	稳定系数
荷载组合 I、II	抗滑动	1.3
	抗倾覆	1.5
荷载组合 III	抗滑动	1.3
	抗倾覆	1.3
施工阶段验算	抗滑动	1.2
	抗倾覆	1.2

6.4.2 基底应力及合力偏心距验算

为了保证挡土墙基底应力不超过地基承载力，应进行基底应力验算；为了避免挡土墙不均匀沉陷，控制作用于挡土墙基底的合力偏心距。

1. 轴心荷载作用时

$$p = \frac{N_1}{A} = \frac{(G\gamma_G + \gamma_{Q1}E_y - W)\cos\alpha_0 + \gamma_{Q1}E_x\sin\alpha_0}{A} \qquad (6\text{-}15)$$

式中，p 为基底平均压应力（kPa）；A 为基础底面每延米的面积，即基础宽度 $B \times 1.0$（m²）；N_1 为每延米作用于基底的总竖向力设计值（kN）；E_x 为墙背主动土压力的水平分力（kN）；E_y 为墙背主动土压力的垂直分力（kN）；W 为低水位浮力（kN）。

2. 偏心荷载作用时

作用于基底的合力偏心距 e 为：

$$e = \frac{M}{N_1} \qquad (6\text{-}16)$$

式中，M 为作用于基底形心的弯矩（kN·m），可参照表 6-7 采用。

（1）当 $|e| \leqslant \dfrac{B}{6}$ 时

$$\left. \begin{aligned} p_{\max} &= \frac{N_1}{A}\left(1 + \frac{6e}{B}\right) \\ p_{\min} &= \frac{N_1}{A}\left(1 - \frac{6e}{B}\right) \end{aligned} \right\} \qquad (6\text{-}17)$$

式中，p_{max}、p_{min}为基底边缘最大、最小压应力设计值（kPa）；B为基础宽度（m）。

表 6-7　基底弯矩值计算表

荷 载 组 合	作用于基底形心的弯矩设计值/(kN·m)
Ⅰ	$M=1.4M_E+1.2M_G$
Ⅱ	$M=1.4M_{E1}+1.2M_G$
Ⅲ	$M=1.3M_E+1.2M_G+1.05M_W+1.1M_f+1.2M_P$

注：M_E为由填土恒载土压力引起的弯矩（kN·m）；M_G为由墙身及基础自重和基础上的土重引起的弯矩（kN·m）；M_{E1}为由填土及汽车活载引起的弯矩（kN·m）；M_W为由静水压力引起的弯矩（kN·m）；M_f为由浮力引起的弯矩（kN·m）；M_P为由地震土压力引起的弯矩（kN·m）。

（2）当$|e|>\dfrac{B}{6}$时

此情况可以不考虑地基拉应力，而压应力重新分布如式（6-18）：

$$\left. \begin{array}{l} p_{max}=\dfrac{2N_1}{3C} \\[2mm] p_{min}=0 \end{array} \right\} \tag{6-18}$$

式中，$C=\dfrac{B}{2}-e\left(e\leqslant\dfrac{B}{2}\right)$。

3. 基底合力偏心距

基底合力偏心距应满足表 6-8 的要求。

表 6-8　基底合力偏心距

地 基 条 件	合力偏心距
非岩石地基	$e_0\leqslant B/6$
较差的岩石地基	$e_0\leqslant B/5$
坚密的岩石地基	$e_0\leqslant B/4$
软土、松砂、一般黏土	$e_0\leqslant B/6$
紧密细砂、黏土	$e_0\leqslant B/5$
中密碎、砾石、中砂	$e_0\leqslant B/4$

4. 地基承载力抗力值

地基应力的设计值应满足地基承载力的抗力值要求，即满足以下各式：

（1）当轴向荷载作用时，

$$p\leqslant f \tag{6-19}$$

式中，f为地基承载力抗力值（kPa）。

（2）当偏心荷载作用时，

$$p\leqslant 1.2f \tag{6-20}$$

（3）地基承载力抗力值的规定

当挡土墙的基础宽度大于 3m，或埋置深度大于 0.5m 时，除岩石地基外，地基承载力抗力值按式（6-21）计算：

$$f = f_k + k_1\gamma_1(b-3) + k_2\gamma_2(h-0.5) \tag{6-21}$$

式中，f 为地基承载力抗力值（kPa）；f_k 为地基承载力标准值（kPa）；k_1、k_2 为承载力修正系数；γ_1 为基底下持力层上土的天然重度（kN/m³），如在水面以下且不透水者，应采用水中重度；γ_2 为基础地面以下各土层的加权平均重度（kN/m³），水面以下用有效水中重度（kN/m³）；b 为基础底面宽度（m），小于 3m 时取 3m，大于 6m 时取 6m；h 为基础底面的埋置深度（m），从天然地面算起，有水流冲刷时，从一般冲刷线算起。

（4）当不满足式（6-21）的计算条件或计算出的结果 $f \leqslant 1.1f_k$ 时，可按 $f = 1.1f_k$ 直接确定地基承载力抗力值。

（5）f 值可以根据不同荷载组合予以提高，提高系数 K 按表 6-9 取值。

表 6-9　提高系数 K

荷 载 组 合	提高系数 K
主要组合（Ⅰ）	1.0
附加组合（Ⅱ）	1.3
偶然组合（Ⅲ）	1.5

（6）当偏心距 e 小于或等于 0.333 倍基础地面宽度时，可根据土的抗剪强度指标确定地基承载力抗力值。

6.4.3　墙身截面强度验算

为了保证墙身具有足够的强度，应根据经验选择一两个控制断面进行验算，如墙身底部、1/2 墙高处、上下墙（凸形及恒重式墙）交界处。

根据《公路圬工桥涵设计规范》（JTG D61—2005）的规定，当构件采用分项安全系数的极限状态设计时，荷载效应不利组合的设计值，应小于或等于结构抗力效应的设计值。

（1）强度计算

$$N_j = \alpha_K A R_K / \gamma_K \tag{6-22}$$

按每延米墙长计算，按式（6-23）进行：

$$N_j = \gamma_0\left(\gamma_G N_G + \gamma_{Q1} N_{Q1} + \sum \gamma_{Qi}\psi_{Ci} N_{Qi}\right) \tag{6-23}$$

式中，γ_K 为抗力分项系数，按表 6-10 选用；R_K 为材料极限抗压强度（kPa）；A 为挡土墙构件的计算截面积（m²）；α_K 为轴向偏心影响系数；N_j 为设计轴向力（kN）；γ_0 为重要性系数；ψ_{Ci} 为荷载组合系数（表 6-11）；N_G、γ_G 分别为恒载引起的轴向力（kN）和相应的分项系数；N_{Q1} 为主动土压力引起的轴向力（kN）；$N_{Qi}(i=2\sim6)$ 为被动土压力、水浮力、静水压力、动水压力、地震力引起的轴向力（kN）；$\gamma_{Qi}(i=1\sim6)$ 为以上各项轴向力的分项系数。

表 6-10　抗力分项系数

圬 工 种 类	受 力 情 况	
	受压	受弯、剪、拉
石料	1.85	2.31
片石砌体、片石混凝土砌体	2.31	2.31

圬 工 种 类	受 力 情 况	
	受压	受弯、剪、拉
块石砌体、粗料石砌体、混凝土预制块砌体	1.92	2.31
混凝土	1.54	2.31

表 6-11　荷载组合系数表

荷 载 组 合	ψ_{Ci}
Ⅰ、Ⅱ	1.0
Ⅲ	0.8
施工荷载	0.7

（2）稳定计算

$$N_j \leqslant \psi_K \alpha_K A R_K / \gamma_K \tag{6-24}$$

式中，ψ_K 为弯曲平面内的纵向翘曲系数，按式（6-25）计算；其他符号同上。

$$\psi_K = \frac{1}{1 + \alpha_s \beta_s (\beta_s - 3)[1 + 16(e_0/B)^2]} \tag{6-25}$$

式中，$\beta_s = 2H/B$，H 为墙的有效高度（m），B 为墙的宽度（m）；α_s 为系数，查表 6-12 可得。

表 6-12　α_s 系数表

类　　别	砌体砂浆强度等级			混　凝　土
	≥M5	M2.5	M1	
α_s	0.002	0.0025	0.004	0.002

一般情况下，挡土墙尺寸不受稳定控制，但应判断是细高墙还是矮墙。

当 H/B 小于 10 时，为矮墙；其余则为细高墙。但当墙顶为自由时，H/B 应小于 30。对于矮墙 $\psi_K = 1$，即不考虑纵向稳定。

（3）正截面直接受剪时验算

$$Q_j \leqslant A_j R_j / \gamma_K + f_m N_1 \tag{6-26}$$

式中，Q_j 为正截面剪力（kN）；A_j 为受剪截面面积（m²）；R_j 为砌体截面的抗剪极限强度（kPa）；f_m 为摩擦系数，$f_m = 0.42$。

6.5　其他路基挡土墙简介

6.5.1　薄壁式轻型挡土墙

薄壁式轻型挡土墙是钢筋混凝土结构，包括悬臂式和扶壁式两种主要形式。悬臂式挡土墙由立壁和底板组成，有立壁板、趾板和踵板三个悬臂。当墙身较高时，可沿墙长一定距离立肋板（即扶壁）联结立壁板与踵板，从而形成扶壁式挡土墙；老路加固时，考虑扶壁难以做在踵板侧，也可考虑将其做在趾板侧，同样可以发挥作用，但需进行专门设计计算确定。悬臂式和扶壁式挡土墙结构示意图分别如图 6-9 和图 6-10 所示。

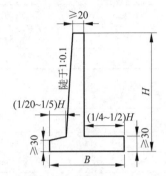

图 6-9　悬臂式挡土墙结构示意图（单位：m）

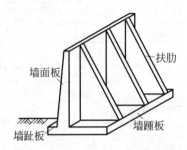

图 6-10　扶壁式挡土墙结构示意图

悬臂式和扶壁式挡土墙的结构稳定性是依靠墙身自重和踵板上方填土的重力来保证，基底应力小。二者具有构造简单、施工方便，墙身断面较小，自身质量轻，可以较好地发挥材料的强度性能，能适应承载力较低的地基等特点。一般情况下，墙高 6m 以内采用悬臂式，6m 以上采用扶壁式。主要适用于缺乏石料及地震地区。根据墙踵板的施工条件，一般用于填方路段作路肩墙或路堤墙使用。

6.5.2　锚定式轻型挡土墙

锚定式轻型挡土墙通常有锚杆式和锚定板式两种形式。锚杆式挡土墙由预制的钢筋混凝土立柱和挡土板构成墙面，与水平或倾斜的钢筋锚杆联合作用支挡土体，主要是靠埋置于岩土中的锚杆的抗拉力拉住立柱保证土体稳定的。锚定板式挡土墙则将锚杆换为拉杆，且在其土中的末端连上锚定板。

锚定式挡土墙不适用于路堑式路基，不过对于岩质路堑地段，或者其他具有锚固条件的路堑墙也可使用；在路堤式路基中容易施工。锚定式挡土墙的主要特点有：

（1）结构质量轻，使挡土墙的结构轻型化，与传统重力式挡土墙相比，可以节约大量的圬工，节省工程投资。

（2）有利于挡土墙的机械化、装配化施工，可以减轻笨重的体力劳动，提高劳动生产率。

（3）不需要大量开挖基坑，能克服不良地基开挖困难等问题，有利于施工安全。

但是，锚定式挡土墙施工工艺要求相对较高，需要钻孔、灌浆等配套的专用机械设备，且要耗用一定的钢材。

锚杆抗拔力的确定是锚杆式挡土墙设计的基础，它与锚杆锚固的形式、地层的性质、锚孔的直径、有效锚固段的长度以及施工方法、填注材料等因素有关。

锚杆的类型主要有摩擦型灌浆锚杆和扩孔型灌浆锚杆两种类型。

1. 锚杆式挡土墙

锚杆式挡土墙是利用锚杆技术形成的一种挡土结构物。锚杆是一种新型的受拉杆件，它的一端与工程结构物联结，另一端通过钻孔、插入锚杆、灌浆、养护等工序锚固在稳定的地层中,以承受土压力对结构物所施加的推力,从而利用锚杆与地层间的锚固力来维持结构物的稳定。柱板式挡土墙壁和壁板式挡土墙结构示意图分别如图 6-11 和图 6-12 所示。

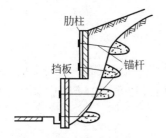

图 6-11　柱板式(锚杆)挡土墙结构示意图

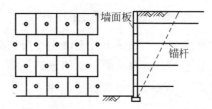

图 6-12　壁板式(锚杆)挡土墙结构示意图

2. 锚定板式挡土墙

锚定板式挡土墙按墙面结构形式分为柱板式和壁板式两种,如图 6-13 和图 6-14 所示。

柱板式挡土墙的墙面由肋柱与挡土板拼装而成,根据运输和吊装能力可采用单根柱,也可以分段拼接,上下肋柱之间用榫连接。

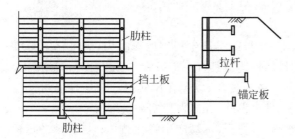

图 6-13　柱板式(锚定板)挡土墙结构示意图

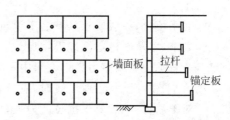

图 6-14　壁板式(锚定板)挡土墙结构示意图

6.5.3　加筋土挡土墙

加筋土挡土墙是利用加筋土技术修建的支挡结构物,如图 6-15 所示。加筋土是一种在土中加入抗拉筋材的复合土,它利用筋材与土体之间的摩擦作用,把土的侧压力削减到土体中,改善土体的变形条件,提高土体的工程性能,从而达到稳定土体的目的。加筋土挡土墙由填料、在填料中布置的筋材以及墙面板三部分组成。

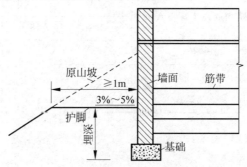

图 6-15　加筋土挡土墙结构示意图

加筋土挡土墙属于柔性结构物,对地基变形适应性大,建筑高度也可以很大,适用于填土路基;但需考虑其挡板后填土的渗水稳定及地基变形对其影响,需要专门通过计算分析选用。

1. 加筋土挡土墙的结构形式

目前常见的加筋土挡土墙主要形式有单面式加筋土挡土墙、双面式加筋土挡土墙、台阶式加筋土挡土墙和无面板加筋土挡土墙四种;其中,双面式加筋土挡土墙中又分为分离式、交错式以及对拉式加筋土挡土墙。

2. 加筋体构造与材料选择

横截面和面板构造形式如图 6-16 所示。

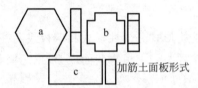

图 6-16　横截面和面板构造形式示意图

对于填料,一般要求具有易于填筑与压实,能与筋材产生足够的摩擦力,满足化学与电化学要求,以及水稳定性好等特点。通常填料优先选择具有一定级配和透水性好的砂类土、碎(砾)石类土。摩擦力大粗粒料中不得含有尖锐的棱角,以免在压实过程中压坏筋材。当采用黄土、黏性土及工业废渣时,应做好防水、排水设施,并确保压实质量等。

对于筋材,一般要求抗拉能力强,延伸率小,蠕变小,不易产生脆性破坏;与填料之间具有足够的摩擦力;耐腐蚀和耐久性能好;具有一定的柔性,加工容易,接长及与墙面板连接简单;使用寿命长,施工简便等技术特点。通常筋材选用钢带、钢筋混凝土带、聚丙烯土工带,以及钢塑复合带等材料。

3. 加筋土挡土墙的填土压实要求

加筋土挡土墙的填土压实要求如表 6-13 所示。

表 6-13　加筋体填料压实度要求

填 土 范 围	路槽底以下深度/cm	压实度/%	
		高速、一级公路	二、三、四级公路
距面板 1.0m 以外	0~80	≥ 96	≥ 94
	80 以下	> 94	> 93
距面板 1.0m 以内	全部墙高	≥ 93	≥ 92

4. 稳定性分析

加筋土挡土墙稳定性分析包括内部稳定性分析和外部稳定性分析两大类。与加筋土挡土墙内部稳定性有关的破坏形式有以下两种：

（1）由于拉筋开裂造成的断裂；

（2）由于拉筋与填土之间结合力不足造成的加筋体断裂。

加筋土挡土墙的外部稳定性与工程的地基土（承载能力、沿基础底面滑动等）和工程相连的整体土层等有关，其破坏形式主要有：

（1）加筋土挡土墙与地基间的摩擦力不足或墙后土体的侧向推力过大所引起的滑移，如图 6-17(a)所示；

（2）加筋土挡土墙被墙后土体的侧向推力所倾覆，如图 6-17(b)所示；

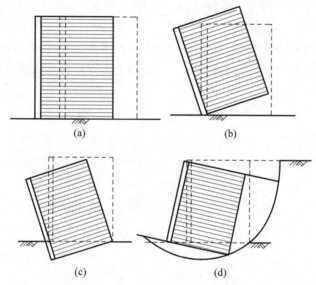

图 6-17　加筋土挡土墙整体稳定性破坏形式

(a) 滑移；(b) 倾覆；(c) 倾斜；(d) 整体滑动

（3）由于地基承载力不足或不均匀沉降引起的倾斜，如图 6-17(c)所示；

（4）加筋土挡土墙及墙后土体出现整体滑动，如图 6-17(d)所示。

6.6　本章习题

习题答案

1. 名词解释

（1）挡土墙

（2）最危险破坏面

（3）第二破裂面

（4）抗滑稳定性

（5）抗倾覆稳定性

2. 简答题

（1）试述各类挡土墙的结构特点及其适用条件。

（2）重力式挡土墙的墙背有哪几种形式，各有什么特点？

（3）挡土墙的布置包括哪几个方面？

（4）挡土墙的计算长度确定方法有几种，选用哪个长度？

（5）重力式路堤挡土墙墙背破裂面有哪几种形式？

（6）挡土墙抗滑稳定性、抗倾覆稳定性或地基承载力不足时，可采取哪些改进措施？

（7）挡土墙的排水设施是如何设计的？

（8）加筋土挡土墙中筋带有什么作用？ 筋带长度如何确定？

（9）按照挡土墙的设置位置，挡土墙可分为哪几种，各有何用途？

（10）路基在遇到什么情况时可考虑修建挡土墙？

（11）一般挡土墙是由哪几部分构成的，各有什么要求？

3. 计算题

有一挡土墙高 6m，墙背竖直、光滑，墙后填土表面水平，填土的重度 $\gamma = 18.5 \text{kN/m}^3$，内摩擦角 $\varphi = 20°$，黏聚力 $c = 19 \text{kPa}$。求朗肯被动土压力并绘出被动土压力分布图。

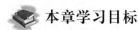

第7章

路基工程施工

课程思政

PPT

本章学习目标

知识目标

(1) 能够阐述路基施工的意义、方法与基本内容。

(2) 能够阐述路基基底处理和填料选择。

(3) 能够说明既有线改建和增建第二线铁路路基的施工要点。

(4) 能够列举路基防护加固与排水设施的施工要点。

能力目标

(1) 结合具体工程实例,能够给出路基基底处理、填料选择的初步建议。

(2) 结合具体工程实例,能够给出路基施工步骤与施工要点。

(3) 树立绿水青山就是金山银山的理念。

7.1 路基施工的意义、方法与内容

7.1.1 路基施工的重要意义

路基工程涉及范围广,影响因素多,灵活性大,尤其是岩土内部结构复杂多变,设计阶段难以尽善尽美,因此需要在施工过程中进一步完善。理想的设计必须通过施工来实现;就耗费人力、资源和财力,以及快速、高效与安全的要求而言,施工比设计更为重要,也更为复杂。

路基土石方工程量大、分布不均匀。不仅与路基工程相关的设施,如路基排水、防护与加固等相互制约,而且同道路工程的其他工程项目,如桥涵、隧道、路面及附属设施相互交错。因此,路基施工在质量标准、技术操作、施工管理等方面都具有特殊性,必须予以研究和不断改进;就整个道路工程的施工而言,路基施工往往是施工组织管理的关键环节。

路基工程的项目较多,如土方、石方及圬工砌体等,在施工方法与技术操作方面各具特点。土质路基包括路堤与路堑,基本操作是挖、运、填,工序比较简单,但条件比较复杂,因而施工方法多样化,简单的工序中常常遇到极为复杂的技术和管理方面的难题。

路基施工是野外操作,边远山区自然条件差,运输不便,设备与施工队伍的供应和调度

难；工地分散，工作面狭窄，遇有特殊地质不良现象时，一般的技术问题会变得复杂化，而复杂的技术问题，更难以用常规的方法去解决。城市道路路基施工条件一般比公路、铁路路基施工条件好，尤其是在物质供应、生活条件及通信运输等方面，比较容易安排。城市路基施工亦有不利的方面，主要集中表现在：地面拆迁多、地下管线多、施工干扰多。此外，路基施工存在场地布置难、临时排水难、用土处置难、路基压实难等不利的因素。路基的隐蔽工程较多，质量不合标准会给路面及自身留下隐患，一旦产生病害，不仅损坏道路使用品质，妨碍交通及经济损失，而且会后患无穷，难以根治。因此，要确保工程质量，实现快速、高效、安全施工，必须重视施工技术及管理。就目前情况而言，一个稳定的专业施工队伍，配有相应的技术骨干和机具设备，建立和健全施工技术操作规程与质量检查验收制度，采用现代化的施工管理方法是实现"精心施工"的必由之路。

7.1.2　路基施工的基本方法

路基施工方法按其技术特点，可以分为人力施工、简易机械化施工、综合机械化施工、水力机械化施工和爆破法施工等。人力施工是传统方法，使用手工工具，具有劳动强度大、功效低、进度慢、工程质量亦难以保证等技术特点，适用于地方道路和某些辅助性工作；限于具体条件，短期内还必然存在。单机作业的效率，比人力及简易机械施工要高得多，但需要大量的人力与之配合。对主机配以辅机，相互协调，共同形成主要工序的综合机械化作业，可以大大提高工效。所以，实现综合机械化施工，是保证高等级公路施工质量和施工进度的重要条件，也是路基施工现代化的重要途径。水力机械化施工，亦是机械化施工的方法之一，它运用水泵、水枪等水力机械，喷射强力水流，冲散土层并流运至指定地点沉积，如采集砂料或地基加固等。水力机械化施工适用于电源和水源充足、土质较松散的情况等。对于砂砾填筑路堤或基坑回填，还可起到密实作用（称为水夯法）。爆破法是开挖施工的基本方法，还可用于冻土、泥沼等特殊路基施工，以及清除路面，开石取料与石料加工等。

上述路基施工方法的选择，应根据工程性质、施工期限、现有条件等因素而定，而且应因地制宜，综合使用各种方法。

高速公路、一级公路以及在特殊地区或采用新技术、新工艺、新材料进行路基施工时，应采用不同的施工方案做试验路段，从中选出路基施工的最佳方案指导全线施工。试验路段位置应选择在地质条件、断面形式均具有代表性的地段，路段长不宜小于100m。

7.1.3　路基施工的基本内容

路基施工的主要内容，大致可归纳为施工前的准备工作和基本工作两大部分。施工前的准备工作，极为重要，它是组织施工的第一步。施工前的准备工作，内容较多，大致可归纳为组织准备、技术准备和物质准备三个方面。

1. 组织准备工作

组织准备工作主要是建立和健全施工队伍和管理机构，明确施工任务，制定必要的规章制度，确立施工所应达到的目标等。组织准备亦是做好一切准备工作的前提。

2. 技术准备工作

路基开工前,施工单位应在全面熟悉设计文件和设计交底的基础上,进行施工现场的勘查,设计文件的核对,并在必要时进行一定的修改,发现问题应及时根据有关程序提出修改意见并报请变更设计,编制施工组织计划,恢复路线,施工放样与清除施工场地,搞好临时工程的各项工作等。现场勘查与设计文件核对,是熟悉和掌握施工对象特点、要求和内容,是整个施工的重要步骤。

施工组织计划是具有全局性的大事,其中包括选择施工方案、确定施工方法、布置施工现场(施工总平面布置),编制施工进度计划,拟订关键工程的技术措施等,它是整个工程施工的指导性文件,亦是其他各项工作的依据。在当前强调加强施工管理,实现现代化施工管理的时期,如何抓住施工组织计划这一环节,更具有现实意义。

临时工程,包括施工现场的供电、给水,修建便道、便桥,架设临时通信设施,设置施工用房(生活和生产所必需)等,这些均为开展基本工作的必备条件。

路基恢复定线、清除路基用地范围内一切障碍物等,是施工前的技术准备工作,亦是基本工作的一个组成部分,宜协调进行。

路基开工前应做好施工测量工作,其内容包括导线、中线、水准点复测,横断面检查与补测,增设水准点等。施工人员还应对路基工程范围内的地质、水文情况详细调查,通过取样、试验确定其性质和范围,并了解附近现有建筑物对特殊土的处理方法。

3. 物质准备工作

物质准备工作包括各种材料与机具设备的购置、采集、加工、调运与储存,以及生活后勤供应等。为使供应工作能适应基本工作的需要,物质准备工作必须制订具体计划。其中,有的计划内容,如劳动力调配、机具配置及主要材料供应计划等,必须服从于保证上述施工组织计划顺利实施,亦常被列为施工组织计划的一个组成部分。

路基施工仅是整个道路工程中的一个工程项目,以上所述的准备工作,主要对整个工程的施工而言,对于某一单项工程,如土质路基、石质路基、路基排水和防护加固,或路基工程以外的桥涵和路面等,准备工作的具体内容与要求虽有差别,但基本项目不可缺少。

7.2　土质路堤填筑施工

7.2.1　基本要求

路堤填筑施工前,首先必须搞好施工排水,包括开挖地面临时排水沟槽及设法降低地下水位等,以便始终保持施工场地的干燥。这不仅因为土在干燥状态卜易于操作,而且控制土的湿度是确保路堤填筑质量的关键。从有效控制土的含水率出发,土质路基的施工作业面不宜太大,以有利于组织快速施工,随挖随运,及时填筑压实成型,减少施工过程中的日晒雨淋,尽量保持土的天然湿度,避免过干或过湿。一般条件下土的天然含水率接近最佳值,必要时,应考虑人工洒水或晾干措施。雨季施工时,应按照施工技术操作规程的有关规定,加强临时排水,确保路基质量。过湿填土,碾压后形成弹簧现象,必须挖除重填,必要时可采取其他相应的加固措施。

路基挖填范围内的地表障碍物,事先应予以拆除,其中包括原有房屋的拆迁,树木和丛林茎根的清除,以及表层种植土、过湿土与设计文件或规程所规定的杂物的清除。在此前提下,必要时按设计要求对路堤上层进行加固。

路堤取土与填筑,必须有计划、有步骤地进行操作,这不仅是文明施工的需要,而且是选土与合理利用填土的保证。不同性质的路基用土,除按规定予以废弃和适当处置外,一般不允许任意混填。

土质路堤,应视路基高度及设计要求,先着手清理或加固地基。潮湿地基应尽量疏干预压,如果地下水位较高,因工期紧或其他原因无法疏干,第一层填土适当加厚或填以砂性土后再予以压实。一般情况下,路堤填土应在全宽范围内,分层填平,充分压实,每日施工结束时,表层填土应压实完毕,防止间隔期雨淋或暴晒。分层厚度视压实工具而定,一般压实厚度为20～25cm。路堤加宽或新旧土层搭接处,原土层挖成台阶,逐层填新土,不允许将薄层新填土层贴在原路基的表面。

路基原定设计要求及施工操作规程,是路基施工的依据及质量检验的标准,必须严格执行。遇有特殊情况,无法按原设计和规程实施,需按基建程序中规定的手续,会同有关单位协商解决。路基填方材料,应有一定的强度。经野外取土试验,符合表7-1的规定时才能使用,二级和二级以下的公路做高级路面时,应符合高速公路及一级公路的规定。表中所列强度按《公路土工试验规程》(JTG 3430—2020)规定方法确定。

表 7-1　路基填方材料最小强度和最大粒径

项目分类 （路面底面以下深度）		填料最小强度（CBR 值）/％		粒料最大粒径 /cm
		高速公路、一级公路	二级及以下公路	
路堤	上路床(0～30cm)	8.0	6.0	10
	下路床(30～80cm)	5.0	4.0	10
	上路堤(80～150cm)	4.0	3.0	15
	下路堤(>150cm)	3.0	2.0	15
零填及路堑路床(0～30cm)		8.0	6.0	10

7.2.2　基底处理与填料的选择

路堤是在天然地基上人为构造的土体,一般都是利用当地土石作填料,按一定方案在原地面上填筑起来。相关实践经验表明,为保证路堤的填料质量、保证路堤具有足够的强度和稳定性,必须注意地基的处理和填料的选择。

1. 路堤基底的处理

路堤基底是指路堤填料与原路面的接触部分。为使二者结合紧密,避免路堤沿基底发生滑动,防止由树根、草皮腐烂而引起路堤沉陷,需视地基的土质、水文、坡度和植被情况及填筑高度采取相应的处理措施。路堤表土清除压实工序如图7-1所示。

1）伐树、除根及表土处理

路堤填筑时如果不清除草木残株等杂物,路堤成型后一旦杂物腐烂变质,地基将发生地基松软和不均匀沉陷等现象,为防止这种情况,就必须在填土之前做好伐树、除根和表层土壤处理工作。特别当路基填筑高度小于 1.0m 时,应注意将路基范围内的树根、草丛全部挖除。

如基底的表层土系腐殖土,则需用挖掘机或人工将其表层土清除换填,厚度视具体情况而定,一般以不小于 30cm 为宜,并予以分层压实,压实度应符合规范要求。如发现草碳层、鼠洞裂缝、溶洞等,都必须处理好,以防造成日后塌陷。有些清除物(如腐殖土),路堤修筑后可取回作为护坡保护层使用,也可作为中央分隔带及绿化带的回填土,这时应注意堆弃位置要便于取回。

路堤通过耕地时,填筑施工之前,必须预先填平压实,如其中有机质含量和其他杂质较多时,碾压时因弹性过大,不易压实,应换填干土。

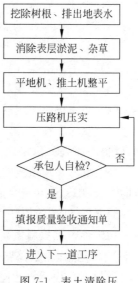

图 7-1　表土清除压实工序图

2）坡面基底的处理

填方路堤,如基底为破坏面时,在荷载作用下,粒料极易失稳而沿坡面产生滑移,因此在施工前必须注意对基底坡面处理后方能填筑。经验表明,当坡度较小,在 1∶10～1∶5 时,只需清除坡面上的树、草等杂物,将翻松的表层压实后即可保证坡面的稳定。但当坡面较大时,应采取如图 7-2 所示的方法将坡面做成台阶形,一般宽度不宜小于 2m,高度最小为1.0m,而且台阶顶面应做成向堤内倾斜 4%～6% 的坡度。如果基底坡面超过 1∶2.5 时,则应采用修护墙、护坡等措施对外坡脚进行特殊处理。

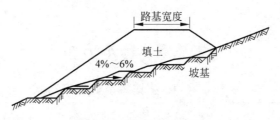

图 7-2　坡面基底的处理

2．路堤填料的选择

应尽可能选择当地稳定性良好并具有一定强度的土石作填料。一般情况下,路堤填料符合表 7-1 的要求时,方可使用。

1）最稳定的填料

最稳定的填料主要有石质土和工业矿渣两大类。前者常用的有漂石土、卵石土、砾石土、中砂和粗砂等;后者常用的有钢渣、建筑废料等。这两者材料摩擦系数大,不易压缩,透水性好,其强度受水影响较小,是填筑路堤的最佳材料。

2）密实后可以稳定的填料

这类材料亦可分为一般填土和工业废料两类。前者通常是指粉土质砂以及砂和黏土所组成的混合土；后者主要有粉末灰、电石灰等。这些材料经压实后能获得足够的强度和稳定性，是较好的、常用的填筑材料。但在使用时应注意：

（1）土中的有机质不可超过 5%。

（2）土中易溶盐含量不得超出规定的数量。

（3）填土施工要在最佳含水率状态下进行。

（4）必须按照一定的厚度铺设，分层压实。

（5）砂的黏性小，易松散，有条件的应适当掺杂一些黏性大的土或将路堤表面予以加固，以提高路堤的稳定性。

（6）用粉煤灰填筑路堤应符合有关规定的要求，其他工业废渣在使用前应进行有害物质的含量试验，避免有害物质超标，污染环境。

3）稳定性差的填料

稳定性差的填料主要有高液限黏土、粉质土等。一般液限指数大于 50，塑性指数大于 26 的土，不宜作为公路路基填料。在特殊情况下，受工程作业现场条件限制必须使用时，通常应做如下处理后方能使用。

（1）含水率的调节，使其保持最佳含水率。如果土料含水率过高，应予以翻晒，或降低地下水位，改变土料含水率；如含水率过低时，常在材料上人工洒水，使其润湿均匀。同时还需注意预计润湿时间，绝不可洒水后立即碾压。

（2）掺加外加剂改良，即利用石灰、水泥工业废料或其他材料做稳定剂（或凝固剂）对土的性质进行改良，达到填土要求。这种方法对含水率大、塑性高的土或强度不足的其他填料（如含有大量细粒砂的砂质土）都有较好的效果。

采用外加剂改良土的施工方法，是将土和外加材料按一定比例混合、拌匀后铺平压实，一般采用路拌式稳定土（灰土）拌和机和平地机等进行作业，也可由设于专门场地的厂拌设备…

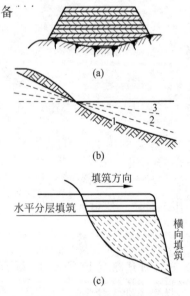

图 7-3　路堤填筑的基本方案
（a）水平分层；（b）纵向分层；（c）联合
注：1、2、3 表示挖填顺序。

7.2.3　基本方案

1. 路堤填筑的基本方案

路堤填筑是把填料用一定方式运送上堤进行铺平、碾压密实的过程。路堤填筑分为水平分层填筑法、纵向分层填筑法、横向填筑法和联合填筑法 4 种方法。

1）水平分层填筑法

填筑时按照横断面全宽分成水平层次，逐层向上填筑，如图 7-3（a）所示。如原地面不平，应从最低处分层填起，每填一层经过压实，符合规定后再填上一层。

2）纵向分层填筑法

纵向分层填筑法适用于推土机从路堑取料填筑距离较短的路堤，依纵坡方向分层，逐层向上填筑碾压密实，如图 7-3（b）所示。原地面纵坡大于 12% 的地段常采用此法。

3）横向填筑法

从路基一端或两端同时按横断面的全部高度,逐步推进填筑,仅用于运土机械无法进场进行自下而上填筑的深谷、陡坡、段岩、泥沼等的路堤。横向填筑因填土过厚,不易压实时,施工需采取下列措施。

(1) 选用高效能压实机械。

(2) 采用沉陷量较小的砂性土或附近开挖路堑的废石方,并一次填足路堤全宽度。

(3) 在底部进行拨土夯实。

4）联合填筑法

联合填筑法即路堤下层用横向填筑,上层用水平分层填筑,使上部填料经分层压实获得需要的压实度,如图 7-3(c)所示。联合填筑法适用于因地形限制或填筑堤身较高,不宜采用水平分层填筑法和横向填筑法自始至终进行填筑的情况。可以单机作业,也可以多机作业,一般沿路线分段进行,每段距离以 20～40m 为宜,多在地势平坦,或两侧有可能利用的山地土场的场合采用。在路堤单侧取土时,每段推土机可采用穿梭法进行作业。作业时,推土机铲满土料,推送至路堤的坡脚,卸土后按原路返回铲挖位置,如此往复在同一路线上,采用槽式作业法两三铲刀就可挖到 0.7～0.8m 深,然后做斜线倒退,向一侧移位,同样方法可推送相邻土料。整个作业区段完成后,可以沿作业时相反方向侧移,可推净遗留土埂,整平取土坑。

当推土机由路堤两侧取土场取土时,每侧作业方法与上述方法相同,所不同的是路堤用土由两侧运来,分别推至路基中心线即可,作业时,为使中心线两侧运土的结合处能充分压实,两侧运来土料均应推送超过中线。采用这种作业方法的,每个作业区段最好由两侧相同台数的推土机,面对面地同步进行,可使路堤均衡对称地形成。

用推土机做两侧取土填筑路堤,适宜于取土距离较短、路堤较低的场合。一般在 1m 以下,作业时要分层有序地进行,每层厚视土质及压实特性而定,一般为 20～30cm,并需随时分层压实。

2. 路堤填筑的注意事项

采用不同土质填筑路堤,在高等级公路施工中是十分常见的,若将不同性质的土任意混填,会造成路基病害,因此必须注意以下几点。

(1) 不同土质应分层填筑路堤,层次应尽量减少,每层总厚度最好不小于 0.5m,不得混杂乱填,以免形成水囊或滑动面。

(2) 透水性差的土填筑在下层时,其表面应做成一定的横坡(一般为双向 4％横坡),以保证来自上层透水性填土的水分即时排出。

(3) 为保证水分蒸发和排出,路堤不宜被透水性差的土层封闭,也不应覆盖在透水性较大的土所填筑的下层边坡上。

(4) 根据强度和稳定性要求,合理地安排不同土质的层位,一般凡不因潮湿及冻融而变更其体积的优良土应填在上层,强度(变形模量)较小的土应填在下层。

(5) 为防止相邻两段用不同土质填筑的路堤在交接处发生不均匀变形,交接处应做成斜面,并将透水性差的土填在斜面下部。

土质路堤不同填筑方案的正确与错误方式对比,如图 7-4 所示。

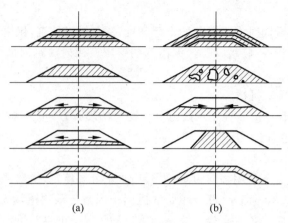

图 7-4　土路堤填筑方案示意图

（a）正确方案；（b）错误方案

7.2.4　土质路基压实施工

　　路基施工破坏土体的天然状态，致使结构松散，颗粒重新组合。为使路基具有足够的强度和稳定性，必须予以压实，以提高其密实程度。所以路基的压实工作，是路基施工过程中的一道重要工序，亦是提高路基强度与稳定性的根本技术措施之一。

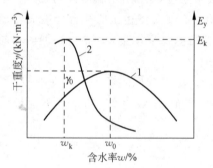

1—γ 与 w 的关系；2—E 与 w 的关系。

图 7-5　路基 E、γ 与含水率 w 的关系

1. 影响路基压实效果的因素

　　对于细粒土的路基，影响压实效果的因素有内因和外因两方面。内因指土质和湿度，外因指压实功能（如机械性能、压实时间与速度、土层厚度）及压实时的自然和人为的其他因素等。

　　为了更简明、直观阐明主要因素对压实的影响，以及为什么选用干重度作为表征路基密实程度的技术指标，可参见图 7-5 的关系曲线。

　　图 7-5 中曲线 1 的驼峰曲线，表明干重度 γ 随含水率 w 变化的规律性。在同等条件下，一定含水率之前，γ 随 w 增加而提高，主要是由于水起润滑作用，

土粒间阻力作用减小，施加外力后，孔隙间距小，土粒易被挤紧，γ 得以提高，γ 值达最大值后，w 再继续增大，土粒孔隙被水分占据，而水一般不为外力所压缩，因而 w 增大，γ 随之降低。通常在一定条件下干重度的最大值，称为最大干重度 γ_0（驼峰曲线的最高点），相应的含水率称为最佳含水率 w_0。由此可见，压实时，如能控制土的湿度为最佳值 w_0，则压实效果为最高，耗费的压实功能为最经济。

　　如果以变形模量 E_y 代替 γ，它与 w 亦具有类似的驼峰曲线关系，而且最高点的 E_k 及其相应的 w_k 值，与 γ_0 及 w_0 有区别。曲线 2 表明，土体湿度在达到最佳值 w_0 之前（$w_0 >$ w_k），强度已达最高值 E_k，这是因为土中含水率较少时（w_k），土粒间的阻力较大，欲使土粒继续位移，需要更大的外力，所以表现为 E_k 最高。而土中湿度在 w_k 值前后的减少或增加，相应的 E_y 随之有所降低。

现行路面设计方法是以回弹模量为路基的强度指标,为什么不直接用模量来控制路基压实程度,而用干重度来表示压实程度,这一点可以通过图 7-6 所示的试验来分析说明。图 7-6 是饱水前后的压实试验结果对照曲线关系图,饱水后,γ 与 E 均有所降低,而在 w_0 时两者的降低值 $\gamma_0 - \gamma_1$ 或 $E_k' - E_y'$ 均最小。换言之,控制最佳含水率 w_0 压实的路基,其强度和稳定性最好,如果以 w_k 为准,尽管相应的 E_k 最高,但饱水后的却大大降低,水稳定性差。这就是选用 γ_0 及相应的 w_0 作为控制路基压实指标的机理所在。

土质对压实效果的影响亦很大。一般规律是,土质不同,γ_0 与 w_0 数值不一样,而且分散性(液限、塑限)较高的土,其 w_0 值较高,γ_0 值较低;砂性土的压实效果优于黏性土(图 7-7)。其机理在于土粒越细,比面积越大,土粒表面水膜所需的湿度亦越多,黏土中含有亲水性较高的胶体物质。砂土的颗粒粗,呈松散状态,水分极易散失,最佳含水率的概念没有多大的实际意义。

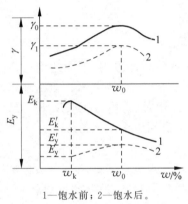

1—饱水前;2—饱水后。

图 7-6　饱水前后压实指标对照示意图

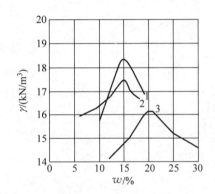

1—亚砂土;2—亚黏土;3—黏土。

图 7-7　几种土质的压实曲线对照图

压实厚度对压实效果具有明显影响。相同压实条件下(土质、湿度与功能不变),实测土层不同深度的密实度值,密实度随深度递减,表层 5cm 最高。不同压实工具的有效压实效果有所差异,根据压实工具类型、土质及路基压实的基本要求,路基分层压实的厚度有具体规定数值。一般情况下,夯实不宜超过 20cm,12～15t 光面压路机,不宜超过 25cm,振动压路机或夯实机,宜以 50cm 为限。实际施工时的压实厚度应通过现场试验确定合适的摊铺厚度。

压实功能(指压实工具的重量、碾压次数或垂落高度、作用时间等)对压实效果的影响,是除含水率以外的另一重要因素。图 7-8 是压实功能(综合因素)与压实效果的关系曲线。曲线表明:同一种图的最佳含水率 w_0,随压实功能的增大而减小,最大干重度 γ_0 则随压实功能的增大而提高;在相同含水率条件下,压实功能越高,路基密实度(即 γ)越高。据此规律,工程实践中可以增加压实功能(选用重碾、增加次数或延长时间等),以提高路基强度或降低最佳含水率。但必须指出,用增加压实功能的办法来提高路基强度的效果,有一定限度。功能增加到一定限度以上,效果提高越缓慢,在经济效益和施工组织上,不尽合理,甚至功能过大,破坏路基结构,效果适得其反。相比之下,严格控制最佳含水率,要比增加压实功能收效大得多。当含水率不足,洒水有困难时,适当增加压实功能可以收效;如果土的含水率过大,此时增大压实功能,必将出现"弹簧现象",压实效果很差,造成返工浪费。所以路基压实施工中,控制最佳含水率是关键,在此前提下采取分层填土、控制有效土层厚度,必要时适当增大压实功能,是路基压实工作的基本要领。

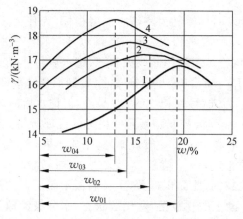

1—压实功能1；2—压实功能2；3—压实功能3；4—压实功能4。

图 7-8　压实曲线对照图

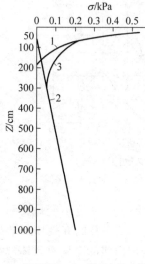

1—行车荷载；2—路基自重曲线；
3—两者叠加曲线。

图 7-9　路基应力随深度
变化曲线示意图

2. 路基压实标准

路基野外施工受种种条件限制,不能达到室内标准击实试验所得的最大干重度 γ_0,应适当降低。令工地实测干重度为 γ,它与 γ_0 值之比的相对值,称为压实度 K。已知 γ_0 值,规定压实度 K,则工地实测干重度 γ 值应符合下列要求:

$$\gamma \geqslant K\gamma_0 \tag{7-1}$$

压实度 K 就是现行规范规定的路基压实标准。正确选择 K 值关系到土路基受力状态、路基路面设计要求、施工条件,必须兼顾需要与可能,讲究实效性与经济性。图 7-9 是路基受力时土中应力 σ 随深度 Z 变化的关系曲线示意图。图 7-9 表明,路基表层承受行车作用力最大,由顶部向下,受力急剧减小。在一般汽车荷载情况下,其影响深度 $Z = 1.0 \sim 1.2\,\mathrm{m}$,$Z$ 更大时路基主要承受路基本身重力。因此,路基填土的压实度应是由下而上逐渐提高标准。

路面等级越高,对路基强度要求相应增大;自然条件越差,对路基的强度与稳定性越不利;路基挖填不同,对于路基的强度与稳定性亦有关系。基于上述分析,现行规范规定的路基压实度 K 如表 7-2 所示。

表 7-2　土质路堤压实度标准

填挖类型		路面底面计起深度范围/cm	压实度/%	
			高速公路、一级公路	其他公路
路堤	上路床	0～30	≥95	≥93
	下路床	30～80	≥95	≥93
	上路堤	80～150	≥93	≥90
	下路堤	>150	≥90	≥90
零填及路堑路床		0～30	≥95	≥93

表 7-3 所列压实度是以交通运输部颁发的《公路土工试验规程》重型击实试验法为准。对于铺筑中级或低级路面的三、四级公路路基,以及南方多雨地区天然土的含水率较高时,允许采用表 7-3 轻型击实试验法求得的路基压实标准。特殊干旱地区雨水较少,地下水位也较低,压实度稍有降低,不致影响路基的坚固、稳定和耐久性能,加之水量稀少,天然土的含水率大大低于土的压实最佳含水率,要加水到最佳含水率并压实到表 7-3 的规定确有困难,因此特殊干旱地区的压实度可降低 2%~3%。

表 7-3　路基轻型压实度标准

填挖类型		路面底面计起深度范围/cm	压实度/%	
			高速公路、一级公路	其他公路
路堤	上路床	0~30	—	≥95
	下路床	30~80	≥98	≥95
	上路堤	80~150	≥95	≥90
	下路堤	>150	≥90	≥90
路堑路床		0~30		≥95

填土路堤,包括分层填筑和倾填爆破石块的路堤,不能用土质路堤的压实度来判定路基的密实程度。其判定方法目前国内外规范尚无统一规定。我国城市道路路基工程施工及验收规范规定,填石路堤需用重型压路机或振动压路机分层碾压,表面不得有波浪、松动现象,路床顶面压实度标准是 12~15t 压路机的碾压轮迹深度不应大于 5mm。国外填石路堤采用在振动压路机的驾驶台上装设的压实计反映的计数值,来判定是否达到要求的紧密程度,但无定量值的规定,且只限于有此种装置的压路机。

《公路路基施工技术规范》参考了城市道路的方法,但将碾压后轮迹改为零作为密实状态的判定,这是因为石块本身是不能被压缩的,只要石块之间大部分缝隙已紧密靠拢,则重型压路机进行压实时,路堤应可以达到稳定,不能有下沉轮迹,故可判为密实状态。土质路基的压实度试验方法可采用灌砂法、环刀法、灌水法(水袋法)或核子密度湿度仪法。采用核子密度湿度仪法时,应先进行校正和对比试验。

3. 压实机具的选择

压实机具的选择,以及合理的操作,亦是影响路基压实效果的另一综合因素。

路基压实机具的类型较多,大致分为碾压式、夯击式和振动式三大类型。碾压式(又称静力碾压式)包括光面碾(普通两轮和三轮压路机)、羊足碾和气胎碾等几种。夯击式中除人工使用的石硪、木夯外,机动设备中有夯锤、夯板、风动夯及蛙式夯机等。振动式有振动器、振动压路机等。运土工具中的汽车、拖拉机及土方机械等亦可用于路基压实。

不同压实机具适用于不同土质及不同厚度和条件,这亦是选择压实机具的主要依据。正常条件下,对于砂性土的压实效果,振动式较好,夯击式次之,碾压式较差;对于黏性土,则宜选用碾压式或夯击式,振动式较差甚至无效。不同的压实机具,在最佳含水率条件下,适用于一定的最佳压实厚度及通常的压实遍数。

碾压机具对土施加的外力应有所控制,以防功能太大,压实过度,并防失效浪费或有害。一般认为,压实时的单位压力不应超过土的强度极限。不同土的强度极限与压实机具的重量、相互接触面积、施荷速度及作用时间（遍数）等因素有关。

实践经验证明：路基压实时，在机具类型、土层厚度及形成遍数已经选定的条件下，压实操作时宜先轻后重、先慢后快、先边缘后中间（超高路段等需要时，则宜先低后高）。压实时，相邻两次的轮迹应重叠轮宽的 1/3，保持压实均匀，不漏压，对于压不到的边角，应辅以人力或小型机具夯实。压实全过程中，经常检查含水率和密实度，以达到符合规定压实度的要求。

4. 压实工作组织

通过上述的准备工作，在确定了所采用的压实机械、需要的压实遍数、最佳含水率后，即可对路基进行压实施工。

碾压前，检查土的含水率是否合适，如果不合适，不要急于碾压，而是要采取处理措施，过湿就摊铺晾晒，过干则洒水润湿。碾压开始时宜用慢速，最大速度不宜超过 4km/h；碾压时直线段由两边向中间，小半径曲线段由内侧向外侧，纵向进退式进行；横向接头对振动压路机一般重叠 0.4～0.5m，对三轮压路机一般重叠后轮宽的 1/2，前后相邻两区段（碾压区段之前的平整预压区段和其后的检验区段）纵向重叠 1.0～1.5m。碾压施工应达到无漏压、无死角，确保碾压均匀。采用振动压路机碾压时，第一遍应不振动静压，然后先慢后快，由弱振至强振。

有大型运载车辆的标段，应合理安排行车路线，充分利用大型车辆对路基的压实作用。大型车辆轴载大，对路基具有压实作用，但是长时间在同一路线上行驶，会导致过度碾压，形成车辙，反而对路基有害。因此，施工时应尽量让车辆在路基全幅宽度内分开行驶。

5. 压实质量控制和检查评定方法

为确保路基达到规定的压实度要求，必须做好压实质量的检查与监理工作。

此外，压实度与弯沉值的检查还应遵照下述要求：

（1）每一压实层均应检验压实度，合格后方可填筑其上一层。检验频率为每 2000m^2 检验 8 个点，不足 200m^2 时，至少应检验 2 个点。必要时可根据需要增加检验点。

（2）弯沉检验频率应为每一幅双车道每 54m 检验 4 个点，左右两后轮隙下各一点。路床顶面的检测弯沉值在考虑季节影响以后应符合设计要求。当设计仅提供路基回弹模量时，则应采用设计规范规定的换算公式，计算设计要求的弯沉值。

（3）对填石及土石路堤，如设计规定需在路床顶面进行强度试验时，应按设计规定办理。压实度的评定以一个工班完成的路段压实层为检验评定单元比较恰当，如检验不合格能及时补压，不致等待过久而含水率过高。检验评定段的压实度 K 按式（7-2）计算，若 K 大于压实度的标准值，则为合格。

$$K = \overline{K} - t_a S / \sqrt{n} \geqslant K_0 \tag{7-2}$$

式中，K 为检验评定段的压实度；$\overline{K}$ 为检验评定段内各检验点压实度的平均值；t_α 为 t 分布表中随测点数和保证率（或置信率）而变的系数，对高速公路保证率为 95%；S 为检验值的均方差；n 为检验点数，应不少于 8～10 点，对高速公路一般取高限；K_0 为压实度标准值。

填筑碾压完成的路基，其路床顶面的回弹模量应满足设计的要求，然而实测路基回弹模

量 E_0 操作比较复杂,费时较多,故可用弯沉值测试 L_0。弯沉值与回弹模量有如下关系:

$$L_0 = 9308E_0^{-0.938} \qquad (7-3)$$

式中,L_0 为以 BZZ-100 标准轴载试验车实测的弯沉值(1/100mm);E_0 为路基回弹模量(MPa)。

弯沉值测定应在不利季节进行,若在非不利季节测定时,应乘以季节影响系数,弯沉值反映路基上部的整体强度,而压实度反映路基每层的密实状态,只有弯沉值和压实度两者都合格,路基的整体刚度、稳定性和耐久性才能符合要求。

路基达到碾压遍数后均由施工队(承包人)按上述规定自检测,检验不合格时,自行补压。若检验合格,应填写工序报验单,附上检测记录,报监理工程师进行抽检,或者在碾压到规定遍数后,施工队(承包人)会同监理工程师共同到达工地,监理工程师旁站监督检验(两种检测方法各有所长,施工中均有采用),旁站检测合格时即认可,不合格时承包人自费进行补压或返工。无论何时,在摊铺下一层之前,每层的压实都必须经监理工程师批准。

7.2.5 桥、涵及其他构筑物处的填筑

1. 桥、涵处路基产生沉陷的原因

桥、涵台背处路基由于沉陷而导致跳车是高等级公路中常见的一种病害,其主要原因如下。

(1) 路基本身的压缩沉降。一般情况下,构造物往往先行施工,一般路段的路基成型后,在台背处留下一缺口,当对此缺口填筑施工时,由于压实机械的作业面狭小而使压实不到位,特别是台、墙后侧及翼墙内侧达到规定要求更有一定难度,导致该处路基压实质量下降,通车后引起该处路基的压缩沉降。

(2) 地基沉降。一般情况下,台背后的地物地貌与其他路段不同,地形起伏大,地质条件不一;同时由于桥、涵处路基填筑高度较大,产生的基底应力也相对较大。因此,在台后填筑地段,产生的地基沉降也较其他路段大。

(3) 路基与台背接头处,常会产生细小缩裂缝,雨水渗入缝后,使路基产生病害,导致该处路基发生沉降。

分析上述原因,无一不与填筑施工有着密切关系,要解决桥、涵处填料的下沉问题,就必须采取正确的施工措施和适宜的施工方法。

2. 台背填土的施工与控制

1) 设置横向泄水管或盲沟

台背路基填筑前,在原地基土拱上设置泄水管或盲沟。在基底上,先对基底做必要的处理,然后填筑横坡为 3%~4% 的夯实黏土土拱,再在土拱上挖一条成双向坡的地沟(地沟尺寸一般为 40~60cm;深 30~50cm)。然后在台背后全宽范围内满铺一层隔水材料(可用油毡或下垫尼龙薄膜上盖油毡)。在地沟内四周铺设有小孔的硬塑料管(管径一般不小于10cm,其上小孔孔径为 5mm,布成绢花形,间距控制在 10cm 以内)。塑料泄水管的出口应伸出路基外,然后在硬塑料管的四周填筑透水性好、粒径较大的砂石材料,直到路基顶面。

横向盲沟的设置与上述相同，取消泄水管，以渗透系数较大的透水性材料填筑地沟（如大粒径碎石）。用土工布包裹盲沟出口处，并对其作必要的处理。

2）台背填筑材料的选择与施工

桥（涵）头跳车产生的原因主要是路基压缩沉降和地基沉降。台背处填筑内摩擦角较小的材料（如土方），加之压实质量影响，路基的压缩沉降量一般较大。为保证台背处路堤的稳定，其填土除设计文件另有规定外，一般应选用内摩擦角较大的透水性材料，如岩渣、碎石就能较好地减少路基的压缩沉降；而且也有利于台背缝隙中渗入的雨水沿盲沟或泄水管顺利排出路堤外。

台背后填筑透水性材料，应满足一定长度、宽度和高度的要求，在通常情况下，台背填料顺路线方向，长度顶部为距翼墙尾端不小于台高加 2m，底部距基础内缘控制长度不小于 2m，拱桥台背填土长度不应小于台高的 4 倍，涵洞填土每侧不应小于 2 倍孔径长度。透水性材料的填筑高度，从路堤顶面起向下计算，在冰冻地区一般不小于 2.5m，无冰冻地区填至高水位处。台背与路基接壤处，为保证连接质量，一般路基留一斜坡，斜坡坡度不大于1∶1（也可用台阶形式连接）。

台背的填筑施工应注意以下几点：

（1）控制填料的质量，填料的细粒含量不宜过大。

（2）填筑前，应在土拱上设置泄水管或盲沟。

（3）台背填筑透水性材料前，桥、涵的台前防护工程及桥梁上部结构均应完成。

（4）填筑时，对涵洞缺口填土，应在两侧对称均匀分层回填压实。如使用机械回填，则涵台胸腔部分及周围应先用小型压实机械压实填好后，方可用机械进行大面积回填，涵顶填土压实厚度必须大于 50cm 时，才能通过重型机械和汽车。对桥梁构造物，亦应做到两端对称施工，桥台背后填土与锥坡填土同时施工。

（5）应严格按有关施工规范施工，控制每层填筑厚度（一般不超过 20cm，当采用小型夯实机时，一级以上的公路松铺厚度不超过 15cm）、碾压遍数（一般不少于 10 遍），并对每层填筑质量实施检测，透水性材料以干重度或孔隙率控制施工质量。

如果台背要填筑非透水性土时，对土质不好、含水率高的填料要进行处理，必要时可以换土或掺小剂量石灰或水泥等。同时，尽可能做到桥、涵施工路基开挖的结合，做到桥、涵台砌多高，填土填多高，分层压实，填至路基处理高度时按路基处理标准进行施工，尽量减少桥、涵完成后再开挖的局面，以保证填土的密实程度。

7.2.6　填石、土石及高填方路堤的施工

1. 填石路堤

在山丘地区，路基石方占有相当大的比例，石质路堤是一种最常见、最普遍的路基形式。因此，研究石质路堤的施工，具有重要意义。

填石路堤的施工，除应考虑石料性质、石块大小、填筑高度和边坡坡度等因素外，还应注意选择正确的施工方法。正确的填筑方法对路堤达到应有的密实度与稳定性要求是一个重要因素。

1) 填料要求

填石路堤的石料来源主要是路堑和隧道爆破后的石料,施工时要注意其强度和风化程度是否符合要求。石料强度是指饱水时的极限抗压强度,填石路堤要求其强度值不低于15MPa(用于护坡的不低于20MPa)。

用于填石路堤的石料在粒径上也有要求。一般情况下,最大粒径不宜超过层厚的2/3;在高速公路及一级公路填石路堤路床顶面以下50cm范围内,填料最大粒径不得大于10cm;其他等级公路填石路堤,路床顶面以下30cm范围内,填料最大粒径不应大于15cm。

2) 填筑方法

填石路堤的填筑施工方式有倾填(含抛填)和分层填筑、分层压实两种。倾填又可分为石块从岩面爆破后直接散落在准备填筑的路堤内和推土机将爆破后堆置在半路堑上的石块以及用自卸汽车从远处运来的爆破石块推入路堤两种情况。无论是哪一种倾填情况,由于石料是从高处自然落下,石块间难免犬牙交错,空隙较大,故倾填路堤的压实、稳定等问题较多。因此,高速公路、一级公路和铺设高级路面的其他等级公路的填石路堤不宜采用倾填式施工,而应采用分层填筑、分层压实的方法。二级及二级以下且铺设低级路面的公路在陡峻山坡段施工特别困难或大量爆破以挖作填时,可采用倾填方式将石料填筑于下部,但倾填路堤在路床地面下不小于1m范围内仍应分层填筑夯实。

采用分层填筑方式施工,又可分为机械作业和人工作业两种方法。机械施工分层填筑时,高速公路及一级公路分层松铺厚度一般为50cm;其他公路为100cm。施工中应安排好石料运行路线,专人指挥,按水平分层,先低后高、先两侧后中央卸料。由于每层填筑厚度较大,故摊铺平整工作必须采用大型推土机进行,个别不平处应配合人工用细石块、石屑找平,如果石块级配较差、粒径较大、填层较厚,石块间的空隙较大时,可于每层表面的空隙里扫入石碴、石屑、中砂、粗砂,再以压力水将砂冲入下部,反复数次,使空隙填满。人工摊铺、填筑填石路堤,当铺填粒径为25cm以上石料时,应先铺填大块石料,大面向下,小面向上,摆平放稳,再用小石块找平,石屑塞填,最后压实;当铺填粒径为25cm以下石料时,可直接分层摊铺,分层碾压。

3) 注意事项

(1) 填石路堤的填料如其岩性相差较大,特别是岩石强度相差较大时,则应将不同岩性的填料分层填筑。例如易风化软岩不得用于路堤上部,亦不得用于路堤浸水部分;又如有些挖方路段是爆破石,而有的是天然漂石土、块石土等,这些填料不得混填在一起,应分层或分段填筑。如果路堑或隧道基岩虽为不同岩种,但其石料强度均符合要求(大于15MPa),则允许使用挖出的混合料填筑路堤。

(2) 用强风化石料或软质岩石填筑路堤时,用重型压路机或夯锤压实时,可能会被碾压或夯压成碎屑、碎粒,这类石料能否用于填筑路堤应按有关规定检验其CBR值,符合要求(根据公路等级和填筑部位对CBR值的要求有所不同)时才准许使用,否则不得使用,这可以保证路堤填筑压实后的浸水整体强度和稳定性。该类填料与土质路堤填料类似,故能使用时,应按土质路堤技术要求施工。

(3) 填石路堤路床顶部至路床底部30~50cm(高速公路及一级公路为50cm,其他公路为30cm)范围内应用符合路床要求的土填筑,并分层压实,这可提高路床面的平整度,使其均匀受力并有利于与路面底层的连接。

2. 土石路堤

1）填料要求

一般情况下，石块强度大于 20MPa 时，就不易被压路机压碎，所以，当土石混合料中石块强度大于 20MPa 时，其粒径不得超过压实层厚度的 2/3，超过的应予以清除，这有利于压实均匀，并在填筑时，不致使上下层石块重叠，避免碾压时不稳定。当土石混合料中所含石块为软质岩或极软岩（强度小于 15MPa）时，易为压路机压碎，不存在强度较大石块产生的问题，故其粒径可与压实层厚度相同，但不宜超过层厚，超过的应打碎。

2）填筑方法

土石路堤不得采用倾填方法，只能采用分层填筑、分层压实。当土石混合料中石料含量超过 70％时，宜采用人工铺填，即先铺填大块石料，且大面向下，放置平稳，再铺填小块石料、石碴或石屑嵌缝找平，然后碾压。当土石混合料中石料含量小于 70％时，可用推土机将土石混合料铺填，每层铺填厚度应根据压实机械类型和规格规定，不宜超过 40cm。用机械铺填时应注意避免硬质石块，特别是集中在一起的尺寸大的硬质石块。

3）注意事项

（1）若将压实后渗水性差的细粒土填在路堤两侧，则雨后填筑于路堤中部渗水性好的土吸收的水分无法排出而降低路堤承载力，甚至路堤中部形成水囊，使路面严重破坏。所以，压实后渗水性差异较大的土石混合料应分层或分段填筑，不宜纵向分幅填筑。如确需纵向分幅填筑，应将压实后渗水性良好的土石混合料填筑于路堤两侧。

（2）土石混合填料一般来自不同的路段。如果均为硬质石料，可混在一起填筑，如果均为软质石料且压实后的渗水性基本相同，也可混在一起填筑。但如果来自不同路段的土石混合料的岩性或土石混合比相差较大，则应分层或分段填筑。如分层或分段填筑有困难，则应将硬质石块的混合料铺于填筑层的下面，且石块不得过分集中或重叠，上面再铺软质石料的混合料，然后整平碾压。

（3）由于填实路堤空隙大，在行车作用下易产生推移。所以为使路面稳定，并保持良好的平整度，以利于舒适行车，在土石路堤的路床顶面以下 30～50cm（高速公路、一级公路为 50cm，其他公路为 30cm）范围内应填筑符合路床要求的土并分层压实，可使在路床高程范围内强度均匀一致，并有利于加强路面结构与土石路堤之间的结合。

3. 高填方路堤

水稻田或常年积水地带，用细粒土填筑路堤高度在 6m 以上，其他地带填土或填石路堤高度在 20m 以上时，称为高填方路堤。

高填方路堤在施工前，应对原地面进行清理，如地基土的强度不符合设计要求，则应进行处理或加固。若基底为斜坡时，应按规定挖好横向台阶。

高填方路堤应采用分层填筑、分层压实的方法施工。在填筑时一定要按路堤高度和边坡度将该层的路堤宽度（包括加宽量）填足，不得缺填，如果填到上面才发现路堤的宽度不够时，再边坡补填，则松土不易与原边坡土结合紧密，而且不好压实。

填筑高填方路堤时，每层填筑厚度应根据所采用的填料确定。如填料来源不同，其性质差异较大时，应分层填筑，不应分段或纵向分幅填筑。

处于水淹路段的高填方路堤,除承受一般外力和自重外,其淹没部分还应承受水的浮力及渗透动水压力的作用。当水位骤然下降时,土体内部的水向坡外流出,渗透动水压力可能破坏路堤边坡稳定性。故路堤浸水部分应采用水稳性较高及渗水性好的填料。其边坡比不宜小于 1∶2。

7.3　岩质路基爆破施工

7.3.1　炸药的基本知识

1. 炸药、起爆器材及起爆方法

起爆炸药是一种爆炸速度极高的烈性炸药,爆破速度可达 2000～8000m/s,用于制造雷管。起爆炸药又可分为正起炸药和副起炸药。正起炸药对热能和机械击能均具有强烈的敏感性,如雷汞、叠氮铅、黑索金、泰安等;副起炸药需由正起炸药起爆,其爆速甚高,可加强雷管的起爆能量,如三硝基甲硝胺、四硝化戊四醇等。

用以对岩石或其他介质进行爆炸的炸药称为主要炸药,它的敏感性较低,要在起爆炸药强力的冲击下才能爆炸。它可分为:缓性炸药(爆速为 1000～3500m/s,如硝铵炸药、铵油炸药等)、粉碎性炸药[爆速为 3500～7000m/s,如梯恩梯(TNT)、胶质炸药等],道路工程中常用的主要炸药成分和性能如下。

(1) 黑色炸药。对火星和碰击极敏感,易燃烧爆炸,怕潮湿,威力低,适用于开采石料。

(2) 梯恩梯(三硝基甲苯)。不吸湿,爆炸威力大。爆炸时产生有毒的一氧化碳(CO)气体,不宜用于地下作业。

(3) 胶质炸药。对冲击、摩擦和火星都很敏感,如果湿度较高或者存储时间过久,容易分解、渗油和挥发。此时对外界的作用更敏感,受冻后尤其危险,它是一种危险性较大的炸药。但胶质炸药威力大,不吸湿,有较大密度和可塑性,适合于水下和坚石中使用。

(4) 硝铵炸药。具有中等威力和一定的敏感性,在 8 号雷管的作用下可以充分起爆,是安全的炸药。但是它有吸湿性和结块性,受潮后敏感性和威力显著降低,同时产生毒气。规程中规定,用于地下爆破时其含水率应小于 0.5%,露天应小于 1.5%,若含水率超过 3%,则可能拒爆。

(5) 铵油炸药。一种廉价、安全、制造简单、威力比硝铵炸药略低、敏感性低的炸药。具有结块性和吸湿性,使用时不能直接以 8 号雷管起爆,需同时用 10% 的硝铵炸药做起爆体,才能使其充分起爆。工地就地拌制的铵油炸药,单价较便宜,目前在爆破中应用较多。

(6) 浆状炸药。它的威力大,抗水性强,适用于深孔爆破,但需烈性炸药起爆。

(7) 乳化油炸药。具有中等威力,8 号雷管可以直接引爆。

起爆器材及起爆方法主要有:雷管及电力起爆方法、导火索及火花起爆法、传爆线及传爆线起爆方法和塑料导爆管非电起爆方法 4 种。

2. 药包及其破坏作用

为了爆破某一岩体,在其中或表面放置一定数量的炸药,称为药包,按其形状或集结程

度的不同，可以分为集中药包、延长药包和分集药包三种。凡药包形状接近球形或立方体，

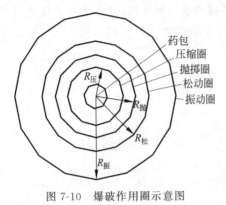

图 7-10　爆破作用圈示意图

以及高度不超过直径 4 倍的圆柱体和最长边不超过最短边 4 倍的直角六面体，均属于集中药包；相反，药包的长度或高度超过上述情况者，属于延长药包；分集药包是提高炸药有效能量利用率的新型装药方式，它是将一个集中药包分为两个保持一定距离集中的子药包。

药包在无限介质内爆炸时，炸药在瞬时间内通过化学反应转化为气体状态的爆炸产物。由于膨胀作用，体积增加数百倍乃至数千倍，而产生静压力，同时产生温度很高、速度高达每秒上千米的冲击波，以动压力的形式作用于药包周围。这种极其巨大的爆炸能，差不多在爆炸的同时自药包中心按球面等量扩展，传递给周围介质，使介质产生不同程度的破坏和振动现象。这种现象随着距药包中心距离的增大而逐渐消失。按破坏程度的不同大致分为几个区间，如图 7-10 所示。①压缩圈，介质直接承受药包爆炸，产生极其巨大的作用力。如果介质是可塑性土，便会遭到挤压形成空腔。如果是坚硬的脆性岩石，便会被粉碎，所以这个球形区叫作压缩圈或者破碎圈。②抛掷圈，介于压缩圈与松动圈之间，所受的爆破作用力虽较压缩圈内小，但介质原有的结构受到破坏，分裂成不同尺寸和形状的碎块，而且爆破作用力尚有足以使这些碎块获得运动速度的余力。如果在有限介质内，这个区间的某一部分，处在临空的自由条件下，破坏了的介质碎块便会产生抛掷现象，因而叫作抛掷圈。③松动圈，在抛掷圈以外至振动圈，爆破的作用力更脆弱，但能使介质结构受到不同程度的破坏，因而叫作松动圈（即破坏）。④振动圈，松动圈范围以外，微弱的爆炸作用力不能使介质产生破坏。这时介质只能在应力波的传播下，发生振动现象的范围叫作振动圈。振动圈以外爆破作用的能量就完全消失。

此外，药包在有限介质内的爆破作用还可以形成爆破漏斗。药包在有限介质内爆炸时，药包的球形爆破作用，在具有临空面的表面，都会形成漏斗状的爆破坑。这种爆破坑的形状、数量和大小不但与药包量大小、炸药性能、介质性能等有关，同时还与临空面的数量和所处的边界条件有关。若在倾斜边界条件下，则会形成卧置的椭圆锥体，药包爆炸时，爆破作用首先沿着某一方向阻力最小的地方，使岩（土）产生破坏，隆起鼓包或抛掷出去，这就是作为爆破理论基础的"最小抵抗线原理"。

7.3.2　药包量的计算原理和有关设计参数

1. 多边界条件下药量计算公式

根据介质本身潜在位能的作用相当于炸药有效爆能的提高和能量守恒原理，即在倾斜边界条件下，抛坍一定量同类介质所需的机械能是常数。可以推导得到多边界药量 Q 的计算公式：

$$Q = e\,dW^3\varphi(E)f(\alpha) = e\,dKW^3F(E,\alpha) \tag{7-4}$$

式中，e 为炸药换算系数；d 为堵塞系数，与施工条件有关，一般 $d=1$；K 为形成标准抛掷

漏斗时的耗药量（kg/m³）；W 为最小抵抗线（m）；$F(E,\alpha)$ 为药包性质指数，可由查表获得其经验值 $F(E,\alpha)=\varphi(E)f(\alpha)$，或者由理论值 $F_{\varphi}(E,\alpha)=\varphi(E)\psi(\alpha,E)$ 求得。

其中，$\psi(\alpha,E)$ 为自然地面坡度（°）；E 为抛掷率（或抛坍率）（%）；$\varphi(E)$ 为抛掷率的函数，一般按式 $\varphi(E)=0.45\times10^{0.0129E}$ 计算，在抛坍爆破中 $\varphi(E)=1$；$f(\alpha)$ 为抛坍系数。

目前，我国和俄罗斯采用的包列斯柯夫公式 $Q=KW^3(0.4+0.6n^3)$ 是多边界药量计算公式在 $\alpha=0$ 的特例。

在式(7-4)中，当 $\alpha=0$，$E=27\%$ 时，则 $f(\alpha)=1$，$\varphi(E)=1$，即 $F(E,\alpha)=1$，由此可得：

$$Q=KW^3 \text{（或 } Q=KV_0\text{）} \tag{7-5}$$

式(7-5)即为标准抛掷药包的计算公式。用标准抛掷药包在介质内爆破，即形成标准抛掷漏斗。它具有以下特性：在水平边界条件下，其抛掷率为 27%。相应的爆破作用指数 $n=\gamma_0/W=1$，漏斗的顶部夹角为直角。

2. 主要设计参数的选择

(1) 单位耗药量 K。单位耗药量 K 是在水平边界条件下，形成标准抛掷漏斗时爆破单位体积介质所需的炸药用量。它是衡量岩石爆破性能的综合性指标。

(2) 炸药换算系数 e。以标准炸药为准，令其换算系数 $e=1$。标准炸药的爆力为 300mL，猛度为 11mm。若所用炸药不是标准炸药，则按式(7-6)换算：

$$e=\frac{300}{\text{所用炸药的实际爆力}} \quad \text{或} \quad e=\frac{11}{\text{炸药的实际猛度}} \tag{7-6}$$

在换算中，也有采用爆力与猛度同时考虑取其平均值者。

(3) 堵塞系数 d。从导洞至药室的转弯长度小于 1.5m 或堵塞长度小于 1.2m 时，d 在 1.0~1.4 范围内选用，一般 $d=1$。

(4) 自然地面坡度 α。地面坡度角是指最小抵抗线与下破坏半径间的地面坡度。

(5) 抛掷率 E。抛掷率与抛坍率不但是爆破设计时的主要参数，同时也是检验爆破效果的主要指标。应根据地形地质条件，结合工程单位的要求来确定抛掷率 E。

(6) 爆破作用指数 n。爆破作用指数 n 是决定爆破范围大小及抛掷距离远近的主要参数，可根据抛掷率 E 与地面坡度 α 按式(7-7)计算：

$$n=\left(\frac{E}{55}+0.51\right)\sqrt[3]{f(\alpha)} \tag{7-7}$$

在半路堑抛坍爆破中，$n=1$。

(7) 压缩圈半径 R。

(8) 破坏作用半径 $R_{\text{下}}(R)$、$R_{\text{上}}$。平坦地形爆破漏斗的抛掷作用半径 R(m)，斜坡地形的下破坏作用半径 $R_{\text{下}}$，以及多面临空地形的弧形作用剖面上的破坏作用半径 $R_{\text{上}}$，均用式(7-8)计算：

$$R_{\text{下}}=W\sqrt{n^2+1} \tag{7-8}$$

上破坏作用半径 $R_{\text{上}}(A\alpha_{\text{上}}\geqslant1)$，

$$R_{\text{上}}=W\sqrt{A\alpha_{\text{上}}n^2+1} \tag{7-9}$$

式中，A 为崩塌系数；W 为药包中心至临空面的最短距离(m)，也称最小抵抗线。

(9) 药包间距 a。为使拟爆破路段一次爆破形成所需的路堑，必须采用包群。如果药包间距太远，爆破后将形成一个个互相不联系的爆破漏斗，其间残留一部分没有破碎的岩梗；药包间距太近，则爆破作用的重复性太大，增加导洞药室开挖工作量，大量浪费炸药，影响边坡的稳定性，飞石安全距离也无法保证。因此必须确定一个合适的药包间距，保证药包爆破时互相产生比较理想的共同作用。

（10）最大可见漏斗深度 P。最大可见漏斗深度 P 是爆破后测出的新地面线与原地面线之间的最大距离。在断面图上预先估计爆破效果及清方工作量的一个参数，其值一般与抛掷率和自然地面坡度有关，其所在位置与边界条件有关。

（11）岩石的坍散宽度（B）和高度（H）。在抛坍爆破中，岩堆的坍散宽度和高度，可根据爆破时抛坍出来的岩体，在坡脚下按爆破安息角堆积成三角形岩堆的体积平衡原则，推导得到。

（12）不逸出半径（$W_逸$）的临界值。在抛掷爆破特别是定向爆破中，为保证爆破能集中在主抛方向，避免对其他临空面造成破坏，可采用不逸出半径"$W_逸$"进行控制。

（13）爆破区安全距离的确定。

7.3.3 爆破作业

1. 爆破网路的连接形式

爆破网路的连接方式，可分为串联、并联、混合联三种。

串联的设计和敷设比较简单，所需总电流少，电线消耗量少。但在网路中有一个电雷管失效，就会使整个网路中断，产生拒爆。为克服这一缺点，在生产中往往采用成对串联的串联线路，如图 7-11(a)所示。

并联线路，如图 7-11(b)所示，每根电雷管有两根端线，并分别集中连在两根主导线上，此时各个雷管的作用互不相干，即使有个别雷管失效，亦不影响其他雷管的正常起爆。但所需总电流大，丢掉一个电雷管不易发现。

混合联是串联和并联的混合使用，它可以是成组的电雷管之间的并联而组与组之间采用串联，或者与此相反。混合联可以采用较小的电源，有一定的可靠性。在生产中，常采用成对的并串联线路，如图 7-11(c)所示。该线路接线简单，计算和检查容易，导线消耗较少，电源较少时亦适于采用，因此一般认为是一种比较合理的形式。但也应注意并联的两个电

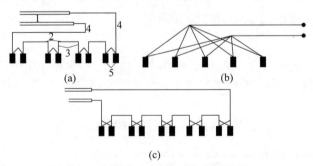

1—主导线；2—区域线；3—脚线；4—连接线；5—雷管。

图 7-11 纵向分集药包折线图及纵向布置图

(a) 成对的单一串联；(b) 并联；(c) 混合联

雷管中若有一个失效，则通过另一个雷管的电流要比正常电流大 1 倍，该雷管点燃时间就会缩短而提前起爆，这就容易使其他药包发生拒爆。为确保炮群各药包准爆，最好采用两条独立的成对串联的线路并联，或采用电爆网路和传爆线网路混合使用。

2. 导洞药室的测量定位

按照设计图样的要求，准确地将导洞进口位置具体确定在工地的桩位上，对于爆破效果的影响很大，如果偏差大，将达不到预期目的。

在公路爆破中，导洞药室一般呈 L 形或 T 形，由导洞、横拐洞和药室三部分组成。导洞有竖向导洞（竖井）和水平导洞（平洞）两种，药室设在横拐洞的端部，如图 7-12 所示。

在进行导洞药室定位时，应以路基设计中心线为基准线，以地面现有中心桩为基准桩。首先确定导洞进口桩位，并打中心桩。对于水平导洞，除确定进孔桩位外，还必须依设计要求找出导洞方向和基准线的夹角，并在适当的地方打下方向桩。为避免方向桩、中心桩等丢失，应相应地打上护桩。进行定位测量后，应在洞口订立指示牌，用示意图表明导洞断面、长度、横向洞长度、药室尺寸及水平标准等。在开挖过程中应及时检查校正，以保证导洞药室的开挖符合设计要求。

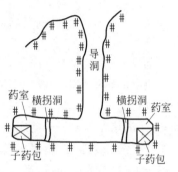

图 7-12 导洞药室图

3. 导洞药室开挖

1）炮眼的布置

导洞的断面尺寸，视地质情况和导洞深度而变化，一般为 1.0m×1.2m 至 1.5m×1.8m。对于风化严重、岩石较破碎的洞口地段，尺寸还要大些。

导洞开挖时，炮眼的布置数量视石质情况而有增减，坚石一般布置 7～9 个，次坚石一般布置 5～6 个，松石一般布置 3～4 个。炮眼深度为 0.6～0.8m，断面大的可以深到 1.0～1.2m，或者更深。炮眼依其作用和位置分为掏槽眼、边眼。

掏槽眼布置在导洞断面的中央部分，掩口距离一般为 40cm，炮眼与开挖面倾斜角在 70°～80°，使炮眼向断面中心汇聚。一般炮眼相距 10cm 左右，掏槽眼的作用是为边眼爆破创造临空面。

边眼布置在导洞断面四周，深度一致，爆破顺序是掏槽眼在先，边眼在后，如图 7-13 所示。

2）炮眼装药与堵塞

炮眼内的装药量，应视炮眼深度和石质情况及炮眼的作用而定。施工中一般是根据炮眼深度确定装药量，当深度为 0.8～1.0m 时，装药长度为眼深的 2/5～1/2；当深度为 0.6～0.7m 时，装药长度为眼深的 1/2～2/3。由于掏槽眼的作用是创造临空面，故药量应多一些，但装药长度不得过长，而应当留出不少于眼深 1/2 的堵塞长度，否则容易发生冲天炮。

装药前应清除炮眼内的石粉和泥浆等物，对于积水，亦应掏干。为防止炸药受潮，还应垫上油纸，药卷放入后应用炮棍轻轻挤压，起爆药卷应最后放入，并要特别小心，不能撞击，也不能挤压。

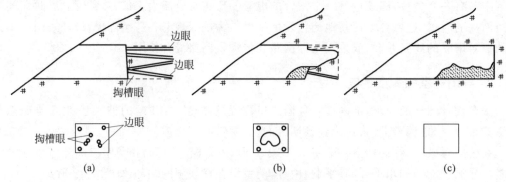

图 7-13　边眼和掏槽眼布置

（a）在纵剖面和开挖面上的炮眼布置；（b）掏槽眼先爆后的临空面示意；（c）边眼爆破后导洞全断面挖成

起爆方式，如导洞不深于 3m，可用火花起爆；再深时，宜用电力起爆，或用飞火点火法。

炮眼的堵塞材料一般为干细砂土、砂、黏土等，最好一份黏土、三份砂（粗砂）在最佳含水率下混合而成的堵塞料。堵塞时对紧贴起爆药卷的堵塞物不要捣压，防止振动雷管引起爆炸，其余的堵塞物要轻轻捣实，但要注意防止捣坏导火线或雷管交线。

在导洞掘进过程中，每次爆破后，首先应检查有无瞎炮，并作相应处理。在导洞较深的情况下，应进行人工通风，迅速排出烟尘和有毒气体，然后处理洞壁危石，出渣后就可继续掘进，直至达到设计要求。

对于有经验的炮工，在Ⅸ级以下的岩石挖掘导洞，也成功地采用了"单炮"掘进的方法（采用猫洞炮或药壶炮），工效较高。

4. 装药、堵塞和爆破

1）起爆体的制作

为了保证洞室炮中全部炸药能迅速准确地完成爆炸反应，应当用烈性炸药制作起爆体（起爆药包）。起爆体的药量多少，视洞室中总药量多少而不同，一般为 3～20kg。根据经验，若以铵油炸药为基准炸药，则每 500kg 需配置 1～2 个 3kg 2 号硝铵炸药的起爆体。在生产中，每个洞室中配置的起爆体，一般不得超过 4 个。

对于药量不大的药室，起爆体可用纸包装制作，而药量较大的洞室炮，则应当用木盒制作起爆体。其制作过程是，在盒内装入松散的起爆药，并在其中央放入经测试符合要求的雷管束。为了防止可能拉动雷管脚线而带动雷管或损坏雷管脚线，应把脚线绕在一固定在起爆体外壳上的小木棍上，如图 7-14 所示。

2）装药

装药前应最后一次检查导洞药室内有无残留瞎炮和丢失的雷管，并予以清除，确保装药过程的安全。以铵油炸药为基本炸药的装药过程为例：

（1）在药室内垫上一层水泥纸袋。

（2）装入铵油炸药 1/2～2/3（堆成马蹄形）。

（3）然后装入 1/3～1/2 的起爆药（2 号硝铵炸药）。

（4）再在上面放上起爆体。

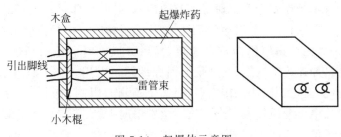

图 7-14 起爆体示意图

（5）在起爆体上再盖起爆炸药。

（6）最后把余下的铵油炸药全部放入。

装药的基本要求是：药室四周全是基本炸药，内层为起爆炸药，核心为起爆体，而不能把起爆炸药和基本炸药混起来堆放。炸药的密度应各处相同。装药形状应尽可能集中，避免平铺分散。当药室不规则时，可用石块码放规则后再装药。起爆体多时，应将药按圆形布置在药室中心。

雷管脚线引出后，和外面电路接线要准确，并用竹片或其他材料予以包裹，以免损坏。

3）堵塞、接线和爆破

堵塞时，应先在离炸药堆外沿 10～20cm 外叠一堵石墙，封闭药堆构成药室；然后用土堵塞横拐洞（此时不能用力夯实，直至离洞室 2m 才正式进行夯实）；以后可一层石块一层土进行回填。在回填土和夯实过程中应注意保护电爆线路。应设专人检查电路及量测电阻值，做到随堵塞、随量测、随保护。当堵塞完成后，应量测洞室的总电阻，然后把该洞室各导线接成回路（短路），等待洞室连线或主导线。

所有线路和主导线的连接，必须在最后进行。一切非有关人员必须撤离现场，才能接主导线。主导线连接完成后，应测定全线路的总电阻。总电阻应符合设计要求，否则就应检查原因并作相应处理。

起爆前，还应检查起爆电源的电压，如果符合要求，即可发出起爆信号，通知警戒人员开始起爆。起爆后 15min，进行全面技术检查，无问题时再发出解除警报信号。如有瞎炮，必须小心谨慎，由专人负责指挥处理，洞室炮一般只能沿着导洞小心掏取堵塞物，找出电线重新起爆，否则应取出起爆体。对于硝铵炸药的中、小炮可用灌水使炸药失效等较安全的方法处理。

7.4 路堑开挖施工

7.4.1 基本方案

土质路堑开挖，根据挖方数量大小及施工方法的不同，按掘进方向可分为纵向全宽掘进和横向通道掘进两种，同时又可在高度上分单层或双层和纵横掘进混合等（以上掘进方向，依路线纵横方向命名）。

纵向全宽掘进是在路线一端或两端，沿路线纵向向前开挖，如图 7-15 所示。单层掘进的高度即等于路堑设计深度。掘进时逐段成型向前推进，运土由相反方向向前送出。单层纵向掘进的高度,受到人工操作安全及机械操作有效因素的限制,如果施工紧迫,对于较深路堑,可采用双层掘进法,上层在前,下层随后,下层施工面上留有上层操作的出土和排水通道。

横向通道掘进是先在路堑纵向挖出通道,然后分段同时向横向掘进,如图 7-16 所示。此法为扩大施工面,加速施工进度,在开挖长而深的路堑时用。施工时可以分层和分段,层高和段长视施工方法而定。该法工作面多,但运土通道有限制,施工的干扰性增大,必须周密安排,以防在混乱中出现质量或安全事故。个别情况下,为了扩大施工面,加快施工进度,对土路堑的开挖,还可以考虑采用双层式横通道的混合掘进方案,同时沿纵横的正反方向,多施工面同时掘进。混合掘进方案的干扰性更大,一般仅限于人工施工,对于深路堑,如果挖方工程数量大及工期受到限制时可考虑采用。

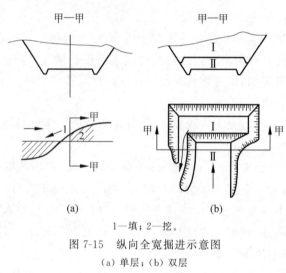

1—填;2—挖。

图 7-15　纵向全宽掘进示意图

（a）单层;（b）双层

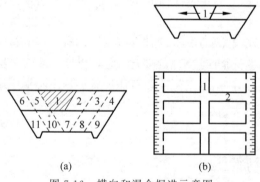

图 7-16　横向和混合掘进示意图

（a）双层横向;（b）双层混合

注:图中数字表示施工的先后顺序。

7.4.2　注意事项

土质路基的挖填,首先必须搞好施工排水,包括开挖底面临时排水沟槽及设法降低地下水位,以便始终保持施工场地的干燥。这不仅因为土在干燥状态下易于操作,而且控制土的湿度是确保路堤填筑质量的关键。从有效控制土的含水率需要出发,土质路基的施工作业面不宜太大,有利于组织快速施工,随挖随运,即时填筑压实成型,减少施工过程中的日晒、雨淋,尽量保持土的天然湿度,避免过干或过湿。一般条件下土的天然含水率接近最佳量,必要时,应考虑人工洒水或晾干措施。雨季施工,尤应按照施工技术操作规程的有关规定,加强临时排水,确保路基质量。过湿填土碾压后形成"弹簧现象",必须挖除重填,必要时可采取其他相应的加固措施。

路堑开挖应在全横断面进行,自上而下一次成型。注意按设计要求准确放样,不断检查校正,边坡表面削平拍平。路堑底面如土质坚实,应尽量不扰动,予以整平压实;如果土质较差、水文条件不良,应根据路面强度设计要求,采取加深边沟、设置地下盲沟及挖松表层一定深度原土层,重新分层填筑与压实或必要时予以换土和加固,以确保路堑底层路基的强度与稳定性,达到规定标准。这对于修筑沥青类路面尤为重要。

7.5 铁路路基路床表层施工

铁路基床底层填筑压实工艺原则按照基床以下路堤填筑压实工艺流程组织进行,不同之处在于:在施工准备阶段,应做好对基床以下路堤的质量检查和验收。

高速铁路基床表层的每层施工工艺流程为四区段、八流程,如图 7-17 所示。

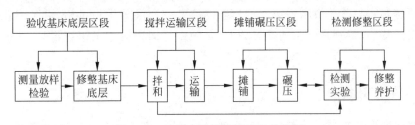

图 7-17 基床表层填筑施工工艺流程

1. 验收基床底层区段

测量中线水平,检查几何尺寸,核对压实标准,使其达到基床底层验收标准。对不符合标准的基床底层进行修整,使其达到基层标准要求。

2. 搅拌运输区段

(1) 基床表层搅拌采用厂拌,原材料必须进行材质及级配试验,材质及级配均要符合设计及规范要求。

(2) 正式拌和前,必须先调试所用厂拌,使混合料的颗粒组成及含水率符合规定要求。

(3) 拌和好的混合料要尽快运到铺筑现场,并进行碾压。用平地机摊铺混合料时,根据运输车的运输能力,计算每车混合料摊铺面积,等距离堆放成堆;用摊铺机摊铺的,则与摊铺机能力相互协调,减少停机待料情况。

3. 摊铺碾压区段

(1) 基床表层摊铺第一层采用平地机进行摊铺。用平地机将混合料按松铺厚度摊铺均匀,对不均匀处及坑洼处人工进行调整。

（2）基床表层摊铺第二层混合料,采用摊铺机进行摊铺。摊铺方法由试验段确定。

（3）碾压采用振动压路机,先静压后振动碾压,碾压要遵循先轻后重、先慢后快的原则。直线段由两侧路肩向路中心碾压,即先边后中;曲线段由内侧路肩向外侧路肩进行碾压。碾压时沿纵向重叠0.4m,横缝衔接处应搭连,搭连长度不少于2m。

4. 检测修整区段

（1）基床表层检测:按照基床表层压实质量标准及检测方法和频度进行检测。基床压实若达不到要求,要分析原因,重新补压,直到满足要求。

（2）基床表面修整养护:局部表层不平整要洒水补平并补压,使其外形尺寸和质量达到设计要求。已经施工好的基床表面禁止任何车辆通行。

7.6 铁路既有线改建和增建第二线路基施工

在通车运营的既有线路上进行改建或增建第二线的路基施工与新线路基施工有不同点,显著的不同点是施工要在保证既有线的行车安全、完成运输任务的前提下进行。施工对行车干扰比较大,同时为了保证路基的坚固、稳定与完整,必须处理好既有的路基病害,做好既有线的原有路基与改建或增设第二线后新建路基的连接与排水设施,以及防止新建路基部分产生新的变形,特别是软土地基。为此,必须做好周密的施工组织设计,才能顺利地进行施工。

7.6.1 施工准备

路基改建和增设第二线路基的施工准备工作,除认真执行第一节新线路基施工中所提出的施工准备内容外,还有如下内容。

（1）既有线路基上的各种线路标志,在开工之前应与运营部门商定移设位置,签订协议。

（2）既有线平交道口或立交桥涵因改建或增建第二线路基而影响道口交通者,必须与地方政府及运营单位在工程开工前取得封闭或改道等措施的书面协议后进行。

（3）根据建设、运营、设计、施工四方共同商定的指导性施工组织方案,施工单位应按季、按月向运营单位办理线路封闭要点计划和列车缓行计划,经运营单位批准后执行。

（4）每个工点均应准备足够的防护既有线的材料,准备一些用于抽换既有线轨道的轨料,如枕木、钢轨级配件和钉道工具。

（5）路基开工前应架设好与工点两端最近的既有线车站的专用联系电话,并办妥联系协议。

（6）按《铁路技术管理规程》要求及与运营单位商定事项,在施工地段设置作业标、鸣笛标,减速信号牌及停车信号牌。准备足够的信号灯、信号旗、口笛、扩音喇叭、响墩等器材,并按规定设置经培训合格的防护人员。

（7）选择好车站内存放工程用料的地方。

(8) 进行施工安全教育,学习并熟悉铁道部颁发的现行《铁路技术管理规程》《工务施工安全规则》等有关行车地段施工注意事项的规定。

7.6.2 改建既有线路基的施工

改建既有线,通常不能一次建成,而是要经过几次逐层填筑方能完成。施工难度较大,尤其在降低路基高度时,在通车条件下,很难保证基床顶面的几何尺寸及平整度。所以,在改建设计中,应尽可能避免降低既有路段的路肩标高。

改建既有线施工,应注意以下几点。

(1) 原路基上的石碴要扒净,如原道床下的陷槽、水囊及淤泥等。

(2) 路基需搬挖土方时,必须清除原护坡,铲去草皮挖除树根,然后挖好台阶,分层填筑夯实。

(3) 做好排水设施,夯拍密实边坡。

1. 既有线中线不动,增高及降低路堤路基的施工方法

(1) 中线不动,路堤增高量小于 0.5m 时,帮宽路堤两侧,用起道办法,以道碴、中砂、粗砂等渗水料逐层填筑基床顶面。每次起道量以 0.05～0.1m 为宜。如抬高路堑的路肩标高,可在原路堑侧沟边缘码片石,再起道用渗水料逐层垫高堑床顶面。

(2) 中线不动,路堤增高量大于 0.5m 时,在线路左右波动能够保证安全行车的条件下确定路堤最小宽度,进而决定路堤两侧的帮宽尺寸。填筑两侧部位到原路堤高度,拨动既有线到中线通车,填筑左侧部位,将线路拨移中线填筑部位,拨线路于中线,填筑其余部位,最后将轨道拨到原中线(既有线中线)。

(3) 中线不动,路堑内基床抬高值大于 0.5m 时,也可采用上述路堤拨道升高的办法。先填侧沟部位,拨动既有线于中线,填筑部位,拨线路于中线,再填筑部位,拨线路于中线,填筑部位,拨线路于中线,再填筑部位,最后将轨道拨到原中线。拨道次数依据抬高高度决定,力求最少。对抬高后路堑排水设施,应认真整治,宜采用铺砌侧沟的方法。

(4) 中线不动,路基降低值小于 0.3m 时,可采用移动轨枕或采用吊轨梁加短轨的办法施工,然后开挖基床顶面,并暂用道碴填充,待完成一定长度后,再进行统一降低轨面标高。

(5) 中线不动,路基降低值大于 0.3m 时,需采取加宽原路堤(或刷宽原路堑)拨道维持通车,进行逐层降低的施工方法。路堤施工程序:先填部位;拨线路于中线,挖部位;拨线路于中线,再挖部位;最后将轨道拨到原中线。路堑施工程序:先挖部位,拨线路于中线,挖部位;拨线路于中线,再挖部位;最后拨正轨道,挖侧沟部位。

2. 既有线中线移动,增高或降低路基的施工方法

(1) 中线移动,路基增高值小于 0.5m 时,仍采用中线不移动,按照增高路基的施工办法施工。如果中线移动值较大,则将既有线向新中线的另一侧拨动 0.6m(加宽值)至 0.9m(道床边坡改陡),填高新线路基,拨线路于新中线,再填高原路基部分。

(2) 中线移动,路基增高值大于 0.5m 时,仍采用中线不移动路基增高值大于 0.5m 的

路基施工方法。

（3）中线移动,路基降低值小于0.3m时,若中线移动值较大,可按前述加填新增路基后,将线路向不加填路基一侧拨动0.6～0.9m。挖去原路基的部分基床顶部使之与新填路基同高,拨移线路至新填路基行车。再挖去原路基剩余基床顶部,最后拨正线路。若中线移动不大,则仍采用前述移动轨枕或采用吊轨梁加短木支垫办法。

（4）中线移动,路基降低值大于0.3m时,一般是中线移动较小者废方比重大,中线移动较大者废方比重小。路堤增大部分（即废方）与设计加宽部分同时填筑至设计路肩标高,并将原路基切角以争取宽度,拨道至临时中线行车。再挖原路堤顶部分,拨正线路。在路堑上其施工程序为：先将线路拨到临时中线,挖去堑坡增大部分（即废方）和设计刷宽部分,将轨道移至临时中线,开挖原路堑剩余部分,再将轨道拨至临时中线,开挖部位,将轨道拨正到设计中线,最后挖侧沟部位。

7.6.3　增建第二线路基的施工

1. 路堤施工

（1）第二线与既有线的路肩标高基本相等。其施工程序为：先填增加填筑部分（包括既有线边坡挖台阶）,并以第二线中线为准,掌握断面和土方密实度及边坡修整,待全区段填筑到设计标高,再整修路堤顶面。

（2）第二线设计路肩较既有线高时,既有线亦需抬高路肩。其施工程序为：填第二线无轨道填筑部位,完成后铺轨开通第二线,徐行运输；拆除既有线股道,填筑涵盖原有线轨道部位,完成后铺轨整道即可双线运行。

既有线与第二线路肩标高的代数差值较大,如果按前述第二种情况进行填筑,则第二线路堤内侧土方边坡势必侵入既有线的行车限界。对此,应采取加宽第二线外侧的办法：既有线两侧两部位同时填筑,竣工后,按临时第二线铺轨行车,拆除既有线,填涵盖原有线轨道部位路堤,待既有线改建完毕铺轨开通后,将临时第二线股道拨到设计第二线位置,即可双线运行。

2. 路堑施工

1）土质路堑

（1）第二线与既有线路肩等高或高差甚小时,其施工程序为：可依设计中线放边桩开挖路堑,但要注意对既有线侧沟的处理,如铲除原侧沟内的草皮,清除可能形成水囊的坑内沙石等。

（2）第二线较既有线高,既有线路肩标高也要提高到与第二线相等时,其施工程序为：将既有线两侧的侧沟部分用优质填料回填夯实,再将既有线轨道拨向右侧,形成便线通车；开挖第二线路线部位,同时回填第二线需要抬高的填方部位。待第二线填筑完毕,铺轨通车后再拆除临时线,填土部位抬高到设计路肩标高,重铺既有线。

（3）第二线比既有线低,既有线的路肩标高也要降低到与第二线等高,且路堑两侧均进行刷坡时,其施工程序为：开挖部位,铺便线通车,拆除既有线,开挖部位到设计路肩标高,铺通既有线,拆除便线,开挖部位到设计路肩标高,铺通第二线。

(4)当既有线路堑只在一侧刷坡而另一侧不动时,其施工程序为:开挖一部位到设计路肩标高,铺通第二线;拆除既有线,开挖二部位到设计路肩标高,铺通既有线。

2)石质路堑

石质路堑开挖爆破应采用控制爆破或膨胀剂无声爆破法,以确保列车运行的安全,同时施工程序必须严格遵照经批准的施工组织设计和封闭施工作业方案。施工方法有以下几种。

(1)两侧(或单侧)纵向台阶开挖法。它适用于线路封闭时间较短,封闭后立即爆破,并迅速排除障碍物。

(2)横向台阶全面开挖法。它适用于封闭线路时间较长(一般在 2h 或更多);原既有线路堑坡度较缓,坡脚又有平台,石方较集中而工期又紧迫;有大量防护线路的材料可资利用;弃渣地点近,除渣运距不长;岩层自然倾斜度不大,不会出现因岩层节理、层理关系在爆破时大量石块堵塞路堑的情况。

(3)马口纵向槽开挖法。它适用于开挖面距既有线很近,线路封闭时间短,且路堑是双侧石方,除渣需用既有线路堑弃运渣者。选择马口位置时应找开挖面至设计边坡之间的最薄之处(一般不大于 5m),以求马口石方最少。马口挖好后,即可按路堑设计边坡纵向分层开挖,并刷好边坡。

(4)马口纵向拉槽暂留石墙防护法。它适用于在既有线一侧加宽路堑,施工位置距既有线很近,且挖方横向较宽的条件下。施工时将靠近既有线一边的岩石预留一小堤,高度保持在 2~3m,以避免石块落入既有线路堑,有碍行车。

7.7 路基防护加固与排水设施施工

7.7.1 植物防护的施工要点

植物防护是一种施工简单、费用低廉、效果较好的坡面防护措施。植物能覆盖表土,防止雨水冲刷;调节土的湿度,防止产生裂缝;固结土壤,避免坡面风化剥落,同时还能起到保护环境,美化路容的作用。

1)种草

如果边坡土层不宜种草,可将边坡挖成台阶,然后铺上一层 5~10cm 厚的种植土。播种草籽一般在春、秋季按撒播或行播进行,草籽埋入深度不应小于 5cm。为使草籽均匀分布,可先将种子与砂、干土或锯末混合后撒播。路基的路肩和路堑的堑顶边缘应埋入与坡面齐平的宽 20~30cm 的带状草皮。

2)平铺草皮

草皮规格一般为宽 20cm,长 30cm,厚 5~10cm,干燥炎热地区厚度可增加到 15cm,草皮应铺过堑顶肩部至少 100cm,或铺至截水沟。铺草皮一般应在春季或初夏进行,气候干燥地区则应在雨季进行。铺设前将边坡表层挖松整平,洒水润湿。草皮应与坡面密贴,四周用木桩或竹桩钉固。

3）植树

植树间距为 40～60cm。植树的坑深一般为 25cm，直径 20cm。应在当地植树季节栽种。

7.7.2　矿料防护的施工要点

对于不适宜草木生长的陡峭的岩石边坡，可以采用抹面、锤面、喷浆、勾（灌）缝等方法进行防护。

1）抹面

抹面厚度为 3～7cm，分成 2、3 层。抹面护坡的周边与未防护坡面衔接处应严格封闭，其措施为：凿槽嵌入岩石内，嵌入深度不小于 10cm，并和相衔接的坡面平顺；坡脚宜设 1～2m 高的浆砌片石护坡。

软硬岩石相间的边坡上仅对软层抹面时，在分界处抹面也应嵌入硬岩层内至少 10cm。当需增强抹面的抗冲蚀能力和防止开裂时，可在表面涂上沥青保护层。

抹面前需将边坡表面的风化岩石清刷干净；边坡上大的凹陷应用浆砌片石嵌补，宽的裂缝应灌浆。采用石灰炉渣浆抹面时，在灰浆抹上后，稍干即进行夯拍，直至表面出浆为止，然后抹平涂上速凝剂。抹面不宜在严寒季节、雨天及日照强烈时施工，其适宜的气温为 4～30℃，并注意盖草洒水养生。如发现裂纹或脱落要及时灌浆修补。

2）锤面

锤面厚度为 10～15cm，一般采用等厚截面，当边坡较高时，采用上薄下厚截面。锤面护坡与未防护坡面衔接处应封闭，其措施与抹面相同。坡脚设 1～2m 高的浆砌片石护坡。锤面材料常用石灰土、二灰土等。

锤面前应清除坡面浮石松土、嵌补坑凹，有裂缝时应勾缝。在土质边坡上，为使护面贴牢，可挖小台阶或锯齿。坡面应先撒石灰石润湿，锤面时夯拍要均匀，提浆要及时，提浆后 2～3h 进行洒水，养生三四天。寒冷地区不宜在冬季施工。养护时如发现开裂和脱落应及时修补。

3）喷浆及喷射混凝土

喷浆厚度不宜小于 5cm，喷射混凝土厚度以 8cm 为宜，分两三次喷射。喷浆及喷射混凝土护坡的周边和未防护坡面的衔接与抹面护坡相同。坡脚应做 1～2m 高的浆砌片石护坡。

4）灌浆及勾缝

灌浆适用于较坚硬的、裂缝较大较深的岩石路堑边坡；勾缝适用于较硬、不易风化、节理裂缝多而细的岩石路堑边坡。灌浆可用 1∶4 或 1∶5 的水泥砂浆，裂缝很宽时可用混凝土灌注。勾缝用 1∶2 或 1∶3 的水泥砂浆，也可用 1∶0.5∶3 或 1∶2∶9 的水泥石灰砂浆。灌浆和勾缝前应先用水冲洗坡面，并清除裂缝内的泥土杂草。

7.7.3　挡土墙的施工要点

本节简单介绍普通重力式挡土墙的施工要点。普通重力式挡土墙一般采用明挖基础，当地基松软时，可采用换填基础，水下挖基有困难时，亦可采用桩基础或深井基础。在土质地基,墙趾埋置深度至少1m;有冲刷时,应在冲刷线以下至少1m;受冻胀影响时,应在冻结线以下至少0.25m,当冻结深度超过1m时,仍采用1.25m,但基底应换填一定厚度的砂砾或碎石垫层,垫层底面亦应在冻结线以下至少0.25m。碎石、砾石和砂类地基,不考虑冻结影响,但基础深度不宜小于1m。对于岩石地基,应清除表面风化层。当风化层较厚难以全部清除时,可根据地基的风化程度及容许承载力将基础埋入风化层中。基础嵌入岩层的深度一般为0.25~1m,墙趾前应留出足够的襟边宽度,以防地基剪切破坏。

普通重力式挡土墙应有排水设施,以疏通墙后土体中的水,避免墙后积水形成静水压力,减少寒冷地区回填土的冻胀压力,消除黏性土填料浸水后的膨胀压力。排水措施主要包括:设置地面排水沟,引排地面水;墙背回填土的上部应以相对不透水的土夯实密封,防止地表水下渗;对路堑挡土墙墙趾前的边沟应予铺砌加固,防止沟水渗入,软化地基;墙身设置泄水孔,排出墙后积水。

为防止泄水孔堵塞,墙后填料为渗水土时,在泄水孔进水端应设置反滤层,厚度不小于0.3m,并在最下一排泄水孔的下部设置隔水层,不使积水渗入基底,如图7-18所示。挡墙后渗水量较大或有泉水等集中水流的地方,应加密、加大泄水孔尺寸或增设纵向、横向渗沟,将水引出。

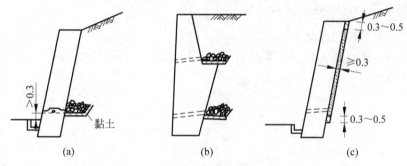

图 7-18　墙背排水措施示意图(单位:m)

为避免地基不均匀沉陷而引起墙身开裂,需在地质条件变化处设置沉降缝。一般将沉降缝和伸缩缝合并设置,每隔10~15m设置一道。缝宽2~3cm,缝内沿墙的内、外、顶三边填塞沥青麻丝或沥青木板,填深不小于0.2m;挡墙后为岩石路堑或填石路堤时可设置空缝。混凝土整体浇注的挡土墙,浇注间断处应设置施工缝。

挡土墙施工尚需注意以下几点。

(1) 施工前应做好地面排水系统,施工中对土质基坑要防止泡水。

(2) 松散堆积层地段,宜分段跳槽开挖,挖成一段砌筑一段。

(3) 墙身砌出地面后,即将基坑回填夯实,并做成不小于4%的向外流水坡,以免积水下渗,影响墙身稳定。

(4) 随着墙身砌筑,待坯强度达到70%后即可进行墙背回填。

(5) 墙后填料选择和填筑方法,必须符合要求。

(6) 浸水挡土墙宜在枯水季节施工。

(7) 墙背反滤层的粒径应在0.2~20mm之间,并应符合级配要求。

(8) 恒重式挡土墙的构造及其他要求与普通重力式挡土墙相同。

习题答案

7.8 本章习题

1. 名词解释

（1）压实度

（2）最佳含水率

2. 简答题

（1）路堤正确填筑应如何进行？填筑方法有哪些，各自适用条件是什么？

（2）路堑开挖有哪些方式，各自适用条件是什么？

（3）简述路基压实机理、影响因素及压实原则。

（4）试述路基施工的重要性。

（5）路基施工前应做好哪些准备工作？

（6）路基压实标准应根据哪些要求制定？

（7）简述综合爆破方法。

（8）常用的爆破方法有哪些，各自适用性如何？

（9）试述铁路基床表层的每层施工工艺流程。

（10）试述矿料防护的施工要点。

（11）试述挡土墙施工的注意事项。

第8章

路基工程检测

 本章学习目标

知识目标

(1) 能够阐述路基工程检测的主要项目及质量要求。

(2) 能够说明路基填料的室内试验类型与参数指标。

(3) 掌握路基回弹模量、路基CBR的现场测试。

(4) 能够阐述标准贯入试验(SPT)、动力触探(DPT)及地质雷达检测技术的原理和操作要点。

能力目标

(1) 能够阅读路基工程检测报告。

(2) 能够现场操作土基回弹模量及路基CBR测试。

(3) 树立工程安全意识,能够遵守行业规范与职业行为准则。

PPT

8.1 检测项目

8.1.1 一般规定

(1) 土方路基和石方路基实测项目技术指标的规定值或允许偏差按高速公路和一级公路、其他公路(指二级及以下公路)两档设定。对于在设计和合同文件中提高了技术要求的二级公路,其工程质量检验评定按设计和合同文件要求进行,但不应高于高速公路和一级公路的检测评定标准。

(2) 检查路段以延米计时,土方路基和石方路基实测项目规定的检查频率,针对双车道公路,为每一检查段内的最低检查频率;针对多车道公路,则必须按车道数与双车道之比,相应增加检查数量。

(3) 路基压实度须分层检测,可只按上路床的检查数据计分;其他检查项目均在路基完成后对上路床顶面进行检查测定。

(4) 路肩工程应作为路面工程的一项分项工程进行检测评定。

(5) 服务区停车场、收费广场的土方工程压实标准可按土方路基要求进行监控。

8.1.2 土方路基

1. 基本要求

（1）在路基用地和取土坑范围内，应清除地表植被、杂物、积水、淤泥和表土，处理坑塘，并按规范和设计要求对基底进行压实。

（2）路基填料应符合规范和设计规定，经认真调查、试验后合理使用。

（3）填方路基须分层填筑压实，每层表面平整，路拱合适，排水良好。

（4）施工临时排水系统应与设计排水系统结合，勿使路基附近积水，避免冲刷边坡。

（5）在设定取土区内合理取土，不得滥开滥挖。完成后应按要求对取土坑和弃土场进行修整，保持合理的几何外形。

2. 实测项目

土方路基实测项目如表 8-1 所示。

表 8-1　土方路基实测项目

项次	检查项目			规定值或允许偏差		检查方法和频率	权值/分
				高速、一级公路	其他公路		
1	压实度/%	零填及路堑上路床/cm	0～30	95	93	按有关方法检查密度：每200m、每层压实层测 4 处	3
		路堤/cm	上路床 0～30	95	93		
			下路床 30～80	95	93		
			上路堤 80～150	93	90		
			下路堤 ＞150	93	90		
2	弯沉/0.01mm			不大于设计要求值		按有关方法检查	3
3	纵断高程/mm			+10，−15	+10，−20	水准仪：每 200m 测 4 个断面	2
4	中线偏位/mm			50	100	经纬仪：每 200m 测 4 点，弯道加 HY、YH 点	2
5	宽度/mm			不小于设计要求值		米尺：每 200m 测 4 点	2
6	平整度/mm			15	20	3m 直尺：每 200m 测 2×10 尺	2
7	横坡/%			±0.3	±0.5	水准仪：每 200m 测 4 个断面	1
8	边坡			不陡于设计要求值		尺量：每 200m 测 4 处	1

注：1. 压实度检查深度从路床顶面算起；

　　2. 表列压实度以重型击实试验法为准；

　　3. 特殊路基可按交通运输部颁发的路基设计、施工规范所规定的压实度标准进行评定。

3. 外观鉴定

（1）路基应表面平整、边线直顺、曲线圆滑。当不符合要求时，单向累计长度每 50cm 减

1～2 分。

（2）路基边坡坡面平顺稳定、不得亏坡，曲线圆滑。当不符合要求时，单向累计长度每 50cm 减 1～2 分。

（3）取土坑、弃土堆、护坡道与碎落台的位置适当，外形整齐、美观，防止水土流失。当不符合要求时，每处减 1～2 分。

8.1.3　石方路基

1. 基本要求

（1）石方路堑的开挖宜采用光面爆破法。爆破后应及时清理险石、松石，确保边坡安全、稳定。

（2）修筑填石路堤时应认真进行地表清理，逐层水平填筑石块，摆设平稳，码砌边部。填筑层厚度及石块尺寸应符合设计和施工规范规定，填石空隙用石碴或石屑嵌压稳定，采用振动压路机分层碾压，压至填筑层顶面石块稳定，18t 以上压路机振压两遍无明显标高差异。上、下路床填料和石料最大尺寸应符合规范规定。

（3）路基表面应整修平整。

2. 实测项目

石方路基实测项目如表 8-2 所示。

表 8-2　石方路基实测项目

项次	检查项目		规定值或允许偏差		检查方法和频率	权值/分
			高速、一级公路	其他公路		
1	压实度/%		层厚和碾压遍数符合要求		查施工记录	3
2	纵断高程/mm		+10，−20	+10，−30	水准仪：每 200m 测 4 个断面	2
3	中线偏位/mm		50	100	经纬仪：每 200m 测 4 点，弯道加 HY、YH 点	2
4	宽度/mm		不小于设计要求值		米尺：每 200m 测 4 点	2
5	平整度/mm		20	30	3m 直尺：每 200m 测 2×10 尺	2
6	横坡/%		±0.3	±0.5	水准仪：每 200m 测 4 个断面	1
7	边坡	坡度	不陡于设计要求值		尺量：每 200m 抽查 4 处	1
		平顺度	符合设计要求			

注：土石混填路基可根据实际情况进行压实度或固体体积率检测。

3. 外观鉴定

（1）上边坡不得有松石。当不符合要求时，每处减 1～2 分。

（2）路基边线直顺，曲线圆滑。当不符合要求时，单向累计长度每 50cm 减 1～2 分。

8.1.4　土工合成材料处置层

1. 基本要求

（1）土工合成材料质量应符合设计要求，外观无破损、无老化、无污染现象。

（2）土工合成材料应在平整的下承层上按设计要求铺设、固定，按设计要求张拉，紧贴下承层，锚固端施工应符合设计要求。

（3）接缝搭接、黏结强度和长度应符合要求，上、下层搭接缝应交替错开。

2. 实测项目

土工合成材料的实测项目，参见土工合成材料相关规范。

3. 外观鉴定

（1）当土工合成材料重叠、皱褶不平顺时，每处减1～2分。

（2）当土工合成材料固定处松动时，每处减1～2分。

8.2　工程质量要求

1. 路基稳定性要求

路基应具有足够的整体稳定性，路基是直接在地面上填筑或挖去一部分地面建成的。路基修建后，改变了原地面的天然平衡状态。在工程地质不良的地区，修建路基可能加剧原地面的不平衡状态，从而导致路基发生各种破坏现象。因此，为防止路基结构在行车荷载及自然因素作用下发生整体失稳，发生不允许的变形或破坏，必须因地制宜采取一定的措施来保证路基整体结构的稳定性。

2. 路基的强度与变形要求

路基应具有足够的强度，路基的强度是指在行车荷载作用下，路基抵抗变形与破坏的能力。因为行车荷载及路基路面的自重使路基下部和地基产生一定的变形，较大的变形会影响路面的使用品质。尤其是不均匀沉降，直接导致路面的不均匀沉降，降低路面平整度，同时，也是路面早期破损的重要原因。为保证路基在外力作用下，不致产生超过允许范围的变形，要求路基应具有足够的强度。

3. 路基的水稳性要求

路基应具有足够的水稳性，路基的水稳性是指路基在水和温度的作用下保持其强度的能力。路基在地面水和地下水的作用下，其强度将会显著降低。因此，对于路基，不仅要求具有足够的强度，而且还应保证在最不利的水和温度状况下，强度不致显著降低，这就要求路基应具有一定的水稳性。

4. 路基排水要求

路基应确保排水通畅,路基施工应自始至终确保排水通畅。路基施工前,应首先设置完善的临时排水系统。永久排水设施应确保排水通畅,并力求内在及外观质量优良。路基的排水在一些多雨的地方尤为重要,排水系统不完善,往往导致一段路基的多次返工和整修,不管是施工中的临时排水还是施工完成之后的排水系统,都是影响路基保持长久稳定的根本原因之一。完善路基综合排水设计的县级以上公路工程设计中,必须遵循因地制宜、整体规划、综合考虑的原则进行路基纵、横向排水设计,避免造成路基两侧长期积水浸泡路基,使路基承载力下降,路面发生沉降变形。在村屯路段必须设置排水边沟,平坡路段边沟需设有纵坡,确保排水通畅。高填方路段采用集中排水措施,并与警示桩、防撞墙统筹考虑,要求在每 20~40m 及主要变坡点处设置简易或永久性泄水槽。挖方段根据上边坡的汇水面积来设计截水沟,并考虑边坡土质和坡率,设置挡墙防止塌方,路基较低路段可以采取加设砂砾层及渗水盲沟,并加大、加深边沟等排水措施。

5. 路基填筑高度及填料质量标准要求

路基最小填筑高度必须保证不因地面水、地下水、毛细水及冻胀作用的影响而降低其稳定性,按照路基设计规范要求,根据土基干湿类型及毛细水位高度,确保路基最小填筑高度,当路基填筑高度受限制而不能达到规范规定时,则应采取相应的处置措施,如换填砂砾、石碴等透水性材料,设置隔离层或修筑地下渗透沟等以避免地面积水和地下水浸入路基,影响路基工作区内的土基强度与稳定性。土质挖方路基,需换填不少于 60cm 砂砾;石质挖方路基,需设置 30cm 砂砾垫层,横向排水不畅路段要加设盲沟。

要求在各级公路工程施工图设计中,必须明确不同填高内路基填料的 CBR 值(最小强度)及最大粒径要求。种植土、腐殖土、淤泥冻土及强膨胀土等劣质土严禁直接用于填筑路基。砾(角砾)类土应优先选作路床填料,土质较差的细粒土可填于路堤底部。

6. 路基防护要求

积极采用路基综合防护形式,积极推行植物防护与硬防护相结合的综合防护形式,在比较稳定的土质边坡采用种草、铺设草皮、植树等植物防护措施。岩体风化严重、节理发育、软质岩石、松散碎(砾)石土的挖方边坡,受水流侵蚀、植物不易生长的填方边坡,可采用护面墙、砌石等工程防护措施,沿河路基、受冰侵害和冲刷路段采用挡土墙、砌石护坡、石笼抛石等直接防护措施。

7. 路基边坡要求

路基边坡是一段路基完成后的重要工序,不仅影响到路基的寿命更是路基给人第一眼最直观印象。因此,路基边坡需要注重美观。边坡防护首先要确保安全、耐久,同时应注意施工质量的内实外美。

下边坡防护的形式较多,在确保施工内在质量的同时,应高度重视工程外观质量。确保路基边坡稳定性,高填、深挖路基的边坡应根据填料种类、边坡高度和工程地质条件等规范确定,高填路堤必须进行路基稳定性验算。填方边坡过高时,可考虑在边坡中部加置边坡平台。

8. 路基附属设施要求

小桥涵的施工，应做到内实外美。以往对于小桥涵的施工，往往不够重视，质量难以保证，尤其是外观质量较差。小桥涵往往是连接路基的重要构造，质量不过关引发的事故经常出现，最为严重的就是过渡段的沉降问题。小桥涵施工完成之后的整体美观是允许施工时自行调整的，把护缘调整到最合适最美观。

8.3 材料室内试验

8.3.1 路基土的材料特性与试验

1. 土的物理性质与试验

土是由矿物颗粒、水、气体组成的三相体系，其比例随着外界条件，如压力、气候等的变化而不断改变，而各条件又会影响土的各项物理性质。从物理的观点，定量地描述土的物理状态及三相比例关系即为土体的各种物理性质指标，可用于土的鉴别、分类及推测土的其他工程性质。常用的反映土各项物理性质的指标有含水率、密度、比重、孔隙比、饱和度、液限、塑限以及塑性指标等。

1) 含水率

土的含水率是土在 105~110℃ 下烘至恒重时所失去的水分质量和达恒重后干土质量的比值，以百分数表示。含水率的变化将导致土的力学性质的变化。它还是计算土的孔隙比、饱和度等其他物理指标的依据，也是检测施工质量的重要指标。

测试土的含水率的方法有烘干法、酒精燃烧法、比重法及碳化钙气压法等。

2) 密度

密度是单位体积土的质量，反映土的疏松程度；可以用于计算土的干密度、孔隙比等物理指标，也是施工质量检测的重要指标。

测试土的密度的方法有环刀法、电动取土器法、蜡封法、灌水法和灌砂法等。其中，环刀法适用于测定不含砾石颗粒的细粒土的密度；电动取土器法适用于灰土等无机结合料稳定细粒土及硬塑性土的密度快速测定；蜡封法适用于不能用环刀切削的易破裂土和含有粗粒、形状不规则的土的密度测定；灌水法适用于现场测定粗粒土和巨粒土的密度；灌砂法适用于现场测定细粒土、砂类土和砾类土的密度，一般在野外应用。

3) 比重

比重是土在 105~110℃ 下烘至恒重时的质量与同体积 4℃ 下蒸馏水质量的比值，是计算孔隙比和评价土类的主要指标。

土的比重测试方法有比重瓶法、浮称法、虹吸筒法等。其中，比重瓶法适用于测试粒径小于 5mm 的土的比重；浮称法适用于测试粒径大于或等于 5mm，且其中粒径大于 20mm 的土质量小于总质量的 10% 的土的比重；虹吸筒法适用于测试粒径大于或等于 5mm，且其中粒径大于 20mm 的土质量大于总质量的 10% 的土的比重。

4）颗粒分析

土的颗粒分析是确定土的各粒径成分含量，并绘制成粒径级配曲线的室内试验方法。土的颗粒分析可用于土的分类，并大致判断土的工程性质。

土的颗粒分析方法有筛分法、比重计法、移液管法等。其中，筛分法适用于分析粒径大于 0.074mm 的土；比重计法和移液管法适用于分析粒径小于 0.074mm 的土；移液管法适用于粒径小而比重大的土。当土中小于 0.074mm 的颗粒超过试样总质量的 15％时，应先用筛分法试验，再将小于 0.074mm 的土用比重计法或移液管法进一步分析，并将两段粒径分配曲线汇成一条平滑的级配曲线。

5）界限含水率

土的界限含水率与土的组成、土粒的矿物成分、比表面积及表面电荷强度等一系列因素有关。土从一种状态到另一种状态没有明显的分界，而是一个渐变的过程，所以土的界限含水率也无明显的临界点，而是经验的约定值。

在路基工程中应用较多的是土的液限和塑限。土的液限是土的流动状态和可塑性状态的界限含水率；土的塑限是土的可塑性状态与半固体状态的界限含水率。土的液限与塑限之差反映土的可塑性程度。

测定土的液限一般用锥式液限仪或碟式液限仪；土的塑限测定一般采用搓条法。

2. 土的力学性质与试验

土的力学性质包括土的击实性、抗剪性和压缩性三部分。

1）击实性

土的击实性是指土在反复冲击荷载下被压密的特性。在一定的击实功下，土中含水率不同，击实效果也不同。使土获得最大干密度的含水率称为土的最佳含水率，相对应的干密度为最大干密度。土的击实试验即为在标准击实方法下测定土的最大干密度和最佳含水率。土的击实试验是控制路基填土密实度的重要指标。

一般路基工程中对于粒径不大于 38mm 的土采用击实法测定土的最大干密度和最佳含水率。对于无黏性自由排水粗粒土和巨粒土（小于 0.074mm 的干颗粒质量不大于 15％）采用振动台法或表面振动压实法测定其最大干密度。

击实试验按击实功的不同，分为轻型击实法和重型击实法，以模拟控制不同交通量下路基填土的压实度；在现代高等级道路工程中普遍采用重型击实法。

2）抗剪性

土的抗剪强度是指土体抵抗剪切破坏的极限能力，是评价地基稳定性及进行挡土墙设计等的重要指标，其抗剪强度符合库仑定律。

测定土的内摩擦角和凝聚力两个指标的试验即为土的剪切试验。常用的剪切试验方法有直接剪切试验、三轴压缩试验和无侧限抗压强度试验等。直接剪切试验包括黏质土的慢剪试验、黏质土的固结快剪试验、黏质土的快剪试验及砂类土的直剪试验。直接剪切试验所用仪器结构简单、操作方便、应用普遍。固结快剪试验和快剪试验适用于渗透系数小于 10^{-6} cm/s 的黏质土。三轴压缩试验包括不固结不排水试验、固结不排水试验、固结排水试验等。其中，不固结不排水试验适用于测定黏质土和砂类土的总抗剪强度参数；固结不排水试验适用于测定黏质土和砂类土的总抗剪强度或有效抗剪强度参数和孔隙压力系数，可用于进行土体稳定的有效应力分析；固结排水试验适用于测定黏质土和砂类土的抗剪强度参数。无侧限抗压强度试验适用于测定饱和软黏土的无侧限抗压强度及灵敏度。

3）压缩性

土的压缩性是指土在荷载作用下由于孔隙和水分减少而使体积逐渐变小的过程；土的压缩试验又称固结试验。固结试验是将土样放在侧向变形受限的容器内，分级施加垂直压力，测定土样在外力作用下排水、排气、气泡压缩性质的测试方法，用于评价土的压缩性能，估算地基最终沉降量、沉降随时间的发展关系及其趋于稳定的可能性等。目前固结试验最常用的仪器是单轴固结仪法。

8.3.2　路基石料的材料特性与试验

1. 石料的物理性质与试验

石料是符合工程要求的岩石，经开采加工后用于道路工程的建筑石材的总称。石料的物理性质是石料矿物组成与结构状态的反映。常用的石料物理性质指标包括密度、吸水性、抗冻性等。

1）密度

由于考虑孔隙的方式不同，工程界有真实密度、毛体积密度、表观密度、饱和面干密度以及石料密度等几种不同的密度指标。真实密度，简称密度，在规定条件（105℃±5℃烘至恒重）下，石料矿质单位体积（不包括开口与闭口孔隙体积）的质量。毛体积密度，在规定的条件下，烘干石料包括孔隙在内的单位体积固体材料的质量。表观密度，在规定的条件下，烘干石料包括闭口孔隙在内的单位体积固体材料的质量。饱和面干密度，在规定的条件下，烘干石料包括孔隙在内的单位体积的面干饱水固体材料的质量。石料密度测定是将石料磨成小于 0.25mm 的石粉，再用比重瓶法或李氏比重瓶法测定。其中，比重瓶法适用于不含水溶性矿物成分的石料的密度测定；李氏比重瓶法适用于含水溶性矿物成分的岩石。

石料的块体密度测试可用静水称量法、蜡封法或量积法。其中，静水称量法不适用于遇水崩解、易溶和有干缩湿胀性的松软石料；蜡封法适用于不能用静水称量法测毛体积密度的石料；量积法适用于能制成规则试样的岩石。在道路工程中，绝大多数采用静水称量法，少数情况采用量积法，而蜡封法仅在特殊情况下采用。

2）吸水性

石料的吸水性是石料在规定条件下吸入水分的能力；通常用吸水率和饱水率两项指标来表征石料的吸水性。石料的吸水率是指在室内常温（20℃±2℃）和大气压条件下，石料试件最大的吸水质量占石料试件质量的百分率；石料的饱水率是指石料在常温（20℃±2℃）和真空［真空度为 20mmHg(2.66kPa)］条件下，最大吸水质量占烘干石料试件质量的百分率。石料的吸水率和饱水率能够有效反映岩石微裂隙的发育程度，可用来判断岩石的抗冻和抗风化等性能。

3）抗冻性

石料的抗冻性是石料在饱水状态下，抵抗反复冻结和融化的性能；与石料内部的孔隙构造、吸水率等密切相关。石料的抗冻性可采用直接冻融法或者硫酸钠侵蚀法（即坚固性试验)进行测试;当石料的吸水率小于0.5%时,认为其抗冻性较好,可不进行抗冻性试验。

2. 石料的力学性质与试验

石料的力学性质主要讨论确定石料等级的单轴抗压强度和磨耗性。

1) 单轴抗压强度

石料的单轴抗压强度是指石料的标准试件经吸水饱和后,按规定的加载条件,单轴受压达到极限破坏时,单位承压面积的强度;其大小取决于石料的矿物组成、结构、裂隙分布等,也受试验条件的影响。石料的单轴抗压强度可用于岩石的强度分级和岩性描述。

2) 磨耗性

石料的磨耗性是指石料抵抗冲击、边缘剪力和摩擦等联合作用的性质,其大小取决于石料内部组成矿物的强度、结构和石料的抗压强度及冲击韧性等。

石料的磨耗性可用洛杉矶磨耗试验(又称搁板式磨耗试验),或狄法尔磨耗试验(又称双筒式磨耗试验)进行测试。

8.3.3 路基粗集料的特性与试验

1. 粗集料的物理性质与试验

集料是在混合料中起骨架和填充作用的粒料,包括碎石、砾石、石屑和砂等。粗集料包括人工轧制的碎石和天然风化而成的卵石。其主要物理性质指标包括:考虑不同体积而得到的不同密度、级配、针片状颗粒含量、坚固性等。

1) 密度

考虑材料状态的不同,定义不同的密度概念:

表观密度,单位体积物质颗粒的干质量,也称视密度。

表干密度,单位体积物质颗粒的饱和面干质量,也称饱和面干毛体积密度。

毛体积密度,单位体积物质颗粒的干质量,也称绝干毛体积密度。

松方密度,单位体积物质颗粒的质量。

粗集料不含空隙的密度测试方法通常用网篮法,可以测定碎石、砾石等各种粗集料的表观相对密度、表干相对密度、毛体积相对密度、表观密度、表干密度、毛体积密度,以及粗集料的吸水率等。

2) 级配

粗集料级配是指各组成颗粒的分级和搭配,它是影响集料空隙率的重要指标。粗集料的筛分试验有水洗法和干筛法两种。

3) 针片状颗粒含量

针片状颗粒含量是指粗集料中细长的针状颗粒与扁平的片状颗粒占集料总质量的百分率。针片状颗粒在施工或使用过程中易于折断,改变混合料空隙率及集料间的黏结性能,影响混合料品质。因此,必须测定集料中的针片状颗粒含量,以评价其在工程中的适用性。粗集料的针片状颗粒含量可用规准仪法或游标卡尺法测定。

4）坚固性

粗集料的坚固性是指碎石或砾石经饱和硫酸钠溶液多次浸泡与烘干循环，承受硫酸钠结晶压而不发生显著破坏或强度降低的性能，它是描述集料抗冻性的重要指标。

2. 粗集料的力学性质与试验

粗集料的力学性质主要包括压碎值、磨耗度以及用于抗滑表层的粗集料的磨光值等。

1）压碎值

粗集料的压碎值是粗集料在连续增加的荷载下，抵抗压碎的能力。

2）磨耗度

粗集料的磨耗度是指粗集料抵抗冲击、边缘剪力和摩擦等联合作用的性质。

3）磨光值

粗集料的磨光值是利用加速磨光机磨光集料并以摆式摩擦系数测定磨光后集料的摩擦系数值。

8.3.4　路基细集料的特性与试验

细集料的物理力学性质与粗集料的特性基本类似，只是部分测试的试验方法不同。此外，细集料特性测试方法中两个重要指标，砂当量和棱角性，砂当量表示细集料中所含黏性土或杂质的含量，用于评定细集料的洁净程度；棱角性是指一定量的细集料通过标准漏斗装入标准容器中的空隙率。

图 8-1　路基室内 CBR 试验仪

8.3.5　路基承载比室内试验

室内用路基承载比（CBR）试验仪装置，如图 8-1 所示。试件按路基施工的含水率及压实度要求在试桶内制备，为了模拟路面结构对路基的附加压力，在浸水过程中及压入试验时，在试件顶面施加环形砝码，其质量应根据预计的路面结构重力来确定。试件按路基施工时的含水率及压实度要求在试筒内制备。

1. 主要仪器设备

主要仪器设备包括：圆孔筛，孔径 38mm、25mm、20mm 及 5mm 筛各 1 个；重型标准击实仪器设备，试筒、夯锤等；贯入杆，端面直径 50mm、长 100mm 的金属柱；路面材料强度或其他荷载装置，重力不小于 50kN，百分表、测力环、荷载板等。

2. 试验原理

试验时，按路基施工时的最佳含水率及压实度要求在试筒内制备试件；为了模拟材料在使用过程中的最不利状态，加载前饱水 4 昼夜；在浸水过程中及贯入试验时，在试件顶面施加荷载板以模拟路面结构对路基的附加应力；贯入试验中，材料的承载能力越高，对其压入一定贯入深度所需施加的荷载越大。所谓 CBR 值,就是试料贯入量达到 2.5mm 或 5mm 时的单位压力与标准碎石压入相同贯入量时标准荷载强度(7MPa 或 10.5MPa)的比值,用百分数表示。

3. 试验技术要求

(1) 试验采用风干试料,按四分法备料。

(2) 做击实试验,求试料的最大干密度和最佳含水率。

(3) 按最佳含水率制备试件。

(4) 试件饱水 4 昼夜。

(5) 做贯入试验:加荷载使贯入杆以 1.00～1.25mm/min 的速度压入试件,记录不同贯入量及相应荷载。总贯入量应超过 7mm。

(6) 绘制单位压力 P 与贯入量 L 关系曲线,必要时进行原点修正。

(7) 从 $P\text{-}L$ 关系曲线上读取贯入量分别为 2.5mm 和 5.0mm,所对应的单位压力 P2.5(MPa) 和 P5(MPa)。

一般采用 CBR2.5 值;如果 CBR5 值大于 CBR2.5 值,则试验需要重做;如果结果仍然如此,则采用 CBR5 值。关于 CBR 值室内试验的详细步骤及具体要求可参见《公路土工试验规程》中的"承载比(CBR)试验"。

8.4　现场检测

8.4.1　路基压实度检测方法

路基压实质量是道路工程施工质量管理中最重要的内在指标之一,只有对路基结构层进行充分压实,才能保证路基的强度、刚度及路面的平整度,才可以保证及延长路基、路面工程的使用寿命。

现场压实质量用压实度表示,对于路基土及路面基层,压实度是指工地实际达到的干密度与室内标准击实试验所得的最大干密度的比值;现行常用的检测方法主要包括灌砂法、环刀法、水袋法和核子密度法,另外还有路用雷达法、瑞利法等快速无损检测方法处于研究阶段。下面主要介绍通常采用的环刀法、灌砂法和核子密度仪法等。

(1) 环刀法是一种破坏性的检测方法,适用于不含骨料的细粒土。优点是设备简单操作方便;缺点是受土质限制,当环刀打入土中时,产生的应力使土松动,壁厚时产生的应力较大,因此干密度有所降低。

(2) 灌砂法是一种破坏性的检测方法,适用于各类土。优点是测定值精确;缺点是操作较复杂,需经常测定标准砂的密度和锥体重。

(3) 核子密度仪法是一种非破坏性测定方法。能快速测定湿密度和含水率,满足现场快速、无破损的要求,并具有操作方便,显示直观的优点,但应与灌砂法进行对比标定后方可使用。

对于取样深度要求用环刀法检测时,环刀中部处于压实厚度的 1/2 深度;用灌砂法时,应取整个土层的厚度;用核子密度仪法检验时应根据其类型,按说明书要求进行操作。

8.4.2 路基回弹模量测定方法

目前国内常用的测定回弹模量的方法有承载板法、贝克曼梁法和其他(如贯入仪测定法和 CBR 测定法)间接测试方法等。

1. 承载板法

1) 目的和适用范围

(1) 本方法适用于在现场路基表面,通过承载板对路基逐渐加载、卸载的方式,测出每级荷载下相应的路基回弹变形值,经过计算求得路基回弹模量。

(2) 本方法测定的路基回弹模量可作为路面设计参数使用。

2) 仪具与材料

承载板试验需要的仪具与材料主要有:

(1) 加载设施:载有铁块或集料等重物、后轴重不小于 60kN 的载重汽车;在汽车大梁的后轴之后约 80cm 处,附设一根加劲小梁作反力梁;汽车轮胎充气压力为 0.50MPa。

(2) 现场测试装置,由千斤顶、测力计(测力环或压力表)及球座组成。

(3) 刚性承载板,板厚 20mm,直径为 30cm,直径两端设有立柱和可以调整高度的支座供安放弯沉仪测头,承载板放在路基表面上。

(4) 路面弯沉仪,由贝克曼梁、百分表及其支架组成。

(5) 液压千斤顶,量程为 80~100kN,装有经过标定的压力表或测力环,其容量不小于路基强度,测定精度不小于测力计量程的 1/100。

(6) 另外还有秒表、水平尺、细砂、毛刷、垂球、镐、铁锹、铲等。

3) 试验前准备工作

(1) 根据需要选择有代表性的测点,测点应位于水平的路基上,土质均匀,不含杂物。

(2) 仔细平整路基表面,撒干燥洁净的细砂填平路基凹处,砂子不可覆盖全部路基表面,避免形成一层。

(3) 安置承载板,并用水平尺进行校正,使承载板置水平状态。

(4) 将试验车置于测点上,在加劲小梁中部悬挂垂球测试,使之恰好对准承载板中心,然后收起垂球。

(5) 在承载板上安放千斤顶,上面衬垫钢圆筒,并将球座置于顶部与加劲横梁接触。如用测力环时,应将测力环置于千斤顶与横梁中间,千斤顶及衬垫物必须保持垂直,以免加压时千斤顶倾倒发生事故,并影响测试数据的准确性。

(6) 安放弯沉仪,将两台弯沉仪的测头分别置于承载板立柱的支座上,百分表对零或其他合适的初始位置。

4) 测试步骤

(1) 用千斤顶开始加载,注视测力环或压力表,至预压 0.5MPa,稳压 1min,使承载板与路基紧密接触,同时检查百分表的工作情况是否正常,然后放松千斤顶油门卸载,稳压 1min,将指标对零或记录初始读数。

(2) 测定路基的压力-变形曲线。用千斤顶加载采用逐级加载卸载法,用压力表或测力环控制加载量,荷载小于 0.1MPa 时,每级增加 0.02MPa,以后每级增加 0.04MPa 左右。

为了使加载和计算方便,加载数值可适当调整为整数。每次加载至预定荷载后,稳定 1min,立即读记两台弯沉仪百分表数值,然后轻轻放开千斤顶油门卸载至 0,待卸载稳定 1min 后,再次读数,每次卸载后百分表不再对零。当两台弯沉仪百分表读数之差小于平均值的 30% 时,取平均值,如超过 30%,则应重测。当回弹变形值超过 1mm 时,即可停止加载。

(3)各级荷载的回弹变形和总变形,按以下方法计算:回弹变形 $L＝$(加载后读数平均值－卸载后读数平均值)×弯沉仪杠杆比总变形 $L'＝$(加载后读数平均值－加载初始前读数平均值)×弯沉仪杠杆比。

(4)测定汽车总影响量,最后一次加载卸载循环结束后,取走千斤顶,重新读取百分表初读数,然后将汽车开出 10m 以外,读取终值数,两只百分表的初、终读数差的平均值乘弯沉仪杠杆比即为总影响量。

(5)在试验点下取样,测定材料含水率。取样数量如下:最大粒径不大于 5mm,试样数量约 120g;最大粒径不大于 25mm,试样数量约 250g;最大粒径不大于 40mm,试样数量约 500g。

(6)在紧靠试验点旁边的适当位置,用灌砂法或环刀法及其他方法测定路基的密度。

2. 贝克曼梁法

1)目的和适用范围

本方法适用于在路基厚度不小于 1m 的粒料整层表面,用弯沉仪测试各测点的回弹弯沉值,通过计算求得该材料的回弹模量值;也适用于在旧路表面测定路基路面的综合回弹模量。

2)试验方法与步骤

(1)准备工作。选择洁净的路基表面、路面表面作为测点,在测点处做好标记并编号。无结合料粒料基层的整层试验段(试槽)应符合下列要求:整层试槽可修筑在行车带范围内或路肩及其他合适处,也可在室内修筑,但均应适用于汽车测定弯沉。试槽应选择在干燥或中湿路段处,不得铺筑在软土地基上。试槽面积不小于 3m×2m,厚度不宜小于 1m。铺筑时,先挖 3m×2m×1m(长×宽×深)的坑,然后用欲测定的同一种路面材料按有关施工规定的压实层厚度分层铺筑并压实,直至顶面,使其达到要求的压实度标准。同时应严格控制材料组成,配比均匀一致,符合施工质量要求。

(2)测试步骤按上述方法选择适当的标准车,实测各测点处的路面回弹弯沉值 L_i。如在旧沥青面层上测定时,应读取温度,并按规定的方法进行测定弯沉值的温度修正,得到标准温度 20℃时的弯沉值。

3)试验结果分析

(1)计算全部测定值的算术平均值、单次测量的标准差和自然误差。

(2)计算各测点的测定值与算术平均值的偏差值 $d_i＝L_i－Z$,并计算较大的偏差与自然误差之比 d/γ_0。当某个测点观测的 d_i/γ_0 值大于规范中的 d/γ 极限值时则应舍弃该测点,然后重新计算所余各测点的算术平均值及标准差。

(3)计算代表弯沉值,路基、整层材料的回弹模量或旧路的综合回弹模量值。

试验结果分析主要包括弯沉测定表、计算的代表弯沉、采用的泊松比及计算得到的材料回弹模量 E 等。

8.4.3　加州承载比(CBR)试验方法

　　CBR 野外试验方法基本上与室内试验相同,但其压入试验直接在路基顶面进行。有时,野外试验结果与室内试验结果不完全相同,这主要是由于土的含水率不一样,室内试验时,试件处于饱水状态;野外试验时,路基处于施工时的湿度状态。所以对野外试验结果必须加以修正。

　　试验时,用一个端部面积为 19.35cm^2 的标准压头,以 0.127cm/min 的速度压入土中。记录每贯入 0.254cm 时的单位压力,直至压入深度达到 1.27cm 时为止。标准压力值是用高质量标准碎石由试验求得,其值如表 8-3 所示。测定路基 CBR 值的仪具由机架、加荷装置、测力装置、贯入压头、百分表等组成(图 8-2)。

表 8-3　CBR 标准压力

贯入量/mm	2.5	5.0	7.5	10.0	12.5
标准压力/MPa	7.0	10.5	13.4	16.2	18.3

图 8-2　现场 CBR 试验仪器

1. 路基现场 CBR 值测试方法

　　1) 主要仪器

　　主要仪器包括设有加劲横梁且后轴重不小于 60kN 的载重汽车荷载装置,由千斤顶、测力计、球座、贯入杆、荷载板及百分表等组成的现场测试装置。

　　2) 测试原理

　　在公路路基施工现场,用载重汽车作为反力架,通过千斤顶连续加载,使贯入杆匀速压入路基。为了模拟路面结构对路基的附加应力,在贯入杆位置安放荷载板。路基强度越高,贯入量为 2.5mm 或 5.0mm 时的荷载越大,即 CBR 值越大。

3) 测试技术要点

(1) 将测点直径约 30cm 范围的表面找平。

(2) 安装现场测试装置,使贯入杆与路基表面紧密接触。

(3) 启动千斤顶,使贯入杆以 1mm/min 的速度压入路基,记录不同贯入量及相应荷载。贯入量达 7.5mm 或 12.5mm 时结束试验。

(4) 卸载后在测点取样,测定材料含水率。

(5) 在测点旁用灌砂法或环刀法等测定路基的密度。

(6) 绘制荷载压强-贯入量曲线,必要时进行原点修正。

应当注意,公路现场条件下测定的 CBR 值,因路基的含水率和压实度与室内试验条件不同,也未经饱水,故与室内试验 CBR 值不一样。应通过试验,寻找两者之间的关系,换算为室内试验 CBR 值后,再用于路基施工强度检验或评定。

关于路基现场 CBR 值测试方法详见《公路路基路面现场测试规程》(JTG 3450—2019)。

2. 落球仪快速测定路基现场 CBR 值试验方法

本方法适用于细粒土路基施工现场 CBR 值的测定,试验精度较高,方法可靠,快速简便,能满足路基施工现场检验的要求。

1) 主要仪器

主要仪器落球仪包括底座、落球支架、导杆及落球、导杆卡口开关、刻度标尺、仪器平整水泡、100mm 内径的底座套板、卡尺或钢板尺、刮刀、水平尺等。

2) 试验原理

一定质量的球从一定高度自由下落到路基表面,陷入深度越小,表明路基强度越高。根据落球在一定高度自由下落陷入路面所做的功与室内标准试验贯入深度所做的功相等的原理,推导得出由落球陷痕直径 D 值计算现场 CBR 值的公式。

3) 试验技术要点

(1) 将测点路基表面刮平。

(2) 将落球仪置于测点,使球体自由落下,用卡尺量落球陷痕直径 D 值。

(3) 计算现场 CBR 值。

应当指出,落球仪测定的现场 CBR 值,因路基的含水率和压实度与室内 CBR 试验标准条件不明也未经饱水,所测结果与前述"路基现场 CBR 值测试方法"所得现场 CBR 值相近。同样,应通过对比试验,建立落球仪 CBR 值与室内 CBR 值相关关系,换算为室内 CBR 值后,再用于评定路基强度。

关于落球仪快速测定路基现场 CBR 值试验方法详见《公路路基路面现场测试规程》。

8.4.4 落锤式弯沉仪检测技术

1. 弯沉检测方法

弯沉是指路基或路面表面在规定的标准车辆荷载作用下,路基或路面表面轮隙位置产生的总垂直变形,以 0.01mm 为单位。由于弯沉能够代表路基路面整体抵抗垂直变形的能力,测定又比较直观、简便,因此该检测方法是路基路面现场质量检测的常规项目之一。目前常用的测定弯沉的方法有贝克曼梁弯沉仪测定法、自动弯沉测定仪测定法以及落锤式弯沉仪测定法等。本节简要介绍适合路基弯沉检测的落锤式弯沉仪的设备、原理以及技术要点。

2. 落锤式弯沉仪

利用贝克曼梁方法测得的回弹弯沉是静态弯沉。自动弯沉仪检测弯沉时,因为汽车行进速度很慢,所测得的弯沉也接近为静态弯沉。为了模拟汽车快速行驶的实际情况,不少国家开发了动态弯沉的测试设备,其中,落锤式弯沉仪(falling weight deflectometer,FWD)量测模拟行车作用的冲击荷载下的动态弯沉。由于其速度快,精度高,是目前国际上最先进的路面强度无损检测设备之一,已成为世界各国道路工程界研究的热门课题。这种设备特别适用于高等级公路路面和机场的弯沉量测和承载能力评定。FWD-2000型落锤式弯沉仪如图 8-3 所示。

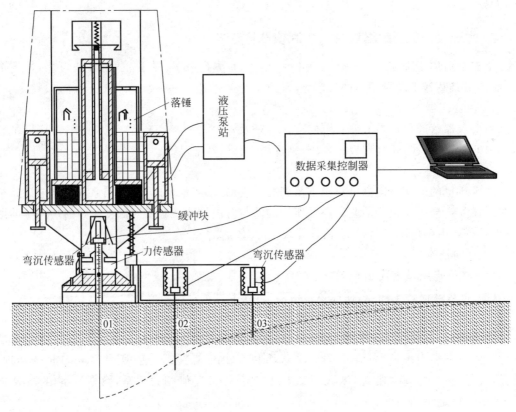

图 8-3　FWD-2000 型落锤式弯沉仪

1) 主要设备

落锤式弯沉仪分为拖车式和内置式两种。拖车式便于维修与存放,而内置式则较小巧、灵便。该仪器的主要设备如下。

(1) 荷载发生装置:包括落锤和直径 300mm 的 4 分式扇形承载板。

(2) 弯沉检测装置:由 5~7 个高精度传感器组成。

（3）运算及控制装置。

（4）牵引装置：牵引 FWD 并安装有运算及控制装置等的车辆。

2）工作原理

将测定车开到测定地点，通过计算机控制下的液压系统，启动落锤装置，使一定质量的落锤从一定高度自由落下，冲击力作用于承载板上并传递到路面，导致路面产生弯沉，分布于距测点不同距离的传感器，检测结构层表面的变形，记录系统将信号输入计算机，得到路面测点弯沉及弯沉盆。

3）使用技术要点

（1）通过调节锤重和落高可调整冲击荷载大小。例如，我国路面设计标准轴载为 BZZ-100，落锤质量应选为 5t，因为承载板直径为 30cm，对路面的压强恰为 0.7MPa。

（2）检测时，拖车式落锤弯沉仪牵引速度最高可达 80km/h，根据我国的实际情况，牵引速度以 50km/h 左右为宜。内置式落锤弯沉仪最高时速大于 100km/h，每小时可测 65 点。

（3）传感器分布位置：1 个位于承载板中心，其余布置在传感器支架上。路面结构不同，弯沉影响半径亦不同。路基或柔性基层沥青路面传感器分布在距荷载中心 2.5m 范围内即可。目前，我国高等级公路大多采用半刚性基层沥青路面结构，弯沉影响半径已达 3～5m，传感器分布范围应布置在距荷载中心 3～4m 范围内，以量测路面弯沉盆形状。

（4）每一测点重复测定不少于 3 次，舍去第一个测定值，取以后几次测定值的平均值作为计算依据，因为第一次测定的结果往往不稳定。

弯沉检测装置操作方式为计算机控制下的自动量测和记录，输出作用荷载、弯沉（盆）、路表温度及测点间距等，打印弯沉平均值、标准差、变异系数及代表弯沉值等数据。

应当注意，落锤式弯沉仪所测弯沉为动态总弯沉，与贝克曼梁所测的静态回弹弯沉不同。可通过对比试验，得到两者之间的相关关系，并据此将落锤式弯沉仪所测弯沉值换算为贝克曼梁的静态回弹弯沉值。可利用计算机按弹性层状体系理论的计算模式和程序，根据落锤式弯沉仪所测弯沉盆数据反算路面各层材料的弹性模量。

关于落锤式弯沉仪测定路面弯沉试验方法详见《公路路基路面现场测试规程》。

8.4.5 地质雷达探测检测技术

1. 路基探测系统的介绍

地质雷达（ground penetrating radar，GPR），也称探地雷达，是浅层地球物理勘探的一种重要工具，是一种高分辨探测技术。探地雷达在地质勘查、考古、工程检测、公路路面路基检测等方面已有许多工程实例，在地基勘查、铁路路基的检测中也发挥了很好作用。由于其具有无损、快速、精度高等突出优点，在路基检测中用途广泛，工程应用已取得显著的经济效益和社会效益，推广应用前景广阔。

铁路路基包括填石路堤、路基本体（用填料或改良土分层碾压）、基床底层（用填料或改良土）、基床表层（用级配砂砾石或级配碎石）、路堤与桥台，还有过渡段、路堤下涵洞。它们的厚度、凹凸起伏的形态，以及可能隐藏的问题，可以用探地雷达来检测。

铁路路基探测系统由信号采集系统和数据处理系统组成，其中测试系统由多普勒速度轨枕识别系统、多普勒信号传输电缆、多普勒信号控制器、中心控制系统、三个空气耦合型探测天线、信号传输电缆、信号实时显示系统、移动机车、系统支撑系统、环境记录系统和全球定位系统（global positioning system,GPS）等组成,其结构如图 8-4 所示。系统启动后,中心控制系统向多普勒控制系统发出信号指挥多普勒系统工作,多普勒系统开始对轨枕识别和距离探测,并把信号反馈到中心控制系统,中心控制系统接到反馈信号后,给天线发射所需要的脉冲信号,并接收地下反射回来的信号,显示系统可以实时显示所探测到的信号,同时对被探测对象的周围环境进行记录和 GPS 定位工作。铁路路基探测系统实物如图 8-5 所示。

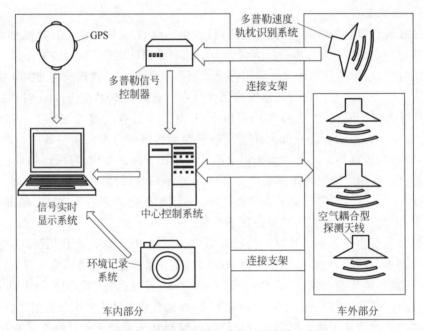

图 8-4　铁路路基信号采集系统工作流程

图 8-5　铁路路基探测系统实物图

2. 地质雷达探测路基原理

地质雷达是利用超高频脉冲电磁波（1MHz～1GHz）在地下介质中的传播规律来研究介质特征、地下结构的一种地球物理方法。地质雷达是一种广谱电磁技术,其探测原理如

图 8-6 所示。由一个发射高频宽带电磁波的天线和一个接收来自地下介质界面反射波的天线组成。当电磁波遇到与周围介质介电常数有差异的地层或目标体时,部分能量反射回地面被接收天线所接收。电磁波在介质中传播时,其路径、电磁波强度与波形随所通过介质的电性质及几何形态而变化。因此,根据接收波的旅行时间(亦称双程走时)、幅度与波形资料,可确定地下界面或地质体空间位置,推断介质的结构。

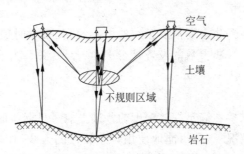

图 8-6　地质雷达探测地基结构示意图

3. 铁路路基检测的功能与特点

对于新线路基,地质雷达探测路基的功能有:在路基工程中的勘查、路基结构层厚度检测、压实度检测和含水率检测等。

对于既有线路基,地质雷达探测路基的功能有:界面检测、隐蔽性危害探测、病害探测以及基床与地基土状态检测等。

探测路基的特点:

1) 既有线路基检测要求

(1) 快速:我国铁路运输任务是全世界运输任务最重的国家,我国现有的运营线路不能满足现有运量的要求,线路运输十分繁忙,因此路基检测不能影响铁路运输。

(2) 精确:探测结果是为公路养护维修提供科学依据,要求精度高。

(3) 无损:线路时刻都在营运状态,不能损坏线路影响铁路运输。

2) 在既有线检测的不利因素

(1) 既有线路检测的安全问题:既有线是正在营运的线路,作业时间短,检测工期紧,因此经常在运营条件下检测,不但影响正常的检测工作,也给测试人员的安全带来很大的影响。

(2) 干扰严重:既有线路上的接触网、铁路信号等,对雷达探测带来一定的干扰。

(3) 需要解决的问题多:在既有线路路基上检测时,钢轨、轨枕的影响,道碴对电磁波的散射作用,对雷达资料的处理和解释工作带来很大的影响,因此如何克服这些因素的影响还有待进一步的研究和探讨。

4. 地质雷达在铁路路基检测中的应用范围

(1) 线路路基检测包括对路基土密实度的检测、对路基内形成道碴囊的检测、对路基土内空洞的检测等,路基两侧挡墙检测包括挡墙厚度检测,挡墙密实度检测,挡墙水泥混凝土与石块间黏合程度检测,挡墙墙体内部脱空、渗水、积水程度的检测。

(2) 从使用的设备上分,可以分为通用地质雷达检测和铁路路基专用雷达检测。

（3）从探测的目的来分，可以分为路基病害检测和路基性能评价。

局部路基强度不足，道碴侵入基床，形成道碴囊或道碴陷槽，这类异常在雷达剖面上表现为：基床表层反射的同相轴发生明显的弯曲下沉或同相轴中断不连续，有时是时断时续，如渣土混合比较严重其同相轴可能有缺失。

5. 路基检测数据采集

对路基探测系统参数采集主要涉及天线的中心频率、采样时窗、采样间隔，以及测量步长（天线移动的速度）等。采集参数的设置是否正确、合理，关系到采集数据的品质和探测的效果。

1）天线中心频率选择

天线中心频率选择需要在满足探测深度的基础上兼顾目标体的尺寸，一般来说，在满足分辨率且场地又许可的情况下，尽可能地使用频率较低的天线，如果要求空间分辨率为 x，围岩的相对介电常数为 ε_r，天线的中心频率 f（MHz）可依据式（8-1）初步确定。

$$f = \frac{150}{x\sqrt{\varepsilon_r}} \tag{8-1}$$

2）时窗的选取

时窗的选取主要取决于最大探测深度与地层电磁波的传播速度，时窗 W（ns）的选择可以取最大探测深度 H（m）和电磁波波速 v（m/ns）之比的 2 倍，为满足地层的速度与目标体埋深的变化，再增加 30% 的余地。

$$W = 1.3 \times \frac{2H}{v} \tag{8-2}$$

3）采样率的选择

选取合适的采样率是改善数据质量的一个重要因素，采样率是由尼奎斯特采样定理决定的，即采样率至少达到最高频率的 2 倍，对于大多数的商用雷达系统，频带宽度和中心频率之比为 1∶1，这意味着发射脉冲的能量覆盖的频率范围在 0.5 倍的天线中心频率和 1.5 倍的天线中心频率之间，即反射波的最高频率为中心频率的 1.5 倍，按照尼奎斯特采样定理，采样率最少要达到天线中心频率的 3 倍，在实际工作中还应留有 2 倍的余地，即采样频率为天线中心频率的 6 倍；不同频率天线的最大采样间隔如表 8-4 所示。当天线中心频率为 f（MHz）时，则采样率 Δt（ns）为：

$$\Delta t = \frac{1000}{6f} \tag{8-3}$$

表 8-4　不同频率天线的最大采样间隔

天线的中心频率/MHz	最大采样间隔/ns
25	6.67
50	3.33
100	1.67
200	0.84

4）空间移动步长的计算

在测量离散点时，空间移动步长取决于天线中心频率和地下介质的介电常数，通常其最大值不应超过尼奎斯特采样间隔，即为围岩中子波波长的 1/4，用公式表示为：

$$n_x = \frac{75}{f\sqrt{\varepsilon_r}} \tag{8-4}$$

式中，n_x 为空间移动步长（MHz^{-1}）；f 为天线的中心频率（MHz）；ε_r 为围岩的相对介电常数。当介质的横向变化不大时，空间移动步长可以适当放宽，以提高工作效率。

在连续测量时，天线最大移动速度取决于扫描速率、天线宽度以及目标体尺寸。为查清目标体，应至少保证有 20 次扫描线通过目标体，于是最大移动速度 v_{max}（m/ns）应满足：

$$v_{max} < （扫描速率/20）×（天线宽度＋目标体的尺寸）$$

5）天线距

使用分离天线时，适当选取发射与接收天线的距离，可以增强来自目标体的回波信号。偶极天线在临界角方向的增益最强，因此，天线间的距离 L 的选择应使最深目标体相对接收和发射天线的张角为临界角的 2 倍，即：

$$L = \frac{2h_{max}}{\sqrt{\varepsilon_r}} \tag{8-5}$$

6）天线方向的取向

天线的排列方向（天线的方向）对探地雷达取得资料品质有很大影响。对于使用偶极子天线雷达系统，因偶极天线辐射具有优选的极化方向，因此天线的取向很重要。通常天线需要正确的排列以保证电场的极化方向平行于目标体的长轴方向或延伸方向。不同的天线排列方式将得到不同的品质资料。

8.4.6　动力触探试验检测技术

动力触探（dynamic penetration test，DPT）是利用一定的落锤能量，将一定尺寸、一定形状的探头打入土中，根据打入的难易程度（可用贯入度、锤击数或单位面积动贯入阻力来表示）判定土层性质的一种原位测试方法；可分为圆锥动力触探和标准贯入试验两种。

圆锥动力触探是利用一定的锤击能量，将一定的圆锥探头打入土中，根据打入土中的阻抗大小判别土层的变化，对土层进行力学分层，并确定土层的物理力学性质，对地基土做出工程地质评价。通常以打入土中一定距离所需的锤击数来表示土的阻抗，也有以动贯入阻力来表示土的阻抗。圆锥动力触探的优点是设备简单、操作方便、工效高、适应性强，并具有连续贯入的特性。对难以取样的砂土、粉土、碎石类土等，对静力触探难以贯入的土层，圆锥动力触探是十分有效的勘探测试手段。圆锥动力触探的缺点是不能对采样土进行直接鉴别描述，试验误差较大，再现性差。

如将探头换为标准贯入器，则称标准贯入试验（standard penetration test，SPT）。利用动力触探试验可以解决如下问题：

（1）划分不同性质的土层。当土层的力学性质有显著差异，而在触探指标上有显著反映时，可利用动力触探进行分层和定性地评价土的均匀性，检查填土质量，探查滑动带、土洞和确定基岩面或碎石土层的埋藏深度等。

（2）确定土的物理力学性质。确定砂土的密实度和黏性土的状态，评价地基土和桩基承载力，估算土的强度和变形参数等。

1．圆锥动力触探类型及规格

根据《岩土工程勘察规范》(GB 50021—2001)2009 年版的规定，圆锥动力触探试验的类型可分为轻型、重型和超重型三种。其规格和适用土类应符合表 8-5 的规定。

表 8-5　圆锥动力触探类型

类型		轻　　型	重　　型	超　重　型
落锤	锤的质量/kg	10	63.5	120
	落距/cm	50	76	100
探头	直径/mm	40	74	74
	锥角/(°)	60	60	60
探杆直径/mm		25	42	50～60
指标		贯入 30cm 的读数 N_{10}	贯入 30cm 的读数 $N_{63.5}$	贯入 30cm 的读数 N_{120}
主要适用岩土		浅部的填土、砂土、粉土、黏性土	砂土、中密以下的碎石土、极软岩	密实和很密的碎石土、软岩、极软岩

2．技术要求

根据《岩土工程勘察规范》2009 年版的规定，圆锥动力触探试验技术要求应符合下列规定：

（1）采用自动落锤装置。

（2）触探杆最大偏斜度不应超过 2%，锤击贯入应连续进行；同时防止锤击偏心、探杆倾斜和侧向晃动，保持探杆垂直度；锤击速率每分钟宜为 15～30 击。

（3）每贯入 1m，宜将探杆转动一圈半；当贯入深度超过 10m，每贯入 20cm 宜转动探杆 1 次。

3．试验方法

1）轻型动力触探

轻型动力触探试验设备主要由圆锥头、触探杆和穿心锤三部分组成，如图 8-7 所示。一般用于贯入深度小于 4m 的黏性土和黏性素填土层。先用轻便钻具钻至试验土层标高，然后对土层连续进行触探，使穿心锤自由落下，将触探杆竖直锤击打入土层中，记录每打入土层 30cm 的锤击数 N_{10}。

2）重型动力触探

重型动力触探试验设备主要由触探头、触探杆及穿心锤三部分组成，其中触探头如图 8-8 所示。一般适用于砂土和碎石土。贯入前，触探架应安装平稳，保持触探孔垂直。试验时，穿心锤应自由下落并应尽量连续贯入，锤击速率宜为 15～30 击/min 并量尺读数。除了及时记录贯入深度外，对触探指标(锤击数)有下列两种量读方法。

（1）记录一阵击的贯入量及相应的锤击数，并由式(8-6)算得每贯入 10cm 所需锤击数

$N_{63.5}$。一般以 5 击为一阵击，土较松软时应少于 5 击。

$$N = \frac{10K}{S} \tag{8-6}$$

式中，N 为每贯入的实测锤击数；K 为一阵击的锤击数；S 为相应于一阵击的贯入量。

（2）当土层较为密实时（5 击贯入量小于 10cm），可直接记读每贯入 10cm 所需的锤击数。

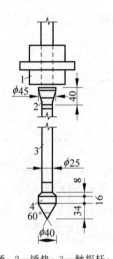

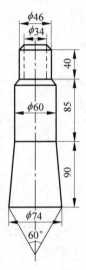

1—穿心锤；2—锤垫；3—触探杆；4—锤头。

图 8-7　轻型动力触探试验设备（单位：mm）　　图 8-8　重型动力触探试验设备（单位：mm）

3）超重型动力触探

超重型动力触探试验设备主要由触探头（同重型动力触探探头）、提锤架偏心轮、锤体、导向杆和触探杆等组成。一般用于密实的碎石土或埋深较大、厚度较大的碎石土。

试验要点：

（1）贯入时应使穿心锤自由下落，地面上触探杆的高度不应过高，以免倾斜和摆动过大。

（2）贯入过程应尽量连续，锤击速率宜为 15～20 击/min。

（3）贯入深度一般不宜超过 20m。

8.5　本章习题

习题答案

1. 名词解释

（1）土基回弹模量

（2）加州承载比（CBR）

2. 简答题

（1）论述灌砂法测定压实度的主要过程；灌砂法测定压实度的适用范围是什么？检测时应注意哪些问题？

（2）论述路基压实度评定方法。

（3）论述承载板法测定土基回弹模量的主要过程。

（4）论述摆式仪法测试过程。

3. 计算题

（1）某土方路基质量评定，经对压实度、弯沉、平整度等 8 项指标检测，各指标合格率如表 8-6 所示，其中压实度代表值大于压实度标准值，弯沉代表值满足要求。外观缺陷和资料不全扣分分别为 8 分和 6 分。评定该路段土方路基质量等级。如评定结果不合格，应如何改进该土方路基的质量？如评定结果合格，为了进一步提高该土方路基的质量，则应采取什么措施？

表 8-6　各指标合格率

检查项目	压实度	弯沉	纵断高程	中线偏位	宽度	平整度	横坡	边坡
合格率/%	65	100	75	90	85	75	90	80
规定分/分	30	15	10	10	10	15	5	5

（2）某高速公路二灰稳定砂砾基层设计厚度为 18cm，代表值允许偏差为 -8mm，极值允许偏差为 -15mm。评定路段厚度检测结果（12 个测点）分别为 17.5cm、17.7cm、18.2cm、18.6cm、18.1cm、18.8cm、17.6cm、17.8cm、19.1cm、19.3cm、17.4cm、17.9cm，试按保证率 99% 评定该路段的厚度是否合格。并计算实际得分。（注：规定分为 20 分，保证率系数可查表 8-7）

表 8-7　保证率系数

保证率/%	$t_a/\sqrt{n}$			保证率系数 Z_a
	$n=10$	$n=11$	$n=12$	
99	0.892	0.833	0.785	2.327
95	0.580	0.546	0.518	1.645
90	0.437	0.414	0.393	1.282
97.72	0.814	0.761	0.718	2.00
93.32	0.537	0.506	0.481	1.50

参 考 文 献

[1] 邓学钧.路基路面工程[M].4版.北京:人民交通出版社,2021.

[2] 包惠明,曹晓岩.路基路面工程[M].北京:机械工业出版社,2007.

[3] 刘建坤,曾巧玲,侯永峰.路基工程[M].2版.北京:中国建筑工业出版社,2014.

[4] 钟阳,吴宇航.路基路面工程[M].哈尔滨:哈尔滨工业大学出版社,2010.

[5] 张林洪,吴华金.路基填筑施工技术[M].北京:人民交通出版社,2008.

[6] 杨广庆,苏谦.路基工程[M].3版.北京:中国铁道出版社,2019.

[7] 池淑兰,孔书祥.路基工程[M].3版.北京:中国铁道出版社,2014.

[8] 栗振锋.路基路面工程[M].3版.北京:人民交通出版社,2019.

[9] 万德臣.路基路面工程[M].北京:高等教育出版社,2005.

[10] 黄晓明,张晓冰,高英.公路工程检测手册[M].北京:人民交通出版社,2004.

[11] 陈希哲,叶菁.土力学地基基础[M].5版.北京:清华大学出版社,2013.

[12] 徐泽中.公路软土地基路堤设计与施工关键技术[M].北京:人民交通出版社,2007.

[13] 刘玉卓.公路工程软基处理[M].北京:人民交通出版社,2002.

[14] 杨新安,李怒放,李志华.路基检测新技术[M].北京:中国铁道出版社,2006.

[15] 杨晓丰,李云峰.路基路面检测技术[M].北京:人民交通出版社,2006.

[16] 沈志云,邓学钧.铁路交通运输工程学[M].2版.北京:人民交通出版社,2003.

[17] 黄晓明.路基路面工程[M].6版.南京:东南大学出版社,2019.

[18] 孔纲强.特殊路基工程[M].北京:科学出版社,2013.

[19] 中交第二公路勘察设计研究院.公路路基设计规范:JTG D30—2015[S].北京:人民交通出版社,2004.

[20] 中交集团第一公路工程局有限公司.公路路基施工技术规范:JTG/T 3610—2019[S].北京:人民交通出版社,2019.

[21] 铁道第一勘察设计院.铁路路基设计规范:TB 10001—2016[S].北京:中国铁道出版社,2016.

[22] 交通部第一公路勘察设计院.公路软土地基路堤设计与施工技术细则:JTG/T D31-02-2013[S].北京:人民交通出版社,2013.

[23] 交通部公路规划设计院.公路自然区划标准:JTJ 003—1986[S].北京:中国标准出版社,1986.

[24] 交通部和中国工程建设标准化协会.公路工程技术标准:JTG B 01—2014[S].北京:人民交通出版社,2014.

[25] 交通部公路科学研究院.公路土工试验规程:JTG 3430—2020[S].北京:人民交通出版社,2020.

[26] 交通部第二公路勘察设计院.公路设计手册·路基[M].3版.北京:人民交通出版社,2009.

[27] 中交公路规划设计院.公路圬工桥涵设计规范:JTG D 61—2005[S].北京:人民出版社,2005.

[28] 交通部公路科学研究所.公路交通安全设施施工技术规范:JTG/T 3671—2021[S].北京:人民交通出版社,2021.

[29] 建设部综合勘察研究设计院.岩土工程勘察规范:GB 50021—2001)[S].北京:中国建筑工业出版社,2009.

附 录

路基工程课程设计任务书

1. 课程设计的思想、效果及课程目标

《路基工程》课程设计是对路基工程课堂教学的必要补充和深化,通过设计让学生可以更加切合实际和灵活地掌握路基的基本理论,设计理论体系,加深对路基设计方法和设计内容的理解,进而提高和培养学生分析、解决工程实际问题的能力。

以教师提供的设计资料为主,学生在查阅相关文献资料的基础上,结合当地的气候条件、地质条件、水文条件以及给定的交通条件,拟定路基的设计方案,对路基的稳定性进行计算和验算。课程设计要求设计计算条理清晰,计算的方法和结果符合我国现阶段路基设计规范的要求。

课程设计方式是在教学周内安排1周(或2周)独立进行课程设计,安排指导老师专门指导。

2. 课程设计组织形式、教师指导方法与时间安排

1) 课程设计组织形式与教师指导方法

第一步,根据课程设计题目,利用各种途径查阅专业资料,如设计规范、教材等。

第二步,根据课程设计指导书及教师的现场答疑指导进行各部分的设计计算。

第三步,编制课程设计计算说明书,并将其提交给指导教师检查认可。

课程设计组织形式与教师指导方法如下:

首先布置课程设计任务,指导教师每天到教室进行整体答疑2~3课时,学生将在课程设计过程中遇到的问题集中向指导教师提问,如果问题具有普遍性,指导老师将向全体学生解答,答疑结束后学生继续完成各自的设计计算,每隔两天指导教师检查学生完成设计的情况,再根据完成的情况指导教师统一意见后继续指导学生做后续的设计。

学生应在指导教师的指导下,独立完成设计内容;内容上要求条理清晰,尽量采用简图和表格形式;外观上要求字体工整,纸张和封面统一。

具体要求如下:

(1) 初步掌握路基工程设计的内容、设计计算步骤及方法。

(2) 能够比较全面地收集和查询有关技术资料。

(3) 合理拟定路基的设计方案。

(4) 独立完成路基稳定性的计算和验算。

（5）能够分析路基设计时存在的问题并能加以解决。

2）课程设计内容和时间安排

（1）布置设计任务。教师提供路基课程设计的基本资料，并交代课程设计的目的、方法和要求等。0.5天。

（2）路基设计资料分析、设计方案的拟定。2天。

（3）路基结构形式设计、绘制，路基边坡稳定性验算；路基挡土墙的设计、绘制，挡土墙稳定性的计算及验算。2天。

（4）整理及编写路基工程课程设计的设计报告、计算书。1.5天。

3. 考核内容与评定标准

1）课程设计考核方式

课程设计成绩以设计成果的质量为主，结合平时的考查进行评定。凡成绩不及格者，必须重修。平时考查主要检查学生的出勤情况、学习态度、完成设计的独立性等方面。设计成果的检查，着重检查设计图纸和计算书的完整性和正确性。

2）课程设计成绩评定标准

成绩的评定要按课程的目的要求，突出学生独立解决工程实际问题的能力和创新性的评定。课程设计的成绩按优秀、良好、中等、及格和不及格五级评定。

（1）优秀

① 能够熟练综合运用所学知识，全面独立完成设计任务，设计过程中能够提出自己的见解。

② 设计方案合理，设计计算正确，数据可靠。

③ 图面质量整洁，能很好地表达设计意图。

④ 计算书表达清楚，文字通顺，书写工整。

（2）良好

① 能综合运用所学知识，全面完成设计任务。

② 设计方案合理，设计计算基本正确。

③ 图面质量整洁，能够较好地表达设计意图。

④ 计算书表达清楚，文字通顺，书写工整。

（3）中等

① 能运用所学知识，按期完成设计任务。

② 能基本掌握设计与计算方法。

③ 图面质量一般，能较好地表达设计意图。

④ 计算书表达一般，有多处不够确切。

（4）及格

① 基本能运用所学知识，按期完成设计任务。

② 设计与计算没有原则性错误。

③ 图面质量不够完整，基本能表达设计意图。

④ 计算书表达一般，有多处错误存在。

（5）不及格

① 运用所学知识能力差，不能按期完成设计任务。

② 设计与计算有严重错误。

③ 图面不整洁，不能表达设计意图。

④ 计算书不完整，有多处错误存在。

4．课程设计案例

1）设计资料

某新建公路 K2＋445～K2＋479 路段，采用浆砌片石重力式路堤墙，具体设计资料如下：

（1）路线技术标准，山岭重丘区一般二级公路，路基宽 8.5m、路面宽 7.0m。

（2）车辆荷载，计算荷载为汽车－20 级，验算荷载为挂车－100 级。

（3）横断面原地面实测值及路基设计标高如附表 1 所示。

（4）K2＋461 挡土墙横断面布置及挡土墙形式如附图 1 所示（参考尺寸：$b_1＝1.4m$，$l_d＝0.40m$，$h_d＝0.60m$）。

（5）填料为砂性土，其密度 $\gamma＝18kN/m^3$，计算内摩擦角 $\phi＝35°$，填料与墙背间的摩擦角 $\delta＝\phi/2$。

（6）地基为整体性较好的石灰岩，其容许承载力 $[\sigma_0]＝450kPa$，基底摩擦系数为 $f＝0.45$。

（7）墙身材料采用 5 号砂浆砌 30 号片石，砌体 $\gamma_a＝22kN/m^3$，砌体容许压应力为 $[\sigma_a]＝600kPa$，容许剪应力 $[\tau]＝100kPa$，容许拉应力 $[\sigma_{wl}]＝60kPa$。

附表 1　横断面原地面实测值及路基设计标高

左侧		桩号	右侧		中桩标高/m	路基设计标高/m
8(−2.6)	4(−3)	K2＋445	4(2)	6(4.5)	631.45	630.57
6(−2.4)	6(−3.6)	K2＋450	4(2.1)	6(2.4)	631.08	630.62
7(−3)	6(−3)	K2＋456	4(2.2)	6(2.8)	629.62	630.68
6(−3)	6(−1)	K2＋461	4(1.2)	6(2.4)	628.51	630.73
6(−2)	6(−2.6)	K2＋467	5(2)	5(1.5)	630.30	630.79
5(−1.6)	7(−3)	K2＋473	4(2)	6(2)	629.08	630.85
6(−1.2)	6(−1.8)	K2＋479	2(1)	8(1)	629.03	630.91

注：8(−2.6)　4(−3)，表示距离中桩距离 8m 位置处，原地面实测值相对中桩标高差为−2.6m；距离前面一个测量标高位置点距离 4m 处，原地面实测值相对中桩标高差为−3m。

2）具体要求

挡土墙设计包括挡土墙的平面、立面、横断面设计，其中挡土墙横断面设计以 K2＋461 横断面设计为例。大致步骤如下：

（1）挡土墙平面、立面布置。

（2）挡土墙横断面布置，并拟定断面尺寸（附图 1 供参考）。

（3）计算主动土压力。

（4）验算挡土墙抗滑、抗倾覆稳定性。

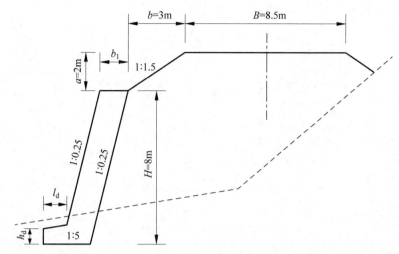

附图 1 K2+461 挡土墙横断面布置及挡土墙形式示意图

(5) 验算基底应力及偏心距。

(6) 验算墙身截面强度。

(7) 挡土墙的伸缩缝与沉降缝,以及排水设施设计。

(8) 绘制挡土墙平面、立面、横断面图。

(9) 编写设计说明书。

3) 设计完成后应提交的文件

(1) 挡土墙的平面、立面与横断面图(A3 图纸)。

(2) 设计计算说明书。